● 中青年法学前沿研究文丛 ●

本书受重庆科技大学科研项目（182101037）资助

规则方圆

民法典第十条法源探究

何鞠师 ◎ 著

厦门大学出版社　国家一级出版社
XIAMEN UNIVERSITY PRESS　全国百佳图书出版单位

图书在版编目（CIP）数据

规则方圆：民法典第十条法源探究 / 何鞠师著. 厦门：厦门大学出版社，2025.7. -- （中青年法学前沿研究文丛）. -- ISBN 978-7-5615-9807-8

Ⅰ. D923.04

中国国家版本馆 CIP 数据核字第 2025Q5S073 号

责任编辑	郑晓曦
美术编辑	张雨秋
技术编辑	许克华

出版发行　厦门大学出版社
社　　址　厦门市软件园二期望海路 39 号
邮政编码　361008
总　　机　0592-2181111　0592-2181406(传真)
营销中心　0592-2184458　0592-2181365
网　　址　http://www.xmupress.com
邮　　箱　xmup@xmupress.com
印　　刷　厦门市竞成印刷有限公司

开本　720 mm×1 020 mm　1/16
印张　14.25
印张　1
字数　220 千字
版次　2025 年 7 月第 1 版
印次　2025 年 7 月第 1 次印刷
定价　68.00 元

本书如有印装质量问题请直接寄承印厂调换

厦门大学出版社
微信二维码

厦门大学出版社
微博二维码

目 录

导　言 ………………………………………………………………… 1

第一章　民法典第十条的功能定位及现实困境 …………………… 5
　　第一节　民法典第十条的基本定位 ………………………… 5
　　第二节　民法典第十条的具体功能 ………………………… 19
　　第三节　民法典第十条的现实困境 ………………………… 36

第二章　民法典第十条法源的理论阐释 …………………………… 47
　　第一节　民法法源的历史梳理 ……………………………… 47
　　第二节　民法法源的现状检视 ……………………………… 54

第三章　民法典第十条中"法律"内涵外延的确定 ……………… 68
　　第一节　"法律"的解释争议 ……………………………… 68
　　第二节　"法律"的确定标准 ……………………………… 77
　　第三节　"法律"的基本内容 ……………………………… 81

第四章　民法典第十条中习惯的识别 ……………………………… 100
　　第一节　习惯的认定模糊 …………………………………… 100
　　第二节　习惯的理论基础 …………………………………… 104
　　第三节　习惯的定性与识别 ………………………………… 113
　　第四节　习惯的司法适用 …………………………………… 129

第五章　民法典第十条兜底性法源的确立 ………………………… 141
　　第一节　比较法视角下的兜底性法源模式 ………………… 141
　　第二节　我国法语境下的兜底性法源 ……………………… 145
　　第三节　兜底性法源规范的设计 …………………………… 154

第六章　民法典第十条参照性法源的适用 …………………… 167
第一节　国家政策影响民事裁判的方式 ………………… 167
第二节　指导性案例影响民事裁判的方式 ……………… 183

第七章　民法典第十条法源位阶的确定 ……………………… 189
第一节　"法律"优先适用的一般与例外 ……………… 189
第二节　法理兜底适用 …………………………………… 203

结　论 …………………………………………………………… 208

参考文献 ………………………………………………………… 212

导 言

什么是民法法源？学习法律的人都必须去讨论这样一个概念，那就是法律渊源。什么是法律渊源？其到底是法律规范的表现形式，还是裁判根据的总和，一直以来有着较大的争议。同样地，关于民法法源这一概念，也因人而异有着不同的解读。实际上，民法法源作为一种观念而被学界探讨，随着社会的变化、历史的发展，以及民法法源理论的更新，民法法源条款被不断地修订。应当说，民法法源记载或者承载了整个传统与现代民法法源观念。正如过去《中华人民共和国民法通则》（以下简称《民法通则》）第6条将"法律""国家政策"作为民法法源，而现在《中华人民共和国民法典》（以下简称《民法典》）第10条将"法律""习惯"作为民法法源。《民法典》第10条就是"民法法源"这一观念在当下所想表达、建立的思想体系的一种条文表现形式。反过来看，它们作为民法法源条款，展现的内容是民事裁判的依据。是否可以说，民法法源就是法院裁判民事案件的"找法"依据？

《民法典》第10条是怎样的法源条款？提到民事裁判的根据，这里就要提到另一个概念——"民法的适用"。按照沈宗灵先生对"法的适用"的解释[①]，民法的适用就是实施民法的一种方式，是指国家司法机关根据法定职权和法定程序，应用民法处理具体案件的专门活动。由于民法规则源自社会生活，是由许多社会生活中的习惯和共识整理成理性化、条理化的规则，因而，习惯是重要的民法法源。民法规则也是

[①] "法的适用，通常是指国家司法机关根据法定职权和法定程序，应用法律处理具体案件的专门活动。由于这种活动是以国家名义来行使司法权，因此也称'司法'。法的适用是实施法律的一种方式，对实现立法目的、发挥法律的功能具有重要的意义。"参见沈宗灵主编：《法理学》，北京大学出版社2014年第4版，第306页。

人们在公平正义的价值追求下定分止争的经验积累和智慧结晶，还原于生活，应用于生活。因而，民法的适用也不能完全归结于法院的审判活动。也就是说，民事活动的争议解决不完全依赖于司法裁判，还依赖于调解、仲裁等方式。而且，民法的适用与意思自治是对立统一的关系，一方面意思自治也是民法适用的过程，另一方面意思自治不能违反法律的强制性规定。民法典涉及的法律适用问题包括民法适用的范围和民事裁判中的法律适用规则两大类，民法的适用与司法实践关系密切。[1] 就民事裁判中的法律适用规则而言，法源问题就是其中之一，而《民法典》第10条是民法典中关于民法适用的条款之一，承担着民法适用规则的功能。既然《民法典》第10条规定了处理民事纠纷的依据，也指引着人们在行为中遵守相关的"法律"和"习惯"，那么《民法典》第10条承载着怎样的功能定位？

"法律""习惯"指的是什么？《民法典》第10条规定："处理民事纠纷，应当依照法律；法律没有规定的，可以适用习惯，但是不得违背公序良俗。"从民法适用的角度出发，民事纠纷须依照"法律"的规定进行裁判，当没有"法律"规定时，可以依照不违背公序良俗的"习惯"进行裁判。但"法律"一词的含义颇多，其内涵外延并非完全明确，而且"习惯"的识别标准也不一。因而"法律""习惯"需要被明确。

民事裁判是否需要法官"造法"？民事裁判结果应兼具确定性和正当性，民事裁判结果的确定性要求法律明确规定民事裁判的依据，即法官得以直接援用的依据类型与次序。就依据类型而言，《民法典》第10条仅规定了"法律""习惯"的民法法源地位，但二元的法源体系是否足以解决纷繁复杂的民事纠纷？当实践中出现既无"法律"规定，也无"习惯"可适用的民事纠纷时，应如何进行裁判？

众所周知，成文法是有缺陷的，有限的文字肯定无法囊括复杂多变的社会生活。而且，法典内容应该是稳定的，不能朝令夕改，成文法应该具有稳定性。就像《法国民法典》一样，其自颁布以来已有200多年的历史，基本结构的主要部分仍未有根本改变。这种形式的保持，本身就显示了法律对传统的尊重，显示了法律稳定性的重要性。因而，在

---

[1] 张鸣起主编：《民法总则专题讲义》，法律出版社2019年版，第56～57页。

成文法确有缺陷,且应该具有稳定性的前提下,法典如何应对社会的发展?

在所有使法典适应社会需要的努力中,法律解释方法的变化是最及时、基本的方法。从《法国民法典》的经验来看,它经历了从注释法学派到历史的或演进的解释方法,注释法学派采取严守法律条文含义,按照立法者主观意思解释法律,历史或演进的解释方法则不再被刻板地要求遵守法律,而是在遵守时更多地考虑解决方案的妥当性,会对法律条文作出符合时代要求的理解。① 当然,有的观点指出,这样撇开立法原意的解释方法,已经从"法官释法"跨入了"法官造法"的阶段。要用不变的法典应对万变的社会生活,我们的法律规定应尽可能地留出一定的余地,让法官有空间进行"造法",但是"造法"并不是任意的,而是在一定的程序和权限内进行。尽管有观点不认可法官可以"造法",但我们能看到,这是稳定的法典应对多变社会生活的一个不错的解决方案。因而,我们不应该着眼于去禁止"法官造法",而是应该规范"法官造法"。

《民法典》是否需要兜底性法源?《民法典》第 10 条作为以民法适用为中心的法源条款,一方面,根据其规定,能否看出允许"法官造法"的含义?另一方面,"法律""习惯"的二元法源体系,是否已经实现了为民事法官留有一定的空间"造法"?针对第一个问题,尽管"习惯"的适用需要法官进行筛选,由法官认为涉案"习惯"是否违背公序良俗,但这仍然属于法官解释的范畴,不是"造法"的体现。对于第二个问题,"当前,环顾全球,世界百年未有之大变局加速演进,世界之变、时代之变、历史之变正以前所未有的方式展开,远远超越一时一事、一域一国之变,变局范围之宏阔、程度之深刻、影响之久远,都十分突出"。"所谓'时代之变',主要指决定和标识当今时代重要特征的世界大势正在发生显著变化,这些变化已经并将继续深刻影响世界政治、经济、社会、文化、军事、国家间互动、冲突乃至战争等方面的形态。"② 那么,我们可以

---

① 耿林:《论法国民法典的演变与发展》,载《比较法研究》2016 年第 4 期。
② 高祖贵:《世界百年未有之大变局"变"在何处?》,https://theory.gmw.cn/2023-09/02/content_36805742.htm,下载日期:2024 年 6 月 24 日。

看到时代之变对社会经济、文化等的影响,时代之变也必然会影响民法的适用。确实会有既无"法律"规定,也无"习惯"可适用的情形出现,那么,就需要"法律""习惯"之外的兜底性法源为法官处理民事纠纷提供依据。换言之,兜底性法源可以为"法官造法"提供依据与规范。

《民法典》第 10 条背景下,国家政策、指导性案例如何适用? 除了兜底性法源之外,国家政策和指导性案例在民事裁判中常常被适用。《民法典·总则编》关于民法适用的条款共有 3 个,除了第 10 条之外,还有第 11 条和第 12 条。其中,第 11 条规定的是民事法律体系内部的关系,解决民事特别法的适用;第 12 条规定的是民法的地域效力。可见,民法适用条款均未规定国家政策和指导性案例的适用。从这 3 个条文的内容来看,国家政策和指导性案例的适用问题更多地应落在《民法典》第 10 条身上,因而国家政策和指导性案例的适用,也是《民法典》第 10 条以民法适用为中心的民法法源条款所须研究的内容。民事裁判结果应具有确定性和正当性,前者要求法官直接援引的依据必须明确,后者则要求法官裁判说理的依据必须正确、充分,国家政策、指导性案例是影响法官裁判的重要内容,为保障裁判结果的合理性,它们应以何种形式进入民事裁判中,应当予以明确说明。

法源位阶适用次序应如何? 民事裁判结果的确定性要求法律明确规定民事法官得以直接援用的依据类型与次序,在援用次序方面,尽管《民法典》第 10 条明确了"法律"优先于"习惯"适用,但是,如若在司法实践中严格按照这一适用次序裁判,并不利于个案中的利益平衡。而且,世界之变、时代之变、历史之变正在以前所未有的方式展开,我们在适用民法时应更多地考虑解决方案的妥当性,对法律条文作出符合时代要求的理解。因而,"法律""习惯""兜底性法源"它们三者及相互之间的法源位阶次序应予以明确。

基于此,以下章节对上述问题进行逐一探讨。

第一章

民法典第十条的功能定位及现实困境

法律功能是法律的体系或部分,在确定的立法目的指引下,基于法律内在的结构以及社会单位所发生的、能够通过自己的行为造成一定的客观结果,并有利于实现法律的价值,从而体现出自身在社会中的实际特殊地位的关系。[①] 就《民法典》第10条而言,其除了在宏观层面上具有法律条文的一般功能,即法律的整体功能,包括指引功能、评价功能、预测功能、教育功能以及强制功能外,最为核心的功能就是明确了民法适用的规则,指引着法官如何裁判民事案件。

第一节　民法典第十条的基本定位

一、以民法适用为中心的法源论

（一）形式主义与实用主义结合的民法适用进路

《民法典》第10条是民法法源条款,对其基本定位进行探究时,要先理解民法法源的概念。关于法律渊源,可以从法的创制和法的适用两个层面去理解。从法的创制层面出发,就是以立法为中心的法源论,而从法的适用出发,则是以司法为中心的法源论。从《民法典》第10条的规定来看,其以"处理民事纠纷"开头,规定的"法律""习惯"是处理民

---

① 付子堂:《法律功能论》,中国政法大学出版社1999年版,第35页。

事纠纷的依据。可见,该条是从法的适用出发的。法的适用是法理学概念,是法的实施方式之一,发生的情形有两种:一种情形是当公民、社会组织和其他国家机关相互发生了无法解决的争议时,由司法机关适用法律进行裁判;另一种情形是当公民、社会组织和其他国家机关在其活动中遭受违法、违约或侵权行为时,由司法机关适用法律制裁违法、犯罪,恢复权利。[1] 民法规则源自社会生活,是社会经验累积的结果,在规范民事生活的同时又具有裁判规则的功能与属性。民事裁判规则是人们在公平正义的价值追求下,定分止争的经验积累和智慧结晶。民法制度不是简单的立法活动的产物,民法的适用有着自己的经验基础和特殊规律。民法的适用问题非常复杂,其大体上包括民法的适用范围和民事裁判中的法律适用规则两个方面。[2] 因而,法源问题是民事裁判中法律适用规则的重要内容,反过来讲,对《民法典》第10条法源条款的理解,是民法适用中不可或缺且极为重要的。从法的适用角度出发,《民法典》第10条作为法官"处理民事纠纷"的依据,是希望法官裁判民事案件像机器一样机械化地适用"法律""习惯",还是希望法官可以根据具体的个案,根据自身经验,在大小前提间来回穿梭得出结论?换言之,《民法典》第10条所展现的民法适用进路是怎样的?

法律形式主义主张现有法律总体是完整而全面的,没有给新的立法留有余地,法官更无须制定法律,其只适用法律即可,法律内部可以自给自足。正如其理论基础的奠基人布莱克斯通所认为的那样,法律并不是由法官所制定的,法官只对法律进行搜寻和发现,就像自动售货机一样,由当事人提出案情,由法官从各种先例中找到相应规则并进行裁判。[3] 物兰德尔也主张大量的判例可以被总结为类似几何学原理的法律基本原理。[4] 德沃金在面对法律是否有正确答案的问题时,主张

---

[1] 沈宗灵主编:《法理学》,北京大学出版社2014年第4版,第306页。
[2] 张鸣起主编:《民法总则专题讲义》,法律出版社2019年版,第56~62页。
[3] [美]罗伯特·S.萨默斯:《美国实用工具主义法学》,柯华庆译,中国法制出版社2010年版,第74页。
[4] A. Sutherland, *The Law at Harvard*, 转引自徐庆坤:《重读美国法律现实主义》,载《比较法研究》2007年第4期。

"二价命题",即世间所有命题都可以用 p 或 -p 的表现形式表现为真命题。① 尽管,哈特主张"法官在找不到直接可适用的规则时,可通过建构性解释的方式找出正确答案",但是,德沃金却不赞同此观点,他认为,由于有"整全性的法"存在,即使是再疑难的案件,也有"唯一正确的答案",而不存在"法律漏洞"的问题。在任何案件中,基于法律的整体性与连贯性,这一答案或者从法律规则中获得或者从法律原则中获得。②

但是,随着实用主义的兴起,其以更美好的人类未来观念取代了现实、理性和自然之类的观念。③ 实用主义最早出现于 1898 年,由詹姆斯在加利福尼亚大学的一次演讲中提出。19 世纪 20 世纪初,在詹姆斯和杜威等人的努力下,实用主义成为美国影响最大的哲学流派。但是由于皮尔士所主持的"形而上学俱乐部"被认为是美国第一个实用主义组织,因而一般认为皮尔士是实用主义的创始人。实用主义强调立足于现实生活,将确定信念作为出发点,采取行动是主要手段,获得效果是最高目的。④ 因而,实用主义者往往认为,立法者和法官都有职责来创制新的法律。⑤

实用主义坚持追求事物的实用结果,而经验主义则是追求这个结果的唯一且有效的工具。经验自然主义是一种基于自然主义的经验方法,一种通过行为经验来通达和深入自然,并充实和扩展世界的意义,从而实现人类的社会生活价值的途径。这个经验方法并非物理学、心理学、生物学等狭义科学的方法,而是将其推广开来作为一种联通我们认识世界和价值批判的方法。⑥ 在自然科学中,经验和自然相互联合,

---

① R. Dworkin, No Right Answer? *New York University Law Review*,1978(April),Vol.53,pp.4-5.
② 王洪:《逻辑能解法律论证之困吗?》,载《政法论坛》2019 年第 5 期。
③ [美]理查德·罗蒂:《后形而上学希望——新实用主义社会、政治和法律哲学》,张国清译,上海译文出版社 2003 年版,第 7 页。
④ 张芝梅:《美国的法律实用主义》,法律出版社 2008 年版,第 14、35 页。
⑤ [美]罗伯特·S.萨默斯:《美国实用工具主义法学》,柯华庆译,中国法制出版社 2010 年版,第 74 页。
⑥ 刘华初:《实用主义的基础——杜威经验自然主义研究》,人民出版社 2012 年版,第 191 页。

如果研究者要把他所发现的东西当作真正科学的东西来研究,那么他就必须利用经验的方法。当经验在可以明确规定的方式之下受到控制时,它就成为推导自然规律的途径。自然与经验在一种关联中和谐地存在,经验乃是揭露自然秘密的唯一方法,自然科学中利用经验的方法又得以深化、丰富化,并指导着经验进一步地发展。① 在席勒和杜威看来,观念与信仰中的真理和科学里的真理是相同的,只要观念有助于使我们与我们经验的其他部分处于圆满的关系中,通过概念的捷径,不用特殊现象的无限接续,去概括它们、运用它们,把经验引到另一部分,把事物联络得满意,应用得妥帖、简单、省力。② 可见,在实用主义者看来,经验是寻求真理的唯一方法,而且经验为"法官造法"提供了保障。

成文法是有缺陷的,无法调整复杂多变的社会生活。那么,当遇到法律漏洞时,如何处理?是否用不断地修法来应对变化的生活呢?实际上,法律必须稳定,但是,为了应对发展,又不能一成不变。③ 这主要是因为法律的目标在于追求社会实效,既需要稳定,也需要顺应社会的不断变化。一方面,法律可以实现追求社会实效的目的,可以约束人们的行为,这种拘束力的存在以人们内心认可与确信为保障,而人们内心的确信力又必须建立在法律确定性的基础上。因而,法律必须是一种稳定的存在。另一方面,社会在不断变化,而法律是根据先前的经验总结出的如何有效调整社会关系的各种规则。若要以其调整不断变化中的社会关系,就必须使其根据社会的变化而变化。因此,为了保障法律实现追求社会实效的目标,卡多佐力求在法律的稳定性与社会的发展之间寻求平衡。他指出,我们尊崇法律的确定性,但是必须区分合理的确定性与伪劣的确定性。④ 法官追逐的确定性,不是绝对地要求法律一成不变,而是让确定性达到一定程度,人们可以据此预期自己行为的

---

① [美]约翰·杜威:《经验与自然》,傅统先译,商务印书馆2017年版,第12页。
② [美]詹姆斯:《实用主义》,孟宪承译,华东师范大学出版社2010年版,第27页。
③ [美]罗科斯·庞德:《法律史解释》,邓正来译,中国法制出版社2002年版,第2页。
④ [美]本杰明·N.卡多佐:《法律的成长:法律科学的悖论》,董炯、彭冰译,中国法制出版社2002年版,第11页。

后果。从这个意义讲,法律就是一种预期,法官可能作出的判决的预期可靠性越高,法律就越稳定。

据此,既要保障法律的稳定性,又要使稳定的法律可以应对不同的实际情况。于是,民法的适用不单单是让法官机械地适用法律,更多的是需要法官根据自身的能力应对不同的案件情形。那么,民法的适用应采形式主义还是实用主义的进路呢?二者涉及法律本体论层面不同,对法律的理解也完全不同,但二者没有绝对的优劣之分。一方面,即使是对形式主义批判最为强烈的法律现实主义者,他们批判的也只是陈旧过时的传统规则,而没有完全否定法律在判决中的作用;另一方面,实用主义因坚持把社会效果当作法律适用的逻辑起点,权利人在权利保护过程中具有很多的不确定性,严重损害了法律适用的确定性,因而遭受了一定的质疑。可见,形式主义与实用主义都无法单独运用至法律适用中。反而在司法实践中,由法官根据个案情况,综合协调运用此两种法律思维才是最好的方式。① 因此,民法适用必须是形式主义与实用主义相结合的过程。

(二)民法适用确定性与正当性的兼顾

既然民法的适用采取形式主义与实用主义相结合的进路,那么民事法官就需要对二者进行兼顾,《民法典》第 10 条的基本定位也要对此兼顾有所体现。

正是出于对形式理性的重视,现代法律体系发展成了规范的标准化程序,法律的制定与执行程序都排除了人为的因素,最大限度地保障法律适用的稳定性和司法裁判的公正性。在司法裁判中,形式理性强调形式逻辑,通过缜密的演绎推理,从原则概念推导出规则,严格地依据三段论进行裁判。即法律规定作为大前提,从生活事实中分离出的法律事实作为小前提,针对法律事实,法官寻找法律根据,继而作出法律决定。② 尽管,形式主义可以确保法律适用具有确定性,但是,司法三段论并非完全是形式逻辑的演绎,也需要法官进行价值推理,价值推

---

① 姚辉:《民法学方法论研究》,中国人民大学出版社 2020 年版,第 279 页。
② 姚辉:《民法学方法论研究》,中国人民大学出版社 2020 年版,第 273 页。

理保障了裁判的正当性。

当然,价值推理也并不否定司法三段论就是司法裁判过程中的重要逻辑工具。一是在法律适用中,案件与规范只是立法过程中的"原始材料",归属于不同的范畴领域,规范具有抽象性,而案件随着其无尽的事实属于未经细分、无定形的存在,二者的归类要经过规范、随着经验,以及案件随着规范性累积增加。① 二是在二分的法律规范和法律事实基础上,司法三段论的过程十分清楚,法官不用去讨论不确定的价值判断,仅需要在法律规范所确定的事实下,去寻找具体事实的要件,最后通过推导得出结论,以阻止法官的肆意裁判,保障判决的客观性和确定性。正因如此,三段论的地位更是与日俱增,人们把法律看作由法律原理和公理组成的数学书。② 三是司法三段论中的价值规范的推理过程本身也是一个小型的逻辑三段论的体现。价值推理的过程实际上是将小前提涵摄到大前提的过程,这个归属的过程,实际上是大前提内的一个小型的逻辑三段论推导,最后得出结论。就司法实践操作而言,这个归属的过程需要法官对当事人主张的案件事实进行真实性审查,常规方式是根据当事人陈述的事实,剥离其主观评价,再运用证据进行认定。③ 因此,法律适用的逻辑模式是,若构成要件(T)在某具体案件事实(S)中被实现,这个事实就被赋予相应的法效果(R)。其中,S 是 T 的一个事例这个推导过程被称为"涵摄",将外延较窄的概念涵摄于较宽的概念之下。④

在上述司法三段论中,小前提是案件事实(S),其多样且复杂,法官在将小前提涵摄至大前提(T)中时,会运用价值判断将小前提细分为各种类型,以对应大前提中相应的构成要件。此处的大前提的法律规范应是"完全法条",其兼具构成要件及法律效果两部分,并将法律效果归于法律构成要件之下的单一法条,能够单独构成某项权利之发生

---

① [德]考夫曼:《法律哲学》,刘幸义等译,法律出版社2004年版,第136页。
② 盛泽虎:《司法三段论的困境与重构》,载《东南大学学报(哲学社会科学版)》2013年第S1期。
③ 卢佩:《"法律适用"之逻辑结构分析》,载《当代法学》2017年第2期。
④ [德]卡尔·拉伦茨:《法学方法论》,陈爱娥译,商务印书馆2003年版,第150~152页。

依据的请求权基础。① 但是很少有法条是完全的,在成文法国家中,存在制定法不周延、相互矛盾且有缺漏的缺陷,使得推理无法进行。② 大前提作为成文的法律规范,具有成文法固有的缺陷,即有限的文字不可能包罗万象,而事实与规范之间本就是二分,难以使得所有规范可以包含所有事实。因而,我们的法条大多数都是不完全法条,作为司法三段论的大前提具有固有缺陷。为此,在成文法之外,还需要为法官在裁判时进行补充。

综上,形式主义的民法适用进路要求我们严格依照三段论的逻辑模式进行裁判,这样可以保障民法裁判的确定性;但是实用主义的民法适用进路也要求我们不能机械地适用法律,法官也需要在三段论中进行价值判断,这样才能保障民事裁判的正当性。因而,在形式主义和实用主义兼顾的民法适用进路下,为了保证司法裁判的确定性和正当性,也应兼顾民法适用的确定性与正当性。

二、裁判规范兼行为规范的属性

《民法典》第10条规定了民事纠纷的处理依据,指引着人们在行为中遵守相关的"法律"和"习惯",同时该条也为法官裁判民事案件提供了裁判依据。

(一)裁判规范与行为规范的界定

法律条文有行为规范与裁判规范之分,行为规范旨在为人们行为提供指引,裁判规范则是为法院裁判案件提供指引。③ 有些法律只是裁判规则或者行为规则,例如刑法仅是裁判规则,道路交通规则仅是行为规则。民法兼具裁判规范与行为规范双重属性,其以不特定的人为规范对象。因而,民法的性质当然属于行为规范。但是,民法这种行为规范是以国家强制力作为保障,违反该行为准则,受害方诉请法院裁判

---

① 黄茂荣:《法学方法与现代民法》(第七版),厦门大学出版社2024年版,第159、222页。
② 孙海波:《告别司法三段论? 对法律推理中形式逻辑的批判与拯救》,载《法制与社会发展》2013年第4期。
③ 梁慧星:《民法总论》,法律出版社2021年第6版,第36页。

纠纷的，法官当然应以民法规定作为裁判的基准，故民法又是裁判规则。有鉴于此，民法具有行为规范和裁判规范的双重属性。①《民法典》第10条是指引法官裁判民事案件的依据，从此意义讲，其当然是裁判规范。那么，该条是否也有行为规范的旨意？

尽管行为规范旨在将人们的行为引入合理的范围。只有这样，立法才能够在伦理道德和日常生活之间建立一个"合法"的缓冲地带，而且唯有这种缓冲地带才能为整个社会带来开放的机能。一方面，政府的政治措施需要适合时代的需要；另一方面，个人的独创精神也需要得到发挥。因而，法律可以防止和纠正各种越轨行为。② 这种预防、纠正人们行为的规范力，正是行为规范的重要体现。反之，行为规范也为裁判规范提供了强制力基础，其原因在于法律可以对社会进行控制，法律影响着人们的行为。反过来社会也对法律进行指导，社会的实效性解释了法到底对社会产生了何种效力，即裁判规范的强制力。我们在讨论法的概念时，往往绕不过的就是权威的制定性、社会的实效性、内容的正确性及其彼此之间的关系。就社会的实效性而言，它是关于法到底对社会产生了何种效力的问题。③

关于社会的概念，社会学学者对社会的解释有两种不同的观点：一种观点认为，社会不仅是个人的集合，而且是一个客观存在的实体，它们被称为社会实体派。另一种观点则认为，社会并不是客观存在的，只有人才是真实存在的，社会则是具有共同心理的人的集合，或是包括人类行为习惯、情操、民俗等在内的遗产，抑或是建立在个人意识之上的独立实体等，持这种观点的学派被称为社会唯名派。④ 在社会实体派学家看来，社会与人类是两个不同的系统，法律则是连接人类与社会的基础，社会与法律之间存在不可隔断的关系。社会是一个在行动意义上相互关联的结构化系统，而作为有机系统容纳的各种可能性所不同。

---

① 杨立新：《中国民法总则研究》（上卷），中国人民大学出版社2017年版，第6页。
② 陈信勇：《法律社会学教程》，浙江大学出版社2021年第4版，第173页。
③ ［德］罗伯特·阿利克西：《法概念与法效力》，王鹏翔译，商务印书馆2020年版，第13页。
④ 付子堂：《法律功能论》，中国政法大学出版社1999年版，第105页。

这两个系统各自具有自身的统一性,人与社会都互为环境,社会与人类两个系统都存在许多复杂性与偶在性。社会结构和社会边界化简化了这些复杂性,确保对于人而言的可能性变得可相互期望,而确保此种可期望性的基础就是法律。因而,法律被看成定义社会系统边界以及选择类型的结构。①

正如卢梭在《社会契约论》中提出的那样,他认为存在自然状态下危及人们生存的障碍,并且超过了每个人为了在这种状态下生存的力量,如果人类不改变生存方式就会灭亡。然而,人类不可能产生新的力量,只有将大家的力量集合起来一致行动才能战胜危机,这种力量就是社会契约。有了社会契约,我们便使政治共同体得以存在并有了生命,这种生命力需要法律将其运作起来并表达相关意志。② 于是,法律的任务是通过制度调整社会关系和行为,承认某些利益,或者确定什么限度内承认和实现那些利益,以及努力保障在确定限度内被承认的利益。③ 可见,法律作为社会控制的一种因素,通过法律规范规制性地干预社会运作。④

从上述社会与人类两个系统的关系来看,法律在中间建立起纽带,而这个纽带的表现形式就是一种社会秩序,国家寻求建立一种确定的秩序并供个体去遵守,从而使得人类的行为在社会这个环境中具有可期望性。社会秩序基本形成后,社会普遍遵循的规则也逐步形成,并需要以法律的方式进行固定。⑤ 就我国而言,历史上中国立法者以天下太平为治国的主要目标,把宗教、法律、习俗和风尚融为一体,所有这些都是伦理,都是美德,也就是我们常说的礼仪。只要一丝不苟地遵奉礼

---

① [德]尼克拉斯·卢曼:《法社会学》,宾凯、赵春燕译,上海人民出版社2013年版,第184页。
② [法]卢梭:《社会契约论》,李平沤译,商务印书馆2016年版,第18、41页。
③ [美]罗科斯·庞德:《通过法律的社会控制》,沈宗灵译,商务印书馆2019年版,第39页。
④ [德]托马斯·莱赛尔:《法社会学基本问题》,王亚飞译,法律出版社2014年版,第187页。
⑤ 苏力:《制度是如何形成的》,北京大学出版社2007年版,第154~155页。

仪,中国就可以治理得非常好。① 此外,法律的另一大功能在于规范政治行为。其是人们在特定利益基础上,围绕着政治权力的获得、运用而展开的社会活动。② 法律是调控权力的方式:一是法律是一个社会中评判权力与权力行使接受度、建设性、合法性的标准;二是法律法规可以确认权力,提供合法性并以此方式使其稳定下来;三是法律法规也能够而且应当禁止、限制权力及权力运用、克制权力滥用。③ 权力滥用是违法行为,使得国家权力与个人之间出现矛盾,为了调和这种矛盾,权力必须受到限制,而这个限制的基础即法律。

为此,作为裁判规范,《民法典》第 10 条明确指出了民事裁判依据的范围,为司法裁判提供依据。同时,其也具有行为规范之意。从行为规范的角度出发,其规定了民事纠纷的处理依据,建立起让人们遵守相关法律、习惯的秩序,使人们在社会中如何行为变得具有确定性和期望性,可以为人们的行为提供指引。而且,在社会与法律的双向系统中,其规范人们行为的同时,也规范调控着法官的权力,将法官的自由裁量权限制在一个具体的范围内,以防止权力滥用。

(二)双重规范属性之"处理民事纠纷"的具体解释

《民法典》第 10 条虽规定"处理民事纠纷,应当依照法律……",但未对"处理民事纠纷"的主体进行明确。在法律未明确的时候,需要进行解释。"法教义学是以处理规范性角度下的法规范为主要任务的法学,其主要想探讨规范的'意义'。它关切的是实证法的规范效力、规范的意义内容,以及法院判决中包含的裁判准则。"④ 在运用中,法教义学通常以法律文本为依据,依照法律规范的内在逻辑和体系要求进行解

---

① [法]孟德斯鸠:《论法的精神》(上卷),许明龙译,商务印书馆 2016 年版,第 365~367 页。
② 付子堂:《法律功能论》,中国政法大学出版社 1999 年版,第 159 页。
③ [德]托马斯·莱赛尔:《法社会学基本问题》,王亚飞译,法律出版社 2014 年版,第 68 页。
④ [德]卡尔·拉伦茨:《法学方法论》,陈爱娥译,商务印书馆 2003 年版,第 77 页。

释、运用、发展法律。① 可见,法解释学在法教义学中有着重要的地位,也有学者直接将法教义学定位为"法解释学"。② 诚然,法解释工具在法教义学中固然重要,但除此之外,推理过程中的价值判断也必不可少。同时,私法作为法教义学发挥作用的典型,尤其是对于民法典而言,中国民法实践长期受"同案不同判"的影响,使得民法典更倾向于追求统一的法秩序,因而法教义学是研究民法典的主要范式。③

在传统法律解释学中,有多种法律解释方法,包括文义解释、体系解释、法意解释、比较解释、目的解释等。④ 其中,文义解释按照法律条文的文字,阐释法条的具体含义,而且所作的解释不能超过本身可能的文义,否则超越了法律解释范畴进入了造法阶段;体系解释则是将法律条文放入整个法律体系中,根据其关联法条之意,阐明其具体含义;法意解释则是探寻立法者在指定法律条文时的价值判断或目的;比较解释是通过引用国外的立法、判例或学说等,作为解释本国法律的依据;目的解释则以法律条文所欲去实现的目的为依据,阐释法律的一种解释方法。⑤

解释《民法典》第10条"处理民事纠纷"时,应对该条进行追本溯源。1911年,晚清政府颁行了《大清民律草案》,其中第1条借鉴了《瑞士民法典》第1条,此后的《中华民国民法》第1条也借鉴了该条的规定。自中华人民共和国成立,民法典草案学者建议稿均规定了类似的内容,且在立法例中明确指出以《瑞士民法典》为参照。⑥ 为此,通说认为,《民法典》第10条的蓝本就是《瑞士民法典》第1条。《瑞士民法典》第1条第2款规定:"如本法无相应规定时,法官应依据惯例;如无惯例时,依据自己作为立法人所提出的规则裁判。"第3款规定:"在前款情

---

① 许德风:《法教义学的应用》,载《中外法学》2013年第5期。
② 王博:《法教义学与社科法学中的异中之同——一种法哲学省察》,载《中州学刊》2019年第9期。
③ 蒋言:《民法典编纂背景下的法教义学:定位与进路》,载《烟台大学学报(哲学社会科学版)》2018年第4期。
④ 杨仁寿:《法学方法论》,中国政法大学出版社1999年版,第101页。
⑤ 梁慧星:《民法解释学》,法律出版社2015年版,第216~235页。
⑥ 李敏:《〈瑞士民法典〉"著名的"第一条——基于法思想、方法论和司法实务的研究》,载《比较法研究》2015年第4期。

况下,法官应依据经过实践确定的学理和惯例。"将《民法典》第 10 条与《瑞士民法典》第 1 条的表述进行对比,我们可以发现,《民法典》第 10 条并未提及"处理民事纠纷"的主体,即未明确谁来"处理民事纠纷",由谁来补充立法漏洞。

从历史来看,1911 年《大清民律草案》第 1 条规定:"民事本律所未规定者,依习惯法;无习惯法者,依法理。"1930 年南京国民政府时期制定的《中华民国民法》第 1 条规定:"民事,法律所未规定者,依习惯,无习惯者,依法理。"它们均未提及由"裁判者"来依"法律""习惯"处理。从各专家建议稿来看,中国法学会民法典编纂项目领导小组撰写的《中华人民共和国民法典·民法总则专家建议稿》第 9 条规定,"处理民事纠纷,应当依照法律以及法律解释、行政法规、地方性法规、自治条例和单行条例、司法解释……"①梁慧星主编的《民法典草案建议稿》第 9 条规定,"民事关系,本法和其他法律都有规定的,应当优先适用其他法律的规定;本法和其他法律都没有规定的,可以适用"。② 王利明主编的《民法典学者建议稿及立法理由·总则编》第 12 条规定,"……依据本法确定的基本原则参照法理作出裁判时,人民法院或者仲裁机关应当在裁判……"③可见,各专家建议稿中,也只有王利明主编的建议稿提及了由"人民法院或者仲裁机关"进行裁判。因而,从我国的立法传统看,即使《民法典》第 10 条未提及由谁来"处理民事纠纷",但实质上也可将"处理民事纠纷"的主体解读为法官或仲裁员。另外,《民法通则》第 6 条规定:"民事活动必须遵守法律,法律没有规定的……",而《民法典》第 10 条在其基础上将"处理民事纠纷"代替"民事活动",本身就是为了突出该条裁判规范的属性。④

法律的目的决定着法律生长的方向⑤,法官在司法裁判中需要一

---

① 《中华人民共和国民法典·民法总则专家建议稿》,http://www.fxcxw.org.cn/,下载日期:2024 年 5 月 24 日。
② 梁慧星:《民法典草案建议稿》,法律出版社 2013 年版,第 4 页。
③ 王利明:《民法典学者建议稿及立法理由·总则编》,法律出版社 2005 年版,第 22 页。
④ 陈甦主编:《民法总则评注》(上册),法律出版社 2017 年版,第 56 页。
⑤ [美]本杰明·N.卡多佐:《司法过程的性质》,苏力译,商务印书馆 2017 年版,第 60 页。

直保持这种目的论的解释。不过,这种理解的正确性是相对的而不是绝对的,只要是作用良好的规则都会获得人们的承认。在进行目的解释中,并不是由法官进行肆意的揣测,而是需要法官进行有依据的论证。由于大多数条文并不是当下形成,而是历经漫长的历史后产生的,因此,法官并不知晓立法者的动态,二者存在时空差和地域差。而立法资料是立法者在立法过程中的所有文献资料,其全面、充分地记载了当时立法者对某一条文进行无数次修改后并成型的过程,是除了法律文本之外的最重要的解释工具①,最能体现出立法者的真实意图。因此,法官在作出目的解释时,应对立法背景资料进行熟悉与理解。在法律规定模糊不清的情况下,法官应该查明立法背景资料以发现立法机关的意图,并在立法机关明确的思维过程中发现模糊条文的意义。② 立法背景资料既可以作为客观解释的佐证,也可以作为主观解释的辅助。一方面,在客观解释中,文义解释即使确定,也存在特定的语境,体系解释更是需要运用到整个法律体系的价值及其他法律条文与被解释条文之间的关系。因此,客观解释只是相对概念,并不是哲学意义上严格的客观。那么,立法资料在此就可以对客观解释进行佐证。另一方面,在主观解释中,需要法官进行价值判断,立法资料可辅助法官进行价值判断,作为判断时的客观依据。③ 从立法资料来看,法律移植是众多国家在立法中不可或缺的工具④,其往往体现为移用他国的法律规则,但规则背后隐藏着该国的文化和社会认同等心理因素,而这些因素是规则具有约束力的根本原因。⑤ 因而,探讨《民

---

① A. R. Gluckand, L. S. Bressman, Statutory Interpretation form the Inside—An Empirical Study of Congressional Drafting, Delegation and the Canons: Part I, *Stanford Law Review*, 2013, Vol.65, No. 5.

② C. M. Germain, Approaches to Statutory Interpretation and Legislative History in France, *Duke Journal of Comparative & International Law*, 2003, Vol. 13, No. 3.

③ 王云清:《立法背景资料在法律解释中的功能与地位——英美的司法实践及其对中国的镜鉴》,载《法学家》2019年第1期。

④ 牛子晗:《法律移植与法律文化的关系》,载《中州学刊》2018年第7期。

⑤ 李安、王家国:《法律移植的社会文化心理认同》,载《法制与社会发展》2018年第1期。

法典》第 10 条的比较法和立法史有助于还原该条立法的本意。在对该条进行目的解释时,必然应对《瑞士民法典》第 1 条的目的进行探寻。① 在此基础上,还必须阐释和研判"应当依照法律"和"可以适用习惯"的立法原意和目的。

民法规范绝大多数为任意性规范,任意性规范在法律适用中的主要功能在于填补合同漏洞,补足当事人的意思表示。只要未被当事人排除,相关的任意性规范就可能被适用。② 即任意性法律规范不存在有无拘束力的问题,只存在拘束力如何发生的问题。为此,尽管任意性规范不为当事人所必须遵守,且私人生活由人们自行规划,但现实情况是人们并不可能对生活作出详细、精准的安排。那么,由于任意性规范是从社会一般交往规则抽象而来,更合乎当事人推定的意思,且任意性规范对当事人各方利益有过公平的考量。因而,任意性规范可对当事人在未经事前达成一致的事项中,事后确定各方权利义务。③ 从这个意义而言,任意性规范具有补足当事人权利义务之功能,可以表达相应的裁判方式与规则,当发生民事纠纷时,这些规范可以明确处理的方式与结果,而这种明确性反过来也可以约束人们的行为。正因如此,《民法典》第 10 条在制定过程中曾一度将"民事纠纷"修改为"处理民事关系",最终条文又改回"民事纠纷"。其原因在于,本条的立法目的是为人民法院、仲裁机构等处理民事纠纷时提供法律适用规则。④

另外,从民法规则的产生来看,也可以推导出"处理民事纠纷"的主体并非完全是法院。民法规则产生于社会生活,是由许多社会生活中的习惯和共识整理成理性化、条理化的规则,是人们在公平正义的价值追求下定分止争的经验积累和智慧结晶,还原于生活,应用于生活。被

---

① 苏永钦:《私法自治中的经济理性》,中国人民大学出版社 2004 年版,第 8 页。

② 茅少伟:《民法典的规则供给与规范配置——基于〈民法总则〉的观察与批判》,载《中外法学》2018 年第 1 期。

③ 朱庆育:《司法自治与民法规范——凯尔森规范理论的修正性运用》,载《中外法学》2012 年第 3 期。

④ 李适时主编:《〈中华人民共和国民法总则〉释义》,法律出版社 2017 年版,第 34 页。

运用于社会生活中的民事规则,即处理民事纠纷的依据,当然不能完全归结于法院的审判活动,也依赖于生活中其他解决民事纠纷的场合,例如调解、仲裁等。①

第二节 民法典第十条的具体功能

《民法典》第 10 条规定了"法律""习惯"两类法源,而法律的"应当适用"与习惯的"可以适用"区分了二者不同的拘束力。从这一立法安排来看,我国的民法法源具有规范适用的体系功能以及填补法律漏洞的功能。

一、规范适用的体系功能

法律渊源在内涵和外延上十分模糊,我们在对法律渊源进行理解时,必须坚持司法立场,从"规范多元"的角度来把握法律渊源的概念。在"法律渊源"一词中,法律指"司法适用的","渊源"则意为多元规范。因而,法律渊源的真实含义为裁判规范的集合,其意义在于为法官解决纠纷时,适用法律规范提供权威的出处。② 为此,既然民法法源的概念偏向于司法中心主义且侧重填补漏洞,那么,《民法典》第 10 条的规范意义是在为民事法官裁判案件提供指导的基础上,在"法律没有规定"时,为民事法官提供补充裁判的规则,这是我国二元开放民法法源体系得以建立的体现。③ 这种二元开放的民法法源体系不仅为法官提供了明确的裁判指引,还保持了民法典体系的开放性。随着社会的不断变迁,民法典可以通过法官填补漏洞的方式代替不断的修法活动。

---

① 张鸣起主编:《民法总则专题讲义》,法律出版社 2019 年版,第 56～57 页。
② 彭中礼:《法律渊源论》,山东大学 2012 年博士学位论文。
③ 陈甦主编:《民法总则评注》(上册),法律出版社 2017 年版,第 71 页。

（一）规范适用体系化的现实需要

民法的调整范围十分广泛,成文法有限的文字无法囊括人们所有的社会生活。而且,意思自治是私法的核心,民法中的大多数规范都是任意性规范,这也使得成文法无法为法官提供穷尽的裁判规则。当成文法没有规定时,法官又不能拒绝裁判,因而需要成文法之外的内容来补充裁判。

法学不是一门熟悉法条加上秉公执法就可以完成的形式化的"科学",社会具有复杂性和多变性,没有一个绝对的"真理"或对应的"法条"可供随时被套用,因而法学是一门难以形式化、条文化的学科。[1]从比较法视角来看,为了使整套民法概念体系有基本的原则性宣示,使得法官可以从上往下去寻找裁判规范,《德国民法典》最先将民法中的"总则"独立出来。但是,其并没有对民法法源作出原则性规定。同样的,1804 年《法国民法典》也并未对民法法源作出规定,原因在于,在实证法概念的影响下,该法典主张所有民事纠纷都可以在制定法中找到依据。随着法律实证主义不断地受到严厉的批评,自由法学派开始盛行,立法者开始意识到法典的不完美。为此,法官在裁判案件时,具有"创造"的正当性。因而,《瑞士民法典》对民法法源作出宣示性规定:"(1)凡依本法文字或释义有相应规定的任何法律问题,一律适用本法。(2)无法从本法得出相应规定时,法官应依据习惯法裁判;如无习惯法时,依据自己如作为立法者应提出的规则裁判。(3)在前款的情况下,法官应参酌公认的学理和实务惯例。"[2]为了弥补成文法的缺陷,《瑞士民法典》在开篇第 1 条规定了法官裁判民事案件的依据,并将法理作为兜底性法源,赋予了法官一定的"造法"权力,建构了一个以法律、习惯、法理的规范适用体系。

在英美法系国家,民法学者及法官们几乎不对民法法源进行讨论,其原因在于这些国家的公私法立法权相互分立,公法的立法权在国会,

---

[1] 苏力:《制度是如何形成的》,北京大学出版社 2007 年版,第 156～157 页。
[2] [德]K.茨威格特、克茨:《比较法总论》(上),潘汉典等译,法律出版社 2017 年版,第 322 页。

私法的立法权则在法官。① 法官根据先例进行裁判案件,若法官找不到解决案件的适当规则,或是认为先例已经无法有效地解决待裁案件时,其会进行充分的论证,并重新创造一个先例。据此,判例法是填补法律空白的手段。② 判例法系国家遵循先例的原因在于,先例是一种论证形式,它不仅普遍存在,而且往往具有说服力。在考虑目前所作出的某些决定是否明智时,先例是最好的支撑,即使是一个没有特征的先例也同样能影响未来。③ 因为,在生活的许多方面,过去的智慧和现在的理性之间往往存在一种张力。过去的权威与新的时代理性往往处于紧张的状态,公众已经在早期司法意见的基础上发展了信赖利益。④ 因而,遵循先例可以调解这种紧张关系,赋予法律的稳定性、连续性和可预见性。⑤ 法律中公认的智慧不仅出现在宪法和法律文本中,而且出现在过去的司法判决中。由此可见,在判例法国家中,只要不违背宪法,法官可以遵循先例裁判民事案件。若出现法律漏洞时,法官有足够的自由裁量权填补漏洞。

从法官的裁判过程来看,其离不开司法三段论,作为小前提的事实复杂多样,因此要求大前提尽可能地包罗万象。但是,作为法律规范的大前提具有固有缺陷,无法完整地囊括所有小前提。成文法的缺陷主要表现在两个方面:一是有限的文字无法体现无限的含义,法律规范作为司法三段论中的大前提是不确定的,而司法三段论结果准确性的关键就在于有明确的大前提;二是事实与规范存在二分性,按照哲学的概念,客观与主观是一对相对立的内容。事实是客观存在的,而事实与规范进行对应时,必须对事实进行主观评价,从而就使得事实与规范之间存在了对立。因此,为了达到人们对其行为有预期,法官在司法过程中

---

① "The Legislative Branch", https://www.whitehouse.gov/about-the-whitehouse/the-legislative-branch/, retrieved on December 17th, 2019.

② A. Elena, Judicial Precedent, A Law Source, *Lex et Scientia International Journal*, 2017, Vol.24, No.2.

③ S. Frederick, Precedent, *Stanford Law Review*, 1987, Vol.39, No.3.

④ H. Y. Levin, A Reliance Approach to Precedent, *Georgia Law Review*, 2013, Vol.47, No.4.

⑤ S. Michael, Precedent, Super-Precedent, *George Mason Law Review*, 2007, Vol.14, No.2.

就必然进行选择性和创造性的行为。① 在大陆法系国家逐渐认识到成文法的固有缺陷后,越来越多的国家开始在民法法源即民事案件的裁判依据上进行创造。基于此,法官的此种创造性行为是不可或缺的,无论是通过立法创设,还是司法者的规范解释。

任何一种法律规范在形成那一刻,就已落后于多变、复杂的现实。要言之,解决纠纷的裁判实践先于法律规范而产生。尽管基础性的民事立法活动在推进,但是伴随着生活的快速发展,立法还是表现出十分明显的滞后性。② 而且,司法过程并不是单纯的逻辑演绎,不可避免地包含法官的价值判断。因为在司法裁判过程中,裁判结果难以摆脱司法中"创造"对其产生的影响与责难。单纯的逻辑演绎无法明确地描述司法过程的现状,反而更多的是掺杂许多的价值判断。那么,为了破解这种困局,实用主义法学所蕴藏的立场界定和方法选择不失为一种解决途径,其司法观可以概括为:以"逻辑"传递着对"发现"的尊重;以"经验"护佑着对"创造"的追求。③ 因此,为了追求社会实效,要求法官能够创造性地应对复杂、多变的现实生活。④ 正如霍姆斯多次强调的那样,法律不是固定不变的,应该在社会进步力量的推动下不断发展、演进。而法律的发展不是完全来自历史,也不是来自自身逻辑的演绎,而是主要来自执法者自身的经验。此处的经验是法官根据社会实际需求,去衡量社会愿望,并依次确立法律的基本原则。⑤ 法律在追求这种社会实效的过程中会受到不断的审视,法律的预期过程就是不断追求社会实效的试错过程。在这个过程中,法官综合运用各种方法履行造法职能,从而实现在不断变化的社会中,法律可以解决社会实际需求。这一点在民法上更为凸显,就像《法国民法典》一样,自其颁布以来已有

---

① [美]本杰明·N.卡多佐:《法律的成长》,李红勃、李璐怡译,北京大学出版社2014年版,第11页。

② 薛军:《民法典编纂与法官"造法":罗马法的经验与启示》,载《法学杂志》2015年第6期。

③ 张志文:《实用主义视角下的司法官及启示——从法律发现说起》,载《北方法学》2013年第3期。

④ 丁相顺:《重新认识"法官造法"——判例与判例法的机理》,载《民主与法制时报》2014年12月1日第010版。

⑤ 刘全德:《西方法律思想史》,中国政法大学出版社1996年版,第210页。

200多年的历史,其基本结构的主要部分仍未有根本改变。那么,不变的法典如何应对复杂多变的社会生活?从《法国民法典》的经验来看,他们不是刻板地遵守法律,而是在遵守时更多地考虑解决方案的妥当性,会对法律条文作出符合时代要求的理解。① 这实际上就是从"法官释法"跨入了"法官造法"的阶段。

"私法乃是行动者在文化进化过程中发现的结果,任何人都不可能发明或设计出作为整体的私法传统。"②民法重在保障当事人意思自治,且大多条文是任意性规范,只要当事人的意思自治未违反强制性法律规定即有效。而且,尽管私法法典有着上千万条法条,但仍然难以穷尽既有和将来可能发生的所有情形。③ 因而,民法大多是不完全法条,法官无法从法律规则或者法律原则中去获得所有案件裁判的依据。概言之,民法的适用不是机械地适用法条,更多的是由法官根据自己的专业知识去判断案件具体应该如何裁判。因而,若将《民法典》第10条仅界定为法官的"找法"规范,则会存在许多疑问。例如,法官"找法"范围并不能仅以法律、习惯为限,因为许多时候当事人合意所形成的契约的效力甚至高于民法中的任意性规范。④ 另外,在合同案件的裁判中,往往任意性规范是法官最后去寻找的依据,"法官找法"的范围不可能周延。因而,亚里士多德曾指出,对立法者忽视而未明确规定的情形,法官应当"如同立法者自己在场一样,观察、思考具体情形并通过制定法予以规范"⑤,从而完善立法。法律无法为法官裁判案件提供所有的裁判依据,而在"法律没有规定"时,又不能让法官拒绝裁判。那么,民法法源的意义就在于,当"法律没有规定"时,为法官提供补充裁判规则。由此可见,在民事裁判中,法官的创造具有必然性。

---

① 耿林:《论法国民法典的演变与发展》,载《比较法研究》2016年第4期。
② [英]弗里德里希·冯·哈耶克:《法律、立法与自由》(第1卷),邓正来译,中国大百科全书出版社2000年版,第26页。
③ 张志坡:《民法法源与法学方法——〈民法总则〉第10条的法教义学分析》,载《法治研究》2019年第2期。
④ 苏永钦:《私法自治中的经济理性》,中国人民大学出版社2004年版,第9页。
⑤ Peter Tuor, *Das Schweizerische Zivilgesetzbuch*, 转引自李敏:《〈瑞士民法典〉"著名的"第一条——基于法思想、方法论和司法实务的研究》,载《比较法研究》2015年第4期。

毫无疑问,填补漏洞是法官创造的主要表现。除此之外,法官的释法说理也是创造的一种体现。具体而言,即使是制定法的适用,法官也需要对其进行解释。逻辑虽系一种定式的公式,却是论证中最有说服力的方式,而又正是基于这种定式的公式使得逻辑能够证明,它可以成功地说服公众。当一个法律论证未能遵循逻辑定式时,虽然它不一定有缺陷,可能只是表明了该论证与其他领域的论证有不同之处,但是,此时论证人必须解释为什么无视逻辑定式,而选择不一样的论证方式。[1] 我国的民事裁判文书往往将案件依据分为两部分:一部分是"裁判依据",另一部分是"裁判理由"。其中,"裁判依据"是法官列出其所援引的具体法律规范的条文及具体结果,在裁判文书中置于"裁判结果"部分。"裁判理由"是法官对援引规范的原因所作出的阐述,包括法官在对小前提进行确认,以及将小前提涵摄至大前提中时的步骤及理由,在裁判文书中置于"法院认为"部分。其中,"裁判依据"是法官将小前提涵摄至大前提中的结果,"裁判理由"是法院在对小前提进行法律性质的确认时,将小前提涵摄至大前提中的理由。这个过程离不开法律推导,法律推导的逻辑前提是存在与案件相对应的法律规范,法官在找法时必须通过法律解释对法律规范的内容予以确定,即通过法官的解释,以法律规则、法律原则甚或宪法原则为基础,并注入价值判断和经验,从而构建出"裁判规则"。[2] 这种对法律条文的适用,是法官释法说理的过程,这个过程十分重要。

　　《民法典》第10条中的"处理民事纠纷"表明该条是为法官处理民事纠纷提供依据,但民事判决书的基本构成分为标题、正文和落款,正文除了法院查明的事实外,还包括理由和裁判依据。[3] 而且,前者是司法裁判三段论中的小前提,后者是大前提。在理由部分,裁判文书必须

---

[1] K. W. Saunders, What Logic Can and Cannot Tell Us About Law Symbolic Logic for Legal Analysis, *Notre Dame Law Review*, 1998, Vol.73, No.3.

[2] 吴春雷、张文婧:《司法三段论的性质与认知结构之再认识》,载《河北法学》2013年第4期。

[3] 最高人民法院关于印发《人民法院民事裁判文书制作规范》《民事诉讼文书样式》。

解释为什么引用这一条而不是那一条法律的理由。① 法官处理民事纠纷在大前提与小前提之间来回穿梭,在此过程中,法官不仅要对案件裁判的法条依据进行列举,还要对引用这些法条的理由进行阐释与论证。此外,最高人民法院还指出要加强和规范人民法院裁判文书释法说理工作,以提高释法说理水平和裁判文书质量。②

法官在释法说理时,不同的法官有不同的理解,这就使得面对司法中的同一或相同案件,法官在解释法律与适用法律上存在意见分歧或争议。这主要表现在以下两方面:一是"释法争议",即在对法律的理解上存在分歧或争议;二是"适用争议",即在适用法律上存在分歧或争议。其争议原因有以下四点:一则,法官们确立的作为裁判依据的大前提有可能是完全不同的;二则,法官们探寻法律含义背后所蕴含的"事物本然之理"或"事物的本质"会不同,因而对法律概念的解释也不同;三则,在法律未作规定时,或者是既可以作此决定,也可以不作此决定时,需要法官们运用自由裁量权来填补法律漏洞或空白;四则,只考虑一般规则而不考虑其特殊情况或例外情形,以此为裁判理由作出不同的裁决。因此,即使有统一的制定法也不足以确保释法与裁决的一致性。③ 那么,为了尽量减少这种歧义,法官发现正确有用的行为规范始终存在客观标准和主观标准之争。法理学传统要求我们使用客观标准,但是这种完美的客观标准不具有存在之可能性,因而需要法官进行创造。为此,法官在解释法律的过程中,无不包含着法官的"创造"功能,这同样说明了我国民法法源需要一个开放的体系。正是基于此,《民法典》第10条规定了法律、习惯二元开放的法源类型。

另外,从整个《民法典》的体系出发,我们发现有许多条文都与该条相呼应。例如,《民法典》第10条、第119条、第129条之间相呼应。《民法典》第10条为法官裁判民事案件提供依据,是民法法源条款。但该条旨在为民法法源作出宣示性规定。因此,仅从该条出发,不足以理解民法法源。欲研判民法法源,还须剖析《民法典》第119条、第129

---

① 王利明:《法律解释学导论:以民法为视角》,法律出版社2017年版,第25页。
② 最高人民法院印发《关于加强和规范裁判文书释法说理的指导意见》。
③ 王洪:《逻辑能解法律论证之困吗?》,载《政法论坛》2019年第5期。

条。《民法典》第 119 条规定,依法成立的合同,对当事人具有法律约束力。该条来源于《民法通则》第 85 条、《中华人民共和国合同法》(以下简称《合同法》)第 8 条,旨在明确合同的约束力。溯及合同严守规则发现,早在罗马法时期该规则即得以确立。在当时,合同被称为"法锁",以强调合同必须严守。自罗马法确立严守合同、信守允诺以来,合同约束力已然作为各国法律之传统。譬如,欧洲中世纪的教会法规定,个人一旦作出允诺,必须履行,否则应受到法律的制裁。① 这种合同的约束力意味着当事人应当按照合同约定履行己方义务,非依法律规定或经对方同意,不得擅自变更或者解除合同。一方若不履行合同义务或者履行合同义务不符合约定,应当承担违约责任。② 可见,合同在当事人之间具备相当于法律的效力,是法院判断当事人有无相应权利的依据。并且,法院在处理合同纠纷时,合同是法官裁判的首要依据,优先于民事法律规范中任意性法律规范的适用。为此,有学者认为合同应是民法法源中的一种。③ 针对合同是否是民法法源的问题,学界争议纷纭。当然也有反对者认为,从合同约束力的对象来看,合同的法律约束力有相对性,只及于合同当事人,不对合同当事人之外的第三人产生拘束力。合同成为"法源"的对象,其范围有一定的局限性。而且,在司法实践中,法官在寻找合同作为裁判的依据时,大多数情况都无法直接根据合同内容得出裁判结果,更多地需要法官进行解释。为此,《合同法》第 61 条、第 125 条等都对合同的解释作出规定。④

另外,《民法典》第 129 条规定,民事权利可以依据民事法律行为、事实行为、法律规定的事件或者法律规定的其他方式取得。纵然,对民事权利概念的不同解释存在资格说、主张说、自由说、利益说、可能说、

---

① 王利明主编:《中华人民共和国民法总则详解》(上册),中国法制出版社 2017 年版,第 497 页。

② 李适时主编:《中华人民共和国民法总则释义》,法律出版社 2017 年版,第 371 页。

③ 黄茂荣:《法学方法与现代民法》(第七版),厦门大学出版社 2024 年版,第 9 页;苏永钦:《私法自治中的经济理性》,中国人民大学出版社 2004 年版,第 14 页。

④ Caroni, Pio, *Einleitungstitel des Zivilgesetzbuches*,转引自李敏:《契约法源辩》,载《河北法学》2014 年第 12 期。

规范说、优越地位说、优势说、法力说以及混合说等不同学说。① 但无论如何,民事权利是民事主体为实现某种利益依法为一定行为,或者请求民事义务主体为一定行为或不为一定行为的意思自由。② 其意义在于,人群共处,各有需求,涉及不同的利益,不免发生冲突,为维护社会生活,自须定其分际,法律乃于一定要件之下,就其认为合理正当的,赋予个人某种力量,以享受其利益。③ 因而,民事权利具有法律保障性,若民事权利遭受侵害,被侵害人有权到人民法院请求救济。而针对民事权利遭受侵害的纠纷,法官最先寻找的裁判依据是判断该民事权利是否合法取得,而合同则是法官裁判合同案件首要寻找的依据。当然,除了《民法典》第119条、第129条之外,《民法典》中其他的一些规范也与《民法典》第10条相呼应形成民法法源体系。

由此可见,一方面,成文法固有缺陷,法官又不能拒绝裁判,而且,法典应该具有稳定性,因而为了顺应发展的社会,民法法源应该赋予法官一定的"造法"权力。另外,民事裁判不仅需要明确的法律依据,还需要法官对援引的依据进行释法说理,释法说理也是十分重要的裁判过程之一。因而,从这些方面都可以看出,我国民事裁判的依据并非单一、闭塞,民法法源应具有多元开放性的需要。另一方面,法源并非独立的,而应从整个《民法典》的体系适用出发,《民法典》多个条款与作为民法法源条款的第10条相呼应。因而,民法的适用应遵循体系适用。为此,这些都展现了需要一个具有规范适用体系功能的法源条款。

(二)法律与习惯的不同拘束力

民法法源条款应当明确法官裁判民事案件时援引的依据,以及找法的次序。其一,"裁判规范必须精准"。由于民法是私法,私法自治是其重心。从此意义而言,民法法源最为重要的问题就在于,民事行为违反民事法律规范将产生何种后果。民事法律规范分为强制性规范和任意性规范,强制性规范从公共利益出发,作为公共利益的维护者,国家

---

① 徐国栋:《民法总论》,高等教育出版社2019年第2版,第89~90页。
② 李开国:《民法总则研究》,法律出版社2003年版,第90页。
③ 王泽鉴:《民法总则》,北京大学出版社2009年版,第95页。

应当明确公共利益的标准及范围,以干预人们的市场行为。若当事人违反了强制性规范,由法官依照规范进行处理。但是,任意性规范的主要功能并非指导或干预民事主体的行为,而是赋予其完成的行为某种法的效力,其作用在于为当事人意思作补充。但是,裁判依据既不来自当事人,也不能被法官自由创设,法官在裁判时应竭力避免对当事人的意思作出广泛补充,否则法官可以利用个案裁判者的地位,凌驾于私法自治之上,因偏袒某一方当事人而丧失中立性。① 据此,任意性规范的构成要件与概念内涵越精准,其为当事人提供的预见性也就越大。正如当合同本身及其履行过程中可能出现争议时,《民法典》合同编的规范使得当事人能够预见到纠纷诉诸法院将产生的结果。因而,就任意性规范而言,其越精准,就可以为裁判者提供越公正裁判的规范,越能提高裁判的可预见性。②

其二,"法律规则从未清晰"。法律规则不是简单地被适用,而是需要通过其他规范性因素进行解释。③ 那么,法官在司法裁判中究竟应该如何作出法律解释?对此问题,学者各执一词。一些学者认为,有明确的法律解释规则存在,其是法律解释方法的核心,是理解、解释和运用法律的各项规则。④ 法律解释规则立足于各种解释方法,即文义解释、目的解释、历史解释、体系解释等多种解释方法之上,法律解释规则就是围绕这些解释方法的适用而展开的。法律解释规则的适用建立在这些分类的基础之上,并细化为明确的操作准则,为法律解释提供了明确的思维引导。倡导法律解释规则的适用,在于解决法律解释方法研究的哲学化、复杂化之问题,凸显法律解释规则的实践意义。⑤ 不过也有学者认为,并没有确定的法律解释规则存在,解释是一个神秘的过程,

---

① 朱庆育:《民法典编纂中的两个观念问题》,载北大法律评论编委会:《北大法律评论》第4卷,法律出版社2001年版,第561~562页。
② 苏永钦:《私法自治中的国家强制——从功能法的角度看民事规范的类型与立法释法方向》,载《中外法学》2001年第1期。
③ [美]安德雷·马默:《法律与解释》,张卓明、徐宗立等译,法律出版社2006年版,第42页。
④ 陈金钊:《法学话语中的法律解释规则》,载《北方法学》2014年第1期。
⑤ 杨铜铜:《论法律解释规则》,载《法律科学》2019年第3期。

其不同于逻辑和科学观察,是人们对基本生活经验的"想象性重构"。①拉德布鲁赫也曾指出,解释在追随着结论,在结论明确后,才选出解释方法。所谓的解释方法就是对已发现的创造性内容进行事后的说明。②

一直以来,法律解释学都企图运用各种解释方法来填补规则空白,明确的解释方法可以使许多疑难案件的判决能够转换为清晰的大小前提。但是,由于缺少法律解释的元规则,法律解释学很难具有方法论的意义。③ 法律解释更多的是法官进行主观判定,不存在客观的统一标准,具有多元化和开放性的特征。④ 法官在进行法律解释时,必然涉及自身的法律素养、道德观念,以及案件的社会评价与舆论,还有当事人对案件的态度等,这些因素都会影响法官的解释。从此意义上讲,民事裁判所涉及的法律解释,就必然囊括法官的主观创造,但这种创造并不是毫无边界的。譬如,在成文法国家中,法律以确定的方式作出,就旨在为法官提供确定的裁判依据。而法律解释作为法官对法律文本这一大前提的阐释方法,包含着法官大量的主观因素。加之,法官个体之间的价值观念等因素差异,会导致案件裁判结果出现差异。因而,为了缩小这种差异在裁判中的存在,法官的创造应有界限。

法官主观创造的界限在于,若法官的主观理念与他所在生活社区中通行的正确与错误的观念有一定偏差,那么,他们应该遵循这个普遍生活社区中的正确或者错误观念。哈特在《法律的概念》中明确指出,法律作为强制性命令具有强制性,其原因在于法律进行了普遍的指导,这种指导形式既不指名道姓地针对或直接告诉特定的人,也不指使他们去做某种特定的行为。但是,这种普遍的指导将普遍的行为模式嵌入一个普遍的角色群,群内的人们被期待着去遵守这个行为模式。如果没有这个普遍的指导,人们会丧失他们内心的普遍确信力,以拒绝去

---

① [美]理查德·A.波斯纳:《法理学问题》,苏力译,中国政法大学出版社2002年版,第134页。
② [德]拉德布鲁赫:《法学导论》,米健译,中国大百科全书出版社1997年版,第107页。
③ 桑本谦:《法律解释的困境》,载《法学研究》2004年第5期。
④ 宋保振:《法律解释的实践标准:以法律解释规则为中心》,载《扬州大学学报(人文社会科学版)》2019年第4期。

服从规则。① 于是，这些普遍的行为模式被法律条文表达得越清楚，人们去遵守这个行为模式的期待性就越高，服从力就越强。为此，尽管法官在民事裁判中具有创造的必然性，但为了使法官各自的主观创造尽量保持一致性，就应对法官的创造规定一定的界限。从此意义而言，民法法源作为民事裁判的指引，它的范围需要进行明确。

就《民法典》第10条而言，其中所规定的处理民事纠纷的两种依据，分别为"应当依照法律"和"可以适用习惯"。前者必然是法院可以直接进行援引的依据，但后者究竟是指可以直接进行援引的依据，还是法官进行裁判说理时可以运用到的工具，抑或二者兼具？要保证民事法官在裁判中的解释（主观创造）不是漫无目的，而是有一定的边界的，那么上述的这些问题就需要被厘清：

一方面，从《民法典》第10条对其作出的适用规则来看，二者并非完全一致。该条要求法官处理民事纠纷"应当依照法律"，唯有法律没有规定时才"可以适用习惯"。值得注意的是，"应当"与"可以"明显隐含着对"法律"和"习惯"适用的强制力大小的问题。另外，"依照"与"适用"也存在不同的具体适用程序。因此，为了进一步明晰这个问题，必须对"应当依照法律"和"可以适用习惯"做目的解释，即立法者当时为什么规定"法律"和"习惯"作为处理民事纠纷的依据，又为什么规定"法律"是"应当依照"，而"习惯"是"可以适用"。

"应当依照法律"要求法官处理民事纠纷必须首先依照"法律"，旨在实现"以法律为准绳"的原则。同样，"可以适用习惯"表明在没有"法律"规定的情况下，法官可以适用"习惯"处理民事纠纷，以补充成文法的漏洞。具体而言，一是"可以"在此处表示并非强制性要求法官必须适用。在法律文本中，"可以"的法律意义是经法律授予的、特定主体在特定的条件下、在特定的范围内的一种有限度的选择权。带有"可以"一词的法律规则，往往都是授权性规则。② 那么，此处的"可以适用习惯"实质上也是一种授权性规则，授权法官既可以适用"习惯"，也可以

---

① ［英］哈特：《法律的概念》，张文显、郑成良等译，中国大百科全书出版社2003年版，第22页。

② 喻中：《论授权规则》，法律出版社2013年第2版，第108、110页。

不适用"习惯"。① 二是对此处"适用"的解释,应与"依照"相比较。在我国,处理民事纠纷的机制是多元的,除了法院判决之外,还包括调解、仲裁等。由于"习惯"本就来自社会生活中,而这些替代性解决机制与法院判决最大的不同就在于,它们更多地以情、理而不是以强制的方式去解决纠纷。因而,对于替代性解决机制而言,适用"习惯"本就属于它们不可或缺的一部分,甚至它们往往是"应当适用习惯"。据此可见,《民法典》第10条应分为两部分,其中"应当依照法律"是强制性规则,"可以适用习惯"是授权性规则。

另一方面,可以确定的是,"应当依照法律"中的"法律"本身就是裁判依据。而就"可以适用习惯"中的"习惯"而言,自2017年《中华人民共和国民法总则》(以下简称《民法总则》)施行以来,从司法实践对"习惯"的适用来看,几乎都是由法官在民事裁判文书中的"法院认为"部分将是否适用"习惯"进行说理,从而得出裁判结果。例如,"原告请求按照先还利息后还工程款的方式偿还欠款,法院认为根据《民法典》第10条的规定,依法予以支持"②。"原告要求对该房间进行单独供热管理,不符合本地区供热市场的运行标准及行业习惯,亦无法律依据,本院不予支持。"③为此,从司法实践中"习惯"的适用来看,"习惯"常出现在裁判理由或者裁判结果中,二者密不可分,无法只在理由或者仅在结果中适用"习惯"。

据此,从上述所展现的两个方面,即"应当""可以"的不同含义,赋予了"法律""习惯"的不同拘束力,以及"习惯"既可作为裁判的依据,也可作为裁判的理由,都体现了《民法典》第10条所展现的规范适用的体系功能。

二、法律漏洞的填补功能

(一)漏洞填补的立法体现

在《民法典》之前,《合同法》、《中华人民共和国物权法》(以下简称

---

① 谢晖:《"可以适用习惯"的法教义学解释》,载《现代法学》2018年第2期。
② 阳春市人民法院(2017)粤1781民初2053号民事判决书。
③ 白山市浑江区人民法院(2017)吉0602民初1547号民事判决书。

《物权法》)等法律已然对习惯的适用予以规定。只是在这些法律当中，习惯适用的范围有限，未作为一般性法源而适用。合同是当事人自己订立的具有法律拘束力的协议，通过语言、文字或符号的方式，固化为某种载体形式。不同于其他部门法，合同法的特点在于意思自治。诚然，保障当事人意思自治是市场经济发展的客观要求，合同法是调整平等主体间财产流转关系的法律，应当充分尊重当事人的意志，允许当事人依法充分地表达其意思。因而，法律并不明确规定合同的内容及其所有类型。合同法的规定多为任意性规范，旨在弥补当事人意思表示的不足。就其中的任意性规范而言，当事人可通过协商进行改变。[1]但是合同当事人自身有局限性，当事人对法律及法律规制对象的认识有限，在订立合同过程中合同的内容表达存在含糊不清、模棱两可或者互相矛盾的情况，从而导致合同义务难以履行。同时，语言文字具有多义性，根据文字表达不同，合同有不同的含义。在以语言文字为主的合同中，难免会出现词不达意或词义相异的情形。[2] 另外，也有部分当事人为了规避法律或者其他不正当目的，故意使用不恰当的文字词句，以掩盖当事人的真实意图。而合同内容是法院审理合同案件的基础，为了从合同内容中探寻当事人的真实意图、正确审理合同案件，法院在审理过程中需要先对合同的内容进行解释。在对合同内容进行解释时，由于人们的行为除了受法律约束以外，还会受到习惯的约束，在不违反公序良俗时，交易习惯应可作为解释法律行为当事人真实意思的依据。因而，合同法多次提及交易习惯，《合同法》第 61 条、第 125 条（现在的《民法典》第 466 条、第 510 条）也将交易习惯明定为解释合同的基本规则之一。[3]

将习惯作为合同的解释规则在许多立法例上都有规定，根据习惯确定合同内容及其含义，对合同内容的遗漏进行补充是世界各国普遍承认的解释规则。在大陆法系国家，最早明确此规则的是法国，具体体现于《法国民法典》第 1159 条、第 1160 条。《德国民法典》第 157 条亦

---

[1] 马俊驹、余延满：《民法原论》，法律出版社 2010 年版，第 497 页。
[2] 李双元、温世扬：《比较民法学》，武汉大学出版社 2016 年版，第 540 页。
[3] 谭启平主编：《中国民法学》，法律出版社 2021 年第 3 版，第 463 页。

对此有所规定。①《日本民法典》虽未明示,但是习惯在合同法上的适用已得到判例的承认。在英美法系国家,习惯对于合同解释的作用,不仅得到众多判例的确认,而且美国《统一商法典》等制定法进行明确规定。从国际层次来看,《联合国国际货物销售合同公约》《1990 年贸易条件国际解释通则》等国际性的公约、条约都对习惯在合同解释中的作用进行了规定。② 但是在《民法典》之前的《合同法》仅仅规定了交易习惯作为合同解释工具,没有对关于合同的变更、转让、担保、保全、违约责任以及除运输、保管和买卖合同以外其他合同中的交易习惯适用进行明文规定。易言之,《合同法》尚未明确习惯的法源地位,亦未将其视为弥补法律漏洞的规则存在。③ 可见,在《民法典》施行以前,习惯的法源地位未得以明确,法官在司法裁判中的适用空间可能受到一定的压缩。

在《民法典》施行之前,《物权法》中共有两处提及习惯的适用:一是相邻关系的处理,二是关于法定孳息的确定。《物权法》第 85 条规定,相邻关系的处理,在没有法律、法规规定时,可以按照当地习惯。其立法背景在于,相邻关系的种类繁多且内容丰富,随着社会经济的发展,其范围还在不断扩大,《物权法》无法对需要调整的相邻关系一一列举,故该法对相邻关系的规定就比较原则和抽象。据此,当因相邻关系产生纠纷时,法院处理时并无可依据的法律,需要习惯作为标准,以为法官提供补充裁判规则。④ 另外,《物权法》第 116 条规定,当事人对法定孳息没有约定的或者约定不明的,按照交易习惯取得。作此规定的目的在于,合同当事人对合同内容没有约定或者约定不明时,运用交易习惯进行解释。同样,对决定孳息的取得方式也可运用交易习惯的取得方式进行确定。

---

① 韩世远:《合同法总论》,法律出版社 2011 年版,第 705 页。
② 李双元、温世扬:《比较民法学》,武汉大学出版社 2016 年版,第 546~547 页。
③ 周林彬:《商业行规的类型化及法律适用》,载《浙江工商大学学报》2019 年第 5 期。
④ 全国人大常委会法制工作委员会民法室编:《〈中华人民共和国物权法〉条文说明、立法理由及相关规定》,北京大学出版社 2017 年版,第 167~168 页。

可见,无论是《合同法》还是《物权法》,其规定习惯适用的原因都在于,在它们所处理的民事法律关系中,存在许多无法也不可能用法律进行规定的调整的情况。此时需要习惯作为法律之外的补充裁判规则,否则就会造成法官无法裁判,或者裁判差异过大的情形。而《民法典》第10条是将《合同法》《物权法》的立法经验以及司法实践中的经验,上升为一般规则。因此,在法官无法找到可适用于裁判民事案件的法律之情形下,《民法典》第10条将习惯规定为法源,这一安排为适用习惯填补法律漏洞提供了正当性。

(二)漏洞填补的司法例证

以"交易习惯"为关键词进行搜索,分析相关民事案件的裁判文书,可以发现交易习惯常常用于判定以下几种情况:一是合同是否成立,例如在深圳市前海合作区人民法院(2018)粤0391民初2255号判决书中,法院认为,对于香港公司在内地单独使用蓝色小圆章订立合同是否成立、是否有效,要结合双方当事人的历史交易习惯、案涉合同履行情况、印章使用人的身份等因素,综合判断该印章的使用能否代表香港公司的真实意思表示或能否构成表见代理。[①] 二是确定合同具体权利义务,即在合同中没有明确约定的合同内容时,根据交易习惯进行判定。例如在最高人民法院(2021)最高法民终841号民事判决书中,法院认为,关于7号楼安装是否亦应按一类工程取费的问题。双方在合同中虽未明确约定安装工程取费标准,但双方在施工合同中明确约定取费按照一类工程取费,故在双方无特殊约定的情况下,鉴定单位将7号楼

---

① 深圳市前海合作区人民法院(2018)粤0391民初2255号判决书。运用交易习惯判定合同是否成立的裁判还有江苏省徐州市中级人民法院(2024)苏03民终2310号民事判决书;海口市中级人民法院(2017)琼01民终3491号民事判决书;日照市中级人民法院(2017)鲁11民终294号民事判决书;广州市中级人民法院(2016)粤01民终256号民事判决书;文山壮族苗族自治州中级人民法院(2016)云26民终483号民事判决书;等等。

安装按照一类工程取费符合双方的交易习惯,予以支持。① 三是判定合同履行的情况,根据交易习惯认定当事人是否根据合同履行了义务,以便判定是否存在违约。例如在广州市中级人民法院(2023)粤01民终26204号民事判决书中,法院认为,结合德某公司收到该450万元后均转给恒某公司,该转账事实符合《项目合作框架协议》及《合作框架协议》中约定的由德某公司将收到康某公司出资款项出借给恒某公司的交易习惯。因此,康某公司主张上述款项均为出资款具有高度盖然性,予以采信。②

不过,在《民法典》未施行以前,有观点认为,《合同法》规定交易习惯的作用仅限于合同漏洞的补充,无法填补法律漏洞。因而在司法实践中,有法院认为,根据《合同法》的规定,我国立法机关采取的是具体认可"商事交易习惯"的方式,并未承认交易习惯的法源地位。因此,交易习惯的作用主要是作为经验法则和事实判断因素而存在,而并非一种有确定效力的法律渊源。并据此判定,交易习惯作为一种社会规范更适宜在商事协商和仲裁程序中由当事人自主和自愿适用。案件中被告关于其与原告之间存在的交易习惯,缺乏法律依据,不予采信。③ 另外,以"《物权法》第85条"为关键词检索《民法典》未施行前的相关裁判文书,也有许多运用习惯裁判相邻关系纠纷的案件。④

---

① 最高人民法院(2021)最高法民终841号民事判决书。运用交易习惯确定合同具体权利义务的裁判还有连云港市中级人民法院(2024)苏07民终3109号民事判决书;新疆生产建设兵团第八师中级人民法院(2024)兵08民终576号民事判决书;最高人民法院(2021)最高法民终524号民事判决书;新疆生产建设兵团第六师中级人民法院(2017)兵06民终206号民事判决书;等等。

② 广州市中级人民法院(2023)粤01民终26204号民事判决书。运用交易习惯认定合同履行情况的裁判还有白城市中级人民法院(2019)吉08民再11号民事判决书;钦州市中级人民法院(2017)桂07民终66号民事判决书;沈阳市中级人民法院(2015)沈中民三终字第01670号民事判决书;等等。

③ 北京市西城区人民法院(2017)京0102民初28085号民事判决书。

④ 邵阳市中级人民法院(2019)湘05民终2867号民事判决书;江苏省无锡市中级人民法院(2015)锡民终字第1873号民事判决书;蕉岭县人民法院(2015)梅蕉法民一初字第340号民事判决书;重庆市第一中级人民法院(2013)渝一中法民终字第03967号民事判决书;等等。

可见,在《民法典》未施行前,立法、司法实践中均有习惯作为补充裁判规则的体现与例证,不过也有不认可习惯作为一种有确定效力法律渊源的观点。但是,《民法典》施行后,《民法典》第10条将习惯正式作为民法法源予以规定,而且其第142条延续了《合同法》的相关规定,明确将习惯作为解释意思表示、解释和补充合同的规定。这些都体现了习惯作为法源填补法律漏洞的功能。

第三节　民法典第十条的现实困境

《民法典》第10条规定了"法律""习惯"两种法源,构建了一个二元、开放的法源体系,而且其还明确了"法律"优先于"习惯"而适用,以及确立了"法律""习惯"的不同拘束力,但是本条规定在适用时还存在一些问题。一方面,除了"法律""习惯"外,司法实践中也有适用法理的例证。另外,国家政策、指导案例也影响着法官的裁判,在《民法典》第10条的基础上,如何对这些法源类型进行整合是该条必然面临的问题。另一方面,民法基本原则无法单独成为民事裁判的依据,并且这些基本原则在我国往往也是法理适用的体现之一。那么民法基本原则应以何种方式在民事裁判中得以适用,以及其与"习惯"的适用位阶是否完全遵循"法律"优先则存疑。另外,民法的规范大多数是任意性规范,任意性规范与"习惯"的适用次序不能完全依照"法律优先",尤其是在商事裁判中,"习惯"的适用应优于"任意性法律规则",为此,《民法典》第10条的适用面临着上述所提到的法源类型不充分和法源位阶不明确的实际问题。

一、民法法源类型的争议

（一）法理民法法源地位的争议

《民法典》第10条未明确确立法理的民法法源地位,有学者归纳、总结了相关原因,主要有"法理的内涵外延不明确""会导致法官滥用之嫌""法理的适用可借助基本原则与司法解释"等理由。① 对于未明确的法理民法法源地位,许多学者亦提出了质疑,并指出法理是民事法官创造伟大判决的法律基础②,《民法典》没有规定法理为法源之失,法源的完整体系应是法律、习惯和法理三位一体,只有这样才能够全面应对社会生活中出现的民事纠纷,法理作为法源在实践中具有重要价值。③但实际上,法理作为法价值的体现,并不是一种像法律、习惯那样独立、客观存在的内容,而是存在于法精神中的一种思想。于是,有学者认为法理并不需要被明示为民法法源,其也常常被适用于司法实践中。④例如,通过对法律、习惯进行解释时,就需要运用到"法理"。⑤

　　法理在司法实践中被法官用来裁判民事案件的主要原因在于,法理具有填补成文法缺陷、弥补成文法漏洞的作用。任何法律秩序都有漏洞,没有漏洞的法律秩序是不存在的。我国是成文法国家,成文法具有天然的局限性。同时,成文法的稳定性决定其无法为了顺应社会的发展而朝令夕改。随着社会中不断出现亟待解决的新法律问题,法律没有作出规定的现象大量存在。⑥ 况且,法官不得以"没有法律规定"为由,拒绝受理和裁判案件。⑦ 法官需要通过法律条文向外界表达思想,并对裁判结果进行解释与论证。然而,法律条文只是法理的表现形式,法官在裁判民事案件时,如果存在具体的法律规定,则可以运用具体的法律条文,根据三段论的方式对案件进行裁判。但是,仅仅采用这种机械化的、类似公式套用的裁判方法,得到的结果往往也是僵硬的。

---

① 易军:《论作为民法法源的"法理"》,载《现代法学》2022年第1期。
② 杨立新:《论法理作为民事审判之补充法源——以如何创造伟人判决》,载《中国法律评论》2022年第4期。
③ 杨群、施建辉:《〈民法总则〉"法理"法源规则缺失与实践重建》,载《南京大学学报(哲学·人文科学·社会科学)》2019年第3期;石佳友:《民法典的法律渊源体系——以〈民法总则〉第10条为例》,载《中国人民大学学报》2017年第4期;于飞:《民法总则法源条款的缺失与补充》,载《法学研究》2018年第1期。
④ 杨立新:《民法总则精要10讲》,中国法制出版社2018年版,第51~56页。
⑤ 汪洋:《私法多元法源的观念、历史与中国实践——〈民法总则〉第10条的理论构造及司法适用》,载《中外法学》2018年第1期。
⑥ [德]伯恩·魏德士:《法理学》,丁晓春、吴越译,法律出版社2013年版,第343页。
⑦ 邹海林:《民法总则》,法律出版社2018年版,第526页。

因而,法官在进行民事裁判活动时,除了需要援引法律条文之外,还需要对裁判过程进行说理,即要对其中涉及的法律理念、价值进行分析。

而且,立法讲求精简,不可能用冗长的文字进行表达,许多法律规范具有概括性的特征。法理是由立法精神演绎而形成的处理民事关系的原理,是对法的理性认识成果的总和,是法的根本、基本、最高和普遍的原理,其外延包括法上之"理"、法中之"理"以及法下之"理"。法理既是法律具有正当性的依据,也是法律条文逻辑的思路,更是支撑法律得以实践的理由。① 无论是立法、执法还是司法,都需要法律价值进行引领。法律规范条文背后的立法目的、调整对象也无不是法律价值所包含的内容。法理学所倡导的很多法律价值也是社会主义核心价值观的内容,法律价值的传播与中国固有的善良观念的形成有机融合。②

无论上述何种观点,都表明了法理作为法源在裁判中的重要地位,只是针对是否须明确法理的法源地位有争议。

(二)国家政策民法法源地位的争议

《民法通则》第6条规定了国家政策作为民事裁判的依据,而《民法典》第10条删除了"国家政策",仅规定了法律、习惯的法源地位。针对"国家政策"是否应被明确为民法法源地位这一问题,颇有争议。

《民法典》未将国家政策明确规定为民法法源,其原因有以下几个方面:一是政策不具有稳定性;二是政策往往不以公告的形式告之于所有人,有的只以内部文件的形式下达给各有关机关;三是政策的规范性太弱,缺乏对具体行为的指导性和可操作性;四是国家政策作为裁判依据不清晰、说理较为困难。而且,随着我国市场经济体制的建立和健全,依法治国方略的全面推进,中国特色社会主义法律体系已经基本建成,民事法律已经基本完备,基本解决了无法可依的问题,适用国家政策增补民事法律漏洞的空间非常有限。党的十八大以来,全面加强依法治国,法治的基本内涵在于依照法律而不是依照政策来治理社会关系。而且,国家政策的优势是灵活性,但其缺点是不稳定和不公开性,

---

① 郭栋:《法理的概念:反思、证成及其意义》,载《中国法律评论》2019年第3期。
② 陈金钊:《中国法理学及其贡献》,载《学习与探索》2019年第7期。

不利于形成社会关系的稳定预期。因此,不宜再将国家政策作为直接的民法渊源。但是,国家政策不作为民法渊源,并不等于国家政策在调整民事关系和民事司法裁判中不发挥作用。在司法裁判中,国家政策可以通过民法中引致条款发挥作用,如认定为不可抗力、情势变更、社会公共利益等情形;或者作为诚信原则、公序良俗原则的新内涵以平衡当事人的利益以及个人利益与社会利益。同时,很多重要政策对民事活动具有很强约束,如小产权房、房屋限购、《民事诉讼法解释》第28条规定的政策性房屋等,在涉及民事纠纷时,国家政策可以作为裁判说理的依据。从这些看来,国家政策的目的同样可以实现。① 尽管如此,也有学者指出,有必要在法律规范中重新确认国家政策的规范属性和地位,形成法律、政策、习惯三位阶规范渊源结构。②

实际上,在此之前,也有许多学者提出国家政策不应明确被规定为民法法源的观点。其指出尽管法律与国家政策的结合可以有效创造良好的社会效果,但是,两者归属不同的治理系统,在两者交融时,必定存在一定的风险。这种风险主要体现在法律与政策的界限不清晰,而这一模糊界限导致民事裁判无法对国家政策进行有效、准确适用。③ 政策并不是稳定不变的,而是随着社会的发展,在不同的阶段有不同的内容。同时,国家政策数量、类型众多,内容灵活多变,这些特征极易导致法院适用国家政策的标准并不统一,进而出现"同案不同判"现象。而且,我国政府层级是以中央—省—市—县—乡(镇)进行划分,每一级政府都有权在其辖区范围内作出行政决策,因此,决策的内容会受地域及层级影响有所不同,那么是否所有政策作出的行政决策都可以作为民事裁判的依据,存在一定的争议。在司法实践中,均有实例表明这些文件在各地各级法院的民事裁判中有被认定为"国家政策"的情况出现。④

---

① 最高人民法院民法典贯彻实施工作领导小组编著:《中华人民共和国民法典总则编理解与适用》,人民法院出版社2020年版,第87~88页。

② 刘作翔:《应在法律中确认国家政策的规范属性和地位——以最高人民法院的一个"司法观点"为分析对象》,载谢晖主编:《民间法》第31卷,研究出版社2023年版。

③ 张红:《论国家政策作为民法法源》,载《中国社会科学》2015年第12期。

④ 刘颖:《论民法中的国家政策——以〈民法通则〉第6条为中心》,载《华东政法大学学报》2014年第6期。

（三）指导案例民法法源地位的争议

最高人民法院的指导性案例发布的目的在于总结审判经验，统一法律适用，提高审判质量，维护司法公正。最高人民法院在 2010 年发布《关于案例指导工作的规定》（以下简称《案例指导规定》），开启了由最高人民法院确定并统一发布，对全国法院审判、执行工作具有指导作用的指导性案例制度。《案例指导规定》颁布之后，为了解决实践中在适用指导性案例时遇到的实际困难，2015 年最高人民法院发布《〈关于案例指导工作的规定〉实施细则》（以下简称《案例指导实施细则》），对指导性案例的遴选及具体适用作出进一步规定。至今，指导性案例制度已有 10 余年的发展，该制度在理论和实践层面的研究都更为理性化。相关指导性案例制度文件的发布，也提升了案例指导制度和指导性案例的地位，发挥了在统一法律适用、建立类案检索制度、提升司法公信力等方面的作用。①

最高人民法院发布的指导性案例与司法解释一样，均是独具中国特色的内容。具言之，二者都是最高人民法院在适用法律过程中对一些具体问题进行的阐述，具有鲜明的中国国情和时代特色。一方面，法律明确规定，司法解释可以在民事裁判中直接得以援引。但对于指导性案例而言，《案例指导规定》指出："各级人民法院审判类似案例时应当参照。"《案例指导实施细则》指出："各级人民法院审理类似案件参照指导性案例的，应当将指导性案例作为裁判理由引述，但不作为裁判依据引用。"因此，司法解释在民事裁判中可以直接被援引，使得大多数学者认可其民法法源的地位，其法律效力广泛发挥于法律适用中。但指导性案例不得直接援引，这也使得指导性案例到底是正式法律渊源还是非正式法律渊源存在争议。② 另一方面，由于地方法院参照指导性案例时，所参照的对象并非案例本身，而是案例中运用的裁判思路、法律条文的引用内容及方式。因此，指导性案例在民事裁判中的运用具

---

① 郭叶、孙妹：《最高人民法院指导性案例 2022 年度司法应用报告》，载《中国应用法学》2023 年第 4 期。

② 侯欢：《司法解释与案例指导制度关系之辨》，载《北方法学》2019 年第 3 期。

有独立性,其是否是法源以及能否被包含在《民法典》第 10 条"法律"的范围之列存在争议。

就指导性案例制度是否是民法法源这一问题,最明显对立的争议有以下两种:一种观点完全肯定指导性案例制度属于民法法源,另一种却完全否定指导性案例的民法法源地位。具体而言,肯定指导性案例法律渊源地位的原因在于,我国民事立法继受的是大陆法系,其不同于以判例为主要法源的英美法系,在理论上,大陆法系国家法院在判决时,原则上并不受先例的约束,而是严格根据成文法的规定。但是,成文法具有固有的局限性,完全严格依照成文法进行裁判,不免会遇到许多困难。因而,判例法在大陆法系国家也得以有发展的空间。就我国而言,为在案件裁判进行统一适用、解决司法裁判中遇到的各类难题,最高人民法院通过批复、复函等方式就有关案件作出解答。同时,1985 年开始,法院在公报中发表典型案例,以对各级人民法院的审判工作进行指导。自指导性案例制度建立以来,最高人民法院发布多批指导性案例,这些案例具有司法解释的功能,具有"应当参照"的效力。[1] 另外,指导性案例也是保持法律安定性的要求。指导性案例的发布可以为人们对类似案件的裁判提供一定的预期,保障了人们对交易安全以及法律的信赖。而且,指导性案例更具有及时性、灵活性,以及针对性强、易于把握的特点,使得法院审理类似案件的速度加快,为人民提供更为高效的司法服务,并可有效规范和限制自由裁量权,确保同类案件的法律适用基本统一、裁判尺度基本相同、处理结果基本一致。[2] 因此,尽管从理论上讲,大陆法系是不承认判例法的地位,但民事立法不完善的事实,使得我国的司法实践中已肯定了判例具有法源的功能。否定法律渊源地位的理由在于,随着我国社会的发展,新的法律关系、新的法律问题亦随之产生,制定法已满足不了日益增长的司法需求,故而开始寻求新的路径扩大法律渊源以解决无法可依的现象。而且,我国司法实践中已肯定了判例具有事实法源的功能。据此,尽管法源在

---

[1] 中国审判理论研究会民商事专业委员会编:《〈民法总则〉条文理解与司法适用》,法律出版社 2017 年版,第 33 页。
[2] 陈华彬:《民法总则》,中国政法大学出版社 2017 年版,第 92~93 页。

不断扩大,但《案例指导实施细则》规定不得将指导性案例作为裁判依据而引用,因此指导性案例并非法源之一,判例亦不成为我国民法的法律渊源。①

此外,还有学者持缓和性的观点,他们认为特定的指导性案例才具有法律渊源的地位。根据《案例指导规定》第 7 条的规定,法官对于指导性案例是参照适用,而不是直接适用。即既可以按照指导性案例的裁判思路进行裁判,也可以不按照指导性案例裁判思路进行裁判。据此,一是当法官选择不按照指导性案例的裁判思路进行裁判时,甚至作出与指导性案例不同或者相反的判决时,应当在裁判文书中由法官论证,其待判决的案件与指导性案例在事实上有区别,或者其他不适用指导性案例援引法律的理由。二是当法官根据指导性案例背后的裁判思维进行裁判时,应当在判决书的裁判理由部分引述指导性案例的编号和裁判要点。但是需要注意的是,根据《案例指导实施细则》的规定,指导性案例不是裁判中被直接援引的依据,案件裁判中援引的依据仍是指导性案例中所援引的具体法律。② 可见,在成文法国家中,指导性案例制度是"司法能动"的必然产物,是司法机关进行司法解释的一种活动,其对法律进行解释的结果在于回应当下社会现实和社会演变的新趋势,而不是遵循先例或者成文法,司法能动性意味着是司法机关对法律的创造和补充。③ 但是,尽管指导性案例的表现之一为对法律的创造和补充,但反过来,又并非所有的指导性案例都是对法律的创造和补充。

二、民法法源位阶的冲突

《民法典》第 10 条确立了法律、习惯的二元法源位阶,但仍然存在位阶不明之问题。其主要原因在于:一方面,法律的体系多样、庞杂,使得其内部的适用次序不清晰;另一方面,法律分为强制性规范和任意性规范,习惯分为民事习惯和商事习惯,而在司法实践中,并非一定是法

---

① 赵国滨:《民法总则适用要略》,中国法制出版社 2017 年版,第 52 页。
② 梁慧星:《读条文学民法》,人民法院出版社 2017 年版,第 21 页。
③ 李仕春:《案例指导制度的另一条思路——司法能动主义在中国的有限适用》,载《法学》2009 年第 6 期。

律优先于习惯适用,这使得法律与习惯也存在位阶冲突。

(一)"法律"内部的位阶冲突

我国的法律体系多样且庞杂。具体而言,法律体系的多样性表现在两个方面:一是法律种类繁多。我国的法律体系的构成以宪法为核心,法律为主干,包括法律、行政法规、规章和其他法律规范性文件、地方性法规、地方性规章和规范性文件,此外还有司法解释以及我国加入的国际条约、国际公约。其中,法律包括宪法及宪法相关法、民法、商法、行政法、经济法、刑法、诉讼与非诉讼程序法,司法解释包括最高人民法院对审判工作中具体应用法律问题所作的解释以及最高人民检察院对检察工作中具体应用法律问题所作的解释。二是法律的适用规则存在多样性。《中华人民共和国立法法》(以下简称《立法法》)确立了上位法效力高于下位法、特别法优于一般法、新法优于旧法并存的适用规则。其中,宪法具有最高的法律效力,一切法律、行政法规、地方性法规、自治条例和单行条例、规章都不得同宪法相抵触;法律的效力高于行政法规、地方性法规、规章;行政法规的效力高于地方性法规、规章;地方性法规的效力高于本级和下级地方政府规章,上级地方政府规章的效力高于下级地方政府规章;同一机关制定的法律、行政法规、地方性法规、自治条例和单行条例、规章,特别规定的效力优于一般规定,新规定的效力高于旧规定。① 法律体系的庞杂性主要体现为法律文本的数量庞大,我国现行有效的法律有 321 部,行政法规有 591 部,司法解释有 539 部,地方性法规共有 14464 部。②

在我国如此多样、庞杂的法律体系下,尽管我们试图对《民法典》第 10 条中的"法律"进行解释,指出哪些规范性文件可归入该条中的"法律"范围之内,但囿于这些规范性文件的相互间关系,仍存在位阶冲突之问题。一方面,我国现行有效的法律(狭义的法律)就有 321 部,这些法律之间的内容难免会有矛盾。加之,上位法效力高于下位法、特别法优于一般法、新法优于旧法并存的适用规则会使得仅法律内部之间发

---

① 参见《立法法》第 87 条、第 88 条、第 89 条、第 92 条。
② 截至国家法律法规数据库 2024 年 6 月 2 日公布数据。

生冲突,进而出现难以准确适用的情形。另一方面,《民法典》于2021年正式施行,《公司法》《保险法》《消费者权益保护法》等没入编的民商事单行法与其也会存在冲突。

（二）"法律"与"习惯"的位阶冲突

就狭义的法律而言,尽管《民法典》第10条确定了"法律"优先于"习惯"适用,但法律规则包括强制性法律规则和任意性法律规则,毋庸置疑,强制性法律规则优先于习惯适用,但是任意性法律规则与习惯之间的适用顺序则有一定的争议。

关于任意性法律规则与习惯的先后适用顺序争议问题,理论界争论颇多。有的学者认为,法律规定分为强制性规定和任意性规定,法源具有一定的分量,分为不可推翻的规范拘束力和可推翻或修正的规范拘束力,其中强制性规范属于法源分量论中最大的规范。① 因此,违反强制性规定的习惯必然不能作为民事裁判的依据。例如,按照某些地方习俗,"拜师学艺期间,马踩车压,生病死亡,师傅概不负责"。此类习惯显然与我国现行法中雇主应当对雇员在执行工作任务中遭受的人身伤害承担赔偿责任,以及当事人不能约定免除人身伤害的赔偿责任的法律规则存在冲突。除此之外,某些地方习俗规定寡妇不得改嫁,这显然不符合民法典婚姻家庭编的规定,不得作为民法的渊源。② 对于违反任意性规定的习惯能否作为民事裁判依据的问题,部分学者认为习惯可优先于任意性规定得以适用。③ 这一点在商事活动中尤其明显,《日本商法典》第1条第2款规定:"关于商事活动,本法中未规定的事项遵照商习惯;无商习惯的,适用民法规定。"④也有学者认为,明确具体的法律规则优先于习惯的适用,法官适用习惯必须穷尽具体的法律规则,即便是任意性规则,也应该穷尽。只是,若法律规则明确了应该依照习惯或者优先考虑习惯时,则优先适用习惯。不过,这样的规定也

---

① 雷磊:《指导性案例法源地位再反思》,载《中国法学》2015年第1期。
② 王利明:《中华人民共和国民法总则详解》(上册),中国法制出版社2017年版。
③ 彭诚信:《论〈民法总则〉中习惯的司法适用》,载《法学论坛》2017年第4期。
④ 《日本最新商法典译注》,刘成杰译,中国政法大学出版社2012年版,第7页。

是属于法律规则规定的内容。因此,无论何种方式下,依旧是任意性规则优先于习惯适用。① 而且,根据《瑞士民法典》第 1 条的规定,法官大多认为首先应该在法律中找案件裁判依据,只有法律没有规定时,才可适用习惯。②

此外,还有学者指出,在任意性法律规则与习惯之间寻找出一条绝对的优先适用路径是不合理的。因为,任意性规则和习惯都是自发秩序下的正当行为规则,二者的区别仅在于,一个已经被写入法律,一个没有。③ 任意性规则优先于习惯适用的重心,并不在于任意性规则的效力优先于习惯,而是被文字固定下来的任意性规则比习惯更为稳定与确定,意在保持法律安全。那么,在没有破坏法律安全的前提下,既然已经认可习惯的民事规范性质,在找法过程中硬性规定其地位劣于制定法是不合适的,因而,没有必要去确定二者的适用顺序。④ 同时,从意思自治出发,任意性规范可因当事人意志而排除,那么当事人间明确约定依照习惯,应当肯定当事人之间约定的效力。在此情形下,习惯优于任意性规则适用。而且,这一点在商事习惯中表现得更为明显,商法本来起源于商人习惯法,商事主体对意思自治的要求更高,明确商事习惯优先于任意性规则而适用,实则确立商事规则的漏洞填补规则。⑤

从司法实践出发,有法院认为,当风俗习惯与法律相冲突时,只要双方均承认风俗习惯则可对其予以适用,任意一方提出反对时,则适用法律规定。例如,在西安市中级人民法院一案件中,法院认为对一方当事人主张的该民间风俗习惯,其本身只是当地的民间习惯法,并不具有法律上的普遍约束力,在另一方当事人没有否认该习惯法的情况下,双方可以依该风俗习惯处理相关纠纷,但在另一方明确否认本案按该民间风俗习惯承担丧葬费用的情况下,则应当按具有普遍约束力的法律

---

① 王利明:《论习惯作为民法渊源》,载《法学杂志》2016 年第 11 期。
② [瑞]贝蒂娜·许莉蔓-高朴、耶尔格·施密特:《瑞士民法:基本原则与人法》,纪海龙译,中国政法大学出版社 2015 年第 2 版,第 40 页。
③ [英]弗里德利希·冯·哈耶克:《法律、立法与自由》第 1 卷,邓正来译,中国大百科全书出版社 2000 年版,第 16 页。
④ 朱庆育:《民法总论》,北京大学出版社 2016 年第 2 版,第 40 页。
⑤ 汪洋:《私法多元法源的观念、历史与中国实践:〈民法总则〉第 10 条的理论构造及司法适用》,载《中外法学》2018 年第 1 期。

相关规定对本案丧葬费用承担相应的份额,故不能适用当地风俗习惯,支持不应该承担丧葬费。① 又如,原《中华人民共和国婚姻法》(以下简称《婚姻法》)第 21 条规定,未成年或不能独立生活的子女,由父母付给抚养费。此外,最高人民法院 2001 年发布《关于适用〈中华人民共和国婚姻法〉若干问题的解释(一)》(以下简称《婚姻法司法解释一》)对"不能独立生活的子女"进行了明确的解释,其是指尚在校接受高中及以下学历教育,或者丧失或未完全丧失劳动能力等非主观原因而无法维持正常生活的成年子女。由于我国高等教育的普及,社会中存在大量已成年却经济未独立的大学生,为此我国的社会传统习惯做法仍是由父母为子女支付学费、生活费等。因而当父母不支付子女生活费或者学费时,尤其在离异家庭中,父母常常因子女生活费产生冲突。若双方父母约定:"子女由男方抚养,女方暂代养孩子四年,男方不支付抚养费,孩子上大学、结婚费用全部由男方承担。"此种约定与法律规定相冲突,但由于《婚姻法司法解释一》虽然对"不能独立生活的子女"进行明确,但未禁止父母对不属于"不能独立生活的子女"之外的子女自愿或通过约定的方式承担抚养义务。因而,当事人作此约定并没有违反法律禁止性规定的,该约定合法有效,而且这种约定也是我国习惯性做法。② 可见,在司法实践中,许多法院也认为,当事人意思自治或者习惯可优先于任意性规则。

---

① 西安市中级人民法院(2016)陕 01 民终 6173 号民事判决书。
② 《原告李泊霖、李宁诉被告李涛抚养费纠纷案》,https://www.chinacourt.org/article/detail/2015/12/id/1764071.shtml,下载日期:2024 年 6 月 2 日。

第二章

民法典第十条法源的理论阐释

法律渊源是法学课程中不可或缺的概念,我们学习法律就必须理解法律渊源。但是实际上,法律渊源这个理论本身是后置的,民法法源作为一种理论的产生而被探讨,或者说民法法源作为一种观念被我们所认可。这种观念会随着社会的变化、历史的发展而更新,正如过去《民法通则》第 6 条将"法律""国家政策"作为民法法源,而现在《民法典》第 10 条将"法律""习惯"作为民法法源。《民法典》第 10 条就是"民法法源"这一观念在当下所想表达、建立的思想体系的一种条文表现形式。

第一节　民法法源的历史梳理

一、法律渊源理论的产生与争议

探究民法法源理论,首先要理解"法律渊源"这一重要概念。法律渊源是法学中极其重要的概念,对法律渊源进行定义,实则追问究竟是什么使法律成为法而非其他的一个法哲学问题。[1] 关于"法律渊源"的内涵,有学者专门对此进行过研究。他指出,若要追溯"法律渊源"的汉语源流,20 世纪初期翻译的一些法学著作中就开始出现"法律渊源"的

---

[1] [加拿大]罗杰·塞勒:《法律制度与法律渊源》,项焱译,武汉大学出版社 2010 年版,第 3 页。

踪影。随即,专门探讨法律渊源的著作——《法形论》,在民国时期的法学著作中出现。该书指出"法形就是法源",其中"法形"即法律的形式。此外,该时期的其他一些法学家也对法律渊源作出阐述,并认为法律渊源就是法律产生的源头。当时我们对法律渊源进行讨论主要参考国外的著作,大量的民国法律学者对日本、英美的著作进行翻译并出版。① 为此,我们在讨论"法律渊源"的内涵时,首先得考查法律渊源何时进入人们的视野,并追寻这一概念的讨论背景。

就"法律渊源"一词,不同国家的表达方式不尽相同。在古希腊,早期自然法学派提出"法律渊源来源于自然",这个观念与我们当今所谈论的"法律渊源"有相似之处,也有不同之处。相同点在于,都是在讨论法律到底从何而来、规范力从何起源的问题,不同的是,早期自然法学派认为法律来源于自然中"神圣"的力量,这显然与我们当今所谈论的"法律渊源"有重大的区别。因而,要追溯当今"法律渊源"的观念来源,可能就无法从古希腊去探究,而是应将古罗马作为起始。② 在古罗马,"法的渊源"一词最先由西塞罗提出。当时学者对这一概念和内容的理解,因人而异。但是在实践中,人们在某一个法律问题应去何处寻找解决方案时,都会毫不犹豫地去查找法律、判例、学说、习惯法等。③ 西塞罗在《国家篇 法律篇》一书中提到,"在我们的全部对话中,我的意图是,尽我所能,联系我们谈话将涉及的每一部门法,来研究我们的市民法的相应分类;但我的讨论将只限于指明这种划分的每一部门法的渊源。因为,一旦理解了支撑它的基本原则,任何人,只要他能追寻一定的思路,要了解与任何可能出现的陌生案件和棘手问题有关的具体法律,都不会有困难"④。可见,在西塞罗看来,法的渊源是用于理解、支持每一部门法的"基本原则",人们只要将这些"基本原则"理解透彻,就可以处理任何案件。而且,从实践来看,人们将"法律渊源"的作用看成

---

① 彭中礼:《法律渊源词义考》,载《法学研究》2012 年第 6 期。
② 彭中礼:《法律渊源论》,山东大学 2012 年博士学位论文。
③ [法]雅克·盖斯旦、吉勒·古博:《法国民法总论》,陈鹏、张丽娟等译,法律出版社 2004 年版,第 187 页。
④ [古罗马]西塞罗:《国家篇 法律篇》,沈叔平、苏力译,商务印书馆 2002 年版,第 210 页。

"解决法律问题"的方案。从这个意义上讲,法的渊源在法官裁判案件中起着非常重要的作用。从《牛津拉丁词典》和《罗马法词典》的解释以及古罗马当时的实践来看,法律渊源是能够作为裁判依据和裁判理由的所有规范的整合性概念。① 这个概念也符合西塞罗所提到的"法的渊源",以及古罗马时期人们针对"法的渊源"的实践。

从法的渊源的产生来看,其概念似乎囊括了司法裁判中的方法及"方法"背后的规范形式。也就是我们常说的,法律渊源的立法中心主义和司法中心主义。立法中心主义的法律渊源理论主要将法律渊源与法的形式联系起来,围绕立法行为来看待法律渊源。而司法中心主义的法律渊源理论,则是从司法裁判来解释法律渊源。追溯法律渊源的这两种理论主义,我们可以看到无论是大陆法系还是判例法系国家中的学者,他们对法的渊源的讨论在于法律渊源究竟是法律形成的来源,还是法院在解决纠纷时所运用到的直接裁判依据和裁判理由所诉诸的素材,抑或民众在行为中获得纠纷解决预测的基础。

在罗马法中,不同的时期内,法律渊源的内容有所不同。在王政时期,习惯法是主要的法律渊源,公共政治权力保障宗教、道德上的习惯上升为法律。在共和国时期,《十二表法》是当时最主要的法律渊源。同时,各种大会的立法、长官的谕令也是罗马法的重要渊源。此外,鉴于《十二表法》的内容简单,需要进行具体解释,因而法学家的解答也是重要的法律渊源。到了帝政时期,随着成文法数量逐渐上升,该时期的法律渊源除了法律、元老院的决议外,还包括皇帝敕令、长官的谕令以及法学家的解答等。不过,尽管习惯法在这一时期内仍然存在,但其地位逐渐不如成文法。帝政后期,因皇帝对立法大权的掌握,皇帝的敕令几乎成为唯一的法律渊源。在这一时期内,尽管习惯还保留着创设新规范的功能,但习惯变更成文法的效力被取消了,成文法的地位凸显。② 可见,宗教和惯例虽在罗马法中很长一段时间都发挥着重要的作用,但却在阐明法律的作用上被忽略了。取而代之的是,地方法官根据伦理以及经验制定的程序、公共道德和哲学观点、法学著作以及立法

---

① 彭中礼:《法律渊源论》,山东大学2012年博士学位论文。
② 周枏:《罗马法原论》(上册),商务印书馆2014年版,第38~77页。

等成为罗马法上重要的法律渊源。① 在整个罗马法的发展过程中,即使法律渊源的内容有所变化,但它均将法律渊源的定义指向那些可以作为裁判案件依据的内容。在罗马法的影响下,大陆法系国家的法学家大多将法律渊源等同于那些已经制定完成的法律规则。凯尔森认为,法律渊源不是独立于法律之外的本体,而是法律本身。道德、学说等都是经过立法机关或者司法机关承认后,转化为法律规范而形成的法律渊源。② 萨维尼认为,法律渊源是一般法产生的根据,不仅包括法律制度的产生根据,还包括通过抽象法律制度而形成的具体法规则的产生根据。③

在判例法系国家的法学家视野中,法律渊源是法之所以具有强制力和权威性的根源。庞德认为,法律渊源的问题实际上是两个问题:一是如何形成了法律的规则,以及法律的规则的权威是由谁赋予的,它们从何处得到与约束力和权威性相区别的法律规则的内容;二是法律规则或者原则如何在法律形式中获得了权威性的表达,并成为法官裁判案件的依据。法律渊源是形成法律规则内容的因素,发展和制定那些规则的力量,赋予立法和执法机构国家权力的某种东西,包括立法、惯例、宗教信仰、道德和哲学观点、判决、科学探讨等。④ 格雷认为法律渊源不是法律,法律渊源是法官在制定法律规则时通常所诉诸的那些渊源。这些渊源具有概括性,定义具有模糊性。司法先例、专家意见、习惯、道德原则都是法院能够获得一般性规则的渊源。而制定法因表述仅是一些词语,词语的意思仍然需要法院进行解释,因此制定法也是法律的渊源,而不是法律本身的组成部分。也就是说法律由两部分构成,包括立法机构的法律与法官造法。而所有的法律都是法官造法。法律

---

① [美]罗科斯·庞德:《法理学》(第3卷),廖德宇译,法律出版社2007年版,第312~313页。

② [奥]凯尔森:《法与国家的一般理论》,沈宗灵译,商务印书馆2017年版,第203页。

③ [德]弗里德里希·卡尔·冯·萨维尼:《当代罗马法体系1》,朱虎译,中国人民大学出版社2023年版,第14页。

④ [美]罗科斯·庞德:《法理学》(第3卷),廖德宇译,法律出版社2007年版,第287~292页。

是司法者对法律渊源的解释运用的结果,法律渊源实际上是司法者诉诸解决纠纷的所有内容。①

对此,博登海默赋予的法律渊源的概念,与格雷有相似之处,也有许多不同。他认为法律是运用于法律过程中的法律渊源的集合体和整体,但他同意格雷把法律渊源看成可以成为法律判决合法性基础资料等因素的观点,这些渊源不单同法院作出的判决有关,还同制定的所有法律决定有关。因此,法律渊源应划分为正式渊源与非正式渊源两类,可以从权威、明确的法律文本中得到的内容是正式渊源,尚未在正式法律文件中得到权威性或至少是明文的阐述与体现,但具有法律意义的资料和值得考虑的材料则是非正式渊源。② 在《法律的概念》一书中,哈特虽然未特意提及法律渊源的概念,但在对承认规则与法效力的阐述中,他认为承认规则必须有权威性的判准,而这些判准呈现为各种不同的形式,包括引证权威性的文本、法规、习惯、特定人士所做的一般性宣言或过去特定案件中的司法裁判。③ 哈特所提出的"承认规则"是赋予法官裁判具有权威性的基础,并体现在法官对其进行适用的整个过程。可见,哈特并未将法律渊源的概念简单归纳于立法中心主义或者司法中心主义,而是认为法律渊源是一种使法具有权威性的内容,其内涵既包括法律规则本身及其背后的正当性基础,又包含法官适用法律规则的过程。

通过对法律渊源在大陆法系和判例法系中的运用及理解,我们发现可从"法的创制"和"法的适用"两个不同角度去看待法律渊源。其中,法的创制旨在说明法律渊源是能够产生法律规范权力的来源,重在揭示政治权力如何控制影响社会成员的行为规范体系的产生进程,本质是一种对法律进行控制的理论。④ 从法的适用角度来看,其有广义

---

① [美]格雷:《法律的性质与渊源》,马驰译,中国政法大学出版社2012年版,第105~106页。
② [美]E.博登海默:《法理学:法律哲学与法律方法》,邓正来译,中国政法大学出版社2017年版,第430页。
③ [英]哈特:《法律的概念》,张文显、郑成良等译,中国大百科全书出版社2003年版,第101页。
④ 石佳友:《民法典的法律渊源体系——以〈民法总则〉第10条为例》,载《中国人民大学学报》2017年第4期。

与狭义之分。凡是能影响裁判的一切内容,都是广义的法源。若仅指法官裁判得以援引的内容,即"一切得为裁判之大前提的规范的总称",则是狭义的法源。①

二、民法法源理论的争鸣

既然对法律渊源的理解可从法的适用与法的创制两个方面出发,那么如何去理解民法法源?它的表现形式又有哪些?一直以来,学者对这些问题也颇有争议。

关于民法法源的概念,不同的学者定义有所不同,大多将其表述为"法的表现形式""法的存在形式""裁判的根据"等。其中,王泽鉴教授认为,民法法源指法的存在形式。② 徐国栋教授认为,民法法源就是民法的表现形式。③ 梁慧星教授认为,民法是调整市民的一般生活关系的规范,民法法源是法官裁判民事争议的准据,其指作为私法的普通法的实质意义民法的存在形式。④ 王利明教授认为,民法法源是民事法律规范借以表现的形式,包括立法上能够成为法律规范或者成为法律规范产生的根据,以及私法上成为裁判依据的规则。⑤ 陈华彬教授认为,民法法源指法官裁判案件时的决定基准的法的命题,以及对法官裁判案件的决定基准起作用的社会事实等。⑥

关于民法法源的表现形式,要从法律渊源理论的产生谈起,其与实证法同步兴起。19世纪,实证主义随着自然科学的发展而兴起。实证主义主张,科学的研究必须先排除主观因素,从实际的经验中,经过归纳,才可得到事物的真理。自然法概念是虚幻的,形而上的,其不能成为建立科学的基础,在实证法之上,没有其他更高的理想原则需要研

---

① 汪洋:《私法多元法源的观念、历史与中国实践——〈民法总则〉第10条的理论构造及司法适用》,载《中外法学》2018年第1期。
② 王泽鉴:《民法总则》,北京大学出版社2017年版,第47页。
③ 徐国栋:《民法总论》,高等教育出版社2019年第2版,第47页。
④ 梁慧星:《民法总论》,法律出版社2021年第6版,第25页。
⑤ 王利明:《民法总则研究》,中国人民大学出版社2003年版,第55页。
⑥ 陈华彬:《民法总则》,中国政法大学出版社2017年版,第85页。

究。① 但是实证主义应受到检讨,法律由大量固定的规范组成,社会生活却千变万化,如若试图以"封闭完美的私法体系"解决纷繁复杂的民事纠纷不太现实。也正是因此,随着实证法主义受到检讨,民法法源理论出现了不同的认知差异。在不同的时期、不同的国家或地区,民法法源的表现形式有所不同,在奴隶社会和封建社会时期,民法法源主要包括最初的习惯法,以及其后形成的成文法。在资本主义国家建立后,大陆法系国家主张绝对的严格规则主义,因此只承认制定法的民法法源地位。进入20世纪以后,人们开始认识到成文法的有限性,其无法囊括包罗万象的社会关系,于是许多国家和地区承认了习惯、判例、学说等的民法法源地位。② 在普通法系中,民法法源则表现为普通法、衡平法、制定法、习惯法,以及权威学说等。③ 在我们国家,《民法通则》第6条将民法法源规定为法律、国家政策。《民法典》第10条将民法法源规定为法律、不违背公序良俗的习惯。那么,我国的民法法源表现形式除了法条规定的这几类之外,是否还有其他表现形式?有学者认为,我国民法法源应包含直接法源和间接法源,前者指制定法、习惯和法理,后者指判例和学说。④ 也有学者认为,我国民法法源包括作为直接渊源制定法,以及作为间接渊源的习惯、判例、法理。⑤ 还有学者认为,我国民法法源主要有四种,即制定法、习惯法、判例法、法理。⑥

恩格斯指出:"在社会发展某个很早的阶段,产生了这样的一种需要:把每天重复着的生产、分配和交换产品的行为用一个共同规则概括起来,设法使个人服从生产和交换的一般条件。这个规则首先表现为习惯,后来便成了法律。"⑦可见,法律是将社会中复杂而广泛的习惯和共识整理成理性化、条理化的规则,使之还原于社会,应用于生活。民

---

① 王伯琦:《近代法律思潮与中国固有文化》,清华大学出版社2005年版,第122页。
② 马俊驹、余延满:《民法原论》,法律出版社2010年版,第28页。
③ 李双元、温世扬:《比较民法学》,武汉大学出版社2016年版,第13页。
④ 王泽鉴:《民法总则》,北京大学出版社2017年版,第47页。
⑤ 谭启平主编:《中国民法学》,法律出版社2021年第2版,第19页。
⑥ 马俊驹、余延满:《民法原论》,法律出版社2010年版,第28～30页。
⑦ 《马克思恩格斯全集》第18卷,人民出版社1964年版,第309页。

法规则在规范民事生活的同时具有裁判规则的功能与属性,这些裁判规则是人们在公平正义的价值追求下,定分止争的经验积累和智慧结晶。民事争议的解决并非完全依赖于司法裁判,民事主体还可通过协商、调解、仲裁等非诉讼的方式解决纠纷。而且,民法的适用与当事人的意思自治是对立统一的关系,民事法律为民事主体提供了意思自治的空间,而意思自治也是民法适用的过程,当事人之间的合同往往也是法官处理纠纷的重要依据。①

由此可见,民法法源理论众说纷纭,从民法法源的争鸣中可以看出其是民法学的基本问题。但无论何种观点,几乎都认可民法法源通过确立不同法源在司法裁判中的适用方法,指引着法官进行民事裁判。而且,我们还发现,在采成文法主义的大陆法系,也不仅仅以成文法为民法法源,而在以采判例法主义的英美法系,也不仅仅以判例法为民法法源。于是,在两大法系中,都存在诸多法源。民法法源理论是一切法治国家的共通问题。②

第二节　民法法源的现状检视

梅仲协先生曾说,"现行民法,采德国立法例者,十之六七,瑞士立法例者,十之三四,而法日苏联之成规,亦尝撷取一二,集现代各国民法之精英,而弃其糟粕,诚巨制也"③。在我们所参考借鉴的这些法典中,例如《法国民法典》《德国民法典》《瑞士民法典》,仅《瑞士民法典》明确规定了民法法源条款,《法国民法典》《德国民法典》虽对欧洲和世界各国的法典化运动产生了深远影响,但并未规定具体的法源。因之,厘清大陆法系中《瑞士民法典》为何规定了民法法源条款,而《法国民法典》《德国民法典》却对此未作规定,有助于更好地探寻我国《民法典》第10

---

① 张鸣起主编:《民法总则专题讲义》,法律出版社2019年版,第56~57页。
② 李敏:《民法法源论》,法律出版社2020年版,第1页。
③ 梅仲协:《民法要义》,中国政法大学出版社1998年版,初版序。

条的具体含义。

一、法国民法法源：制度融合背景下的规则协调

1804年《法国民法典》是法国资产阶级大革命精神的产物，其不仅是法国私法的核心，也是整个罗马法系私法法典编纂的伟大范例。该法典吸收了历史发展的成果，其产生于需要一部统一的民法典之背景下。在法国大革命前，尽管政治已经统一很久，但法律却尚未统一。以纪龙德河口向东为界限，分为南部和北部。其中，南部是深受罗马法影响的成文法，施行着罗马的《优士丁尼法典》。北部是以日耳曼、法兰克习惯法为基础的习惯法，施行着一般习惯和地方习惯，这些习惯是法国人民的法律传统并经官方文件予以记录的，包括巴黎习惯和奥雷昂习惯。但是，这两个地区所施行的习惯在内容上也有很大的区别，而且南部与北部施行的成文法和习惯法在内容上有差别。更甚的是，在施行成文法的南部，以习惯法进行补充。在施行习惯法的北部，成文法也渗透在习惯法中。[①] 可见，在当时的法国，民法处于分歧的状态，既有习惯法也有成文法，不仅习惯法与成文法在内容上有所区别，而且不同地区的习惯也有所不同，使得法国民法的适用较为困难。在此背景下，法国法学家迫切需要创造一部统一的、适用于整个法国的法典，《法国民法典》正是在这样的背景下着手编撰的。

在法典起草过程中，人们总是要去解决如何处理法官与法典的关系。在《法国民法典》编撰时，就有法国民法学者认为法官不可以超越法律，可以通过面面俱到的法典来解决所有问题，《法国民法典》应是一部可以做到让法官遇到任何问题，均可找到裁判依据的法典。但是，起草者并没有完全采纳此种意见，而是采取了一种较为明智的方式，为法官造法留有一定的余地。1790年，人们通过法律规定："当法院认为有必要解释一项法律或制定一项新法时必须请求立法会议。"但在孟德斯鸠理论规则建立起来的新制度中，这个规定就变

[①] 《拿破伦法典》，李浩培等译，商务印书馆1979年版，第1页。

得毫无地位。① 1800 年,以法律家组成的四人委员会被任命开始起草民法典,这些法律家有来自成文法地区,也有来自习惯法地区。1803 年至 1804 年,36 项单项立法得以通过,并最终在 1804 年 3 月 31 日被合为一体,《法国民法典》应运而生。《法国民法典》将南部和北部这两种传统制度进行巧妙地融合,统一了法国的民法,有效地协调了成文法与习惯法。②《法国民法典》的立法避免过分冗赘琐碎,采用压缩式的方式进行编纂。因为编纂者认为,立法者不可能想到所有的问题,司法实践中具体的案件,应该给法官在法律不可预见的个别化情况留有一定的余地,或者让法官在不变的成文法面对社会的变化时,用经验进行填补。③

从《法国民法典》的制定背景来看,其本身就是成文法与习惯法的协调,加之,人们当时力求制定统一的成文法典。在 19 世纪的法国,订立了一套法典之后,充斥着成文法至上、法典自给自足的观念。因而《法国民法典》第 1 条仅规定法律具有强制力,没有提到习惯法的民法法源地位,且《法国民法典》第 4 条又规定法官不得拒绝裁判。因而,司法实践中普遍认为,习惯法是补充法律漏洞的手段。一般来讲,习惯只有在特定的事件,且经过法律的授权才可适用。④ 随着社会的不断发展,有限的成文法无法调整包罗万象的社会关系,且习惯法的形成并非一朝一夕之事,因新事物不断地在发生。于是,法国立法者也曾在许多领域对其条文作了修改,以使其不断地适应变化着的社会现实。除立法修改外,司法判例、法律学说都对《法国民法典》得以至今仍在法国无可争议地有效施行起着至关重要的作用。其中,司法判例通过解释对社会发展的需求予以发展、补充或限制,既阐发旧的法律思想,又提出新的法律思想,使得民法典的规定与现代社会相适应。在民法典生效

---

① [德]茨威格特、克茨:《比较法总论》(上),潘汉典、米健等译,中国法制出版社 2017 年版,第 169~170 页。
② 《拿破仑法典》,李浩培等译,商务印书馆 1979 年版,第 1 页。
③ [德]茨威格特、克茨:《比较法总论》(上),潘汉典、米健等译,中国法制出版社 2017 年版,第 169~170 页。
④ 王伯琦:《近代法律思潮与中国固有文化》,清华大学出版社 2005 年版,第 140、146 页。

的第一个十年内,学说在司法裁判中并不占据地位,随着社会的巨变,注释法学派的思想已无法证明法官可以就已变化的各种民事关系继续适用。其后在惹尼、萨莱依的影响下,自由科学研究派给法官以一种与法典条文相对立的地位,并要求法官裁判案件时,不仅考虑逻辑与体系的关联,还要考虑社会发展的需要,涉及领域的惯例、习俗以及社会学和比较法学研究中的种种成就。①

由此可见,《法国民法典》集合了成文法与习惯法的规定,并在不同的时代背景下,被赋予了不同的法源适用精神。经历了在立法前学者们认为应制定一部完善的民法典,到立法时给予了法官造法的权力,再到立法后适用中通过法律、习惯之外的其他内容,例如判例、学说等不断地拓宽民法法源的范围,这就是法国民法法源所体现的在成文法与习惯法制度融合背景下,所进行的规则协调。

二、德国民法法源:潘德克吞体系下的理性追求

1900年1月1日,《德国民法典》作为整个德国的统一私法而生效。在此之前,德意志各邦的法律极不统一,不同邦领土内施行着不同的私法。在6世纪,罗马法被规定于尤士丁尼皇帝的《学说汇纂》,并影响着欧洲大陆。在19世纪,德国的潘德克吞法学致力于研究"共同法"及古典的罗马法法源,其引起了全世界的重视,传统的德国民法学上的潘德克吞法学对德国民法典的制定产生了深远的影响。《德国民法典》的制定,可以追溯至19世纪初,德国民法学者围绕是否要制定一部统一的民法典展开讨论。②

A.F.J 蒂堡主张制定一部"理性法的法典",即在德意志实现政治统一之前实现法律的统一。③ 萨维尼则提出反对意见,他认为法律的唯一基础是大众意识,是民族的、共通确信的产物,在成文法制定,以及习惯法成立后,它们可以依靠自身的力量,自给自足,形成一个独立的有机体。法官只需要运用逻辑适用即可裁判所有案件,若即使有缺漏,

---

① [德]茨威格特、克茨:《比较法总论》(上),潘汉典、米健等译,中国法制出版社2017年版,第178~181页。
② 《德国民法典》,陈卫佐译,法律出版社2015年版,第3~5页。
③ 陈华彬:《19、20世纪的德国民法学》,载《法治研究》2011年第6期。

通过类推的方法即可弥补。① 但是,萨维尼的主张没有得到实现。19世纪中叶,制定全德国通用的民法典已经达成共识。1874年,第一委员会受命为德意志帝国起草一部民法典草案。1888年,这部草案公布,由于草案完全是罗马法理念的日耳曼化翻版,被指出严重忽略了平民百姓。于是,第二委员会受命重新起草民法典。1896年,《德国民法典》由德意志帝国皇帝威廉二世签署,1900年1月1日正式施行。②《德国民法典》是通过对法律的历史研究来构造民法的"体系性的法学理论",通过对"法的概念"进行"逻辑的计算"来构筑"体系法学",即构筑潘德克吞法学。也正是在此种概念法学的引导下,《德国民法典》包含总则、债务关系法、物权法、亲属法和继承法五编,并被称为"潘德克吞模式"的典范。③

受到学说汇纂的影响,《德国民法典》对于法律生活的真正力量并无认识,也没有在伦理、现实或社会权利方面的问题,反而有经院哲学的繁絮炫弄和法律游戏之嫌,这也是概念法学至今在德国还有潜在作用的原因。④ 概念法学认为,法学与法典是完美无缺的论理体系,通过逻辑的演绎和推论,所有的法律问题皆可得到自动的解答。⑤ 由于《德国民法典》的编纂是在政治和社会关系相对稳定的时期完成的,其具有保守性,立法者完全没有注意到19世纪最后数十年的德国社会结构已经发生了巨变。那么,《德国民法典》是如何未经修改就度过20世纪以来德国历史中的社会危机与变故的呢?由于《德国民法典》严密交错的规定无法适应变化的社会,相继出现了许多法典以外的法律领域,例如竞争法、住房建筑法、租赁法等。其后,司法判例也为民法典的修正带

---

① 王伯琦:《近代法律思潮与中国固有文化》,清华大学出版社2005年版,第146页。
② 《德国民法典》,陈卫佐译,法律出版社2015年版,第5页。
③ [日]水本浩、平井一雄:《日本民法学说史》(分论),转引自陈华彬:《19、20世纪的德国民法学》,载《法治研究》2011年第6期。
④ [德]茨威格特、克茨:《比较法总论》(上),潘汉典、米健等译,中国法制出版社2017年版,第265页。
⑤ 陈华彬:《19、20世纪的德国民法学》,载《法治研究》2011年第6期。

来了许多契机。① 因此,在《德国民法典》制定后的适用过程中,引导法典编纂的概念法学思想受到现实的挑战,20世纪初期开始,自由法运动兴起,作为概念法学的反对者,耶林提出"目的法学"概念,即法律必须经过解释,了解法律背后意欲实现的目的,并以此为出发点更好地适用法律。自由法理论主张法律必然有漏洞,国家的成文法并非唯一的法源,"活"的法律才是真正的法源,以此否定了法律体系的逻辑自足性,因而不可能有一部完美的法典。②

在德国,法律渊源指法律原则的产生原因,适用于全体人的法本身的表现形式。由于德国法上许多重要制度都是依照习惯法进行创设③,一般来讲,法的表现形式只有两种,即国家法律和习惯法。《德国民法典》第一编总则部分并未对民法法源作出规定,而是用240个条文对人、物、法律行为、期间与期日、消灭时效、权利的行使、担保的提供等基本原则作出一般规定。《德国民法典施行法》第2条规定,《德国民法典》与《德国民法典施行法》中的"法律"是指一切法律规范,包括法律、法规性命令、条约、自制规章、习惯法等。④

由此可见,《德国民法典》的编撰因受到具体的历史时代背景以及概念法学派的影响,相对比较保守。但是在法典的适用过程中确实面临着许多挑战,不得已用许多单行法来适应社会的发展。尽管德国法并不像判例法系那样受到判例的约束,但从《德国民法典》的适用发展来看,法官通过判例法对法的续造越来越常见,长期的、不断的司法裁判可以通过习惯法来确立有效的法律约束力规则,并成为独立的法源。因而,《德国民法典》在潘德克吞体系下,为了适应社会发展的变化而尝试了多样的解决方案,这就是德国民法法源所体现的潘德克吞体系下的理性追求。

---

① [德]茨威格特、克茨:《比较法总论》(上),潘汉典、米健等译,中国法制出版社2017年版,第270~280页。
② 陈华彬:《19、20世纪的德国民法学》,载《法治研究》2011年第6期。
③ 李敏:《民法渊源论》,法律出版社2020年版,第118页。
④ [德]卡尔·拉伦茨:《德国民法通论》,王晓晔等译,法律出版社2002年版,第10、20页。

三、瑞士民法法源：有限理性视角下的法典表达

《瑞士民法典》第 1 条开篇就规定了民法法源。概览《瑞士民法典》的制定历程，1892 年瑞士民法学者欧根·胡贝尔受命起草《瑞士民法典》。该法典第 1 条第 1 款的制定是立法者的共识，而第 2 款和第 3 款则在制定过程中经历了一定的波折。其中，《瑞士民法典》第 1 条第 1 款关于法律的适用，形成于 1900 年欧根·胡贝尔的民法典预备草案中第 1 条下设的两个二级标题，即"裁判基础"和"习惯法的形成"。第 2 款关于"无习惯法"适用规则的制定，经历了概念法学派与自由法学派思想的冲突。前者认为法律是一个按照形式逻辑规则构建起来的完整体系，其内涵丰富不存在任何漏洞。后者则认为概念法学忽视了法律在现实中的适用，没有考虑到法官在裁判案件中的创造作用。①

在近代私法史上，欧洲私法的思想基础在不同时期所受的影响不同，中世纪时期的私法思想基础启发于《优士丁尼法典》，16 世纪时期启发于古希腊罗马古典作品，17、18 世纪启发于自然秩序的社会法则，19 世纪则启发于历史主义法学。19 世纪兴起的概念法学由历史法学派的开创者萨维尼针对古典自然法思想而提出，主张法律并非人类理性的建构，而是来源于民族精神，私法应有一个精准的概念金字塔，可以从一个最高的基本原理开始层层演绎，进而获得一个完整的逻辑概念体系。这种概念体系可以将实证的条文回溯到法律的基本原则和概念，因而衍生出法律规则，也可寻得体系学说从而填补法律漏洞。而在 19 世纪后，历史法学开始逐渐衰落，概念法学开始逐渐受到批判。人们开始意识到概念法学的缺陷，它忽视了法律的目的性，完全以概念逻辑代替纷繁复杂的社会生活。从此围绕目的法学展开的利益法学、社会学法学、自由法学等法学思潮开始兴起。②

19 世纪，成文法的地位尤其重要，被认为是法的唯一渊源。到了 19 世纪末，社会发生了剧变，自由法运动兴起。自由法学派的倡导者

---

① 李敏：《〈瑞士民法典〉"著名的"第一条——基于法思想、方法论和司法实务的研究》，载《比较法研究》2015 年第 4 期。

② 朱晓喆：《耶林的思想转型与现代民法社会化思潮的兴起》，载《浙江学刊》2008 年第 5 期。

惹尼严重批判了成文法至上、自给自足等观念。他指出,成文法是有缺漏的,其不是唯一的民法法源,习惯、判例、学理应该共同与制定法发挥民法法源的作用,而且法官应该将自己设想处于立法者的地位,去创设法律。这些思想几乎被《瑞士民法典》第 1 条全部采纳了。也正因如此,此前各国民法典都没有承认法官可以超越成文法进行裁判,直到 1912 年《瑞士民法典》第 1 条才确定了法官的裁判可以超越成文法。即当法官在发现法律有漏洞时,可在成文法之外适用习惯和法理来补充法律的情况。① 不过,其后几经修改,《瑞士民法典》第 1 条第 2 款和第 3 款的内容发生了些许变化,学理和惯例只能作为辅助性的法源,为法官适用习惯法和法官自行制定的规则时设定了限制。因此,最后施行的《瑞士民法典》第 1 条规定了三个内容:一是凡依本法文字或释义有相应规定的任何法律问题,适用本法。二是无法从本法得出相应规定时,法官应依据习惯法裁判;如无习惯法时,依据自己如作为立法者应提出的规则裁判。三是在前款的情况下,法官应参酌公认的学理和实务惯例。该条确立了以制定法、习惯、法官法为正式法源,学理和实务惯例为非正式法源的法源体系。同时,该条也确立了 4 个法律适用方法及位阶,首先是对制定法进行解释,其次是对制定法进行类推,再次是对习惯法的发现,最后才是法官以其作为立法者补充制定的规则。可见,《瑞士民法典》第 1 条清晰、明确地规定了法律适用的方法,构建了位阶分明、体系完整、协调统一的法源适用制度。②

也正是因此,《瑞士民法典》的优点在国外受到广泛的重视,并成为诸多私法法典化国家的蓝本,在其之后,几乎每一个立法者都会在其制定民法典的过程中借鉴瑞士经验。③《瑞士民法典》的这种规定,让法官在裁判案件时,若遇到法律缺漏,不是完全地进行主观上的造法,而是有具体、明确的找法次序,及造法方法来进行裁判,可以有效地防止

---

① 王伯琦:《近代法律思潮与中国固有文化》,清华大学出版社 2005 年版,第 140、267 页。
② 李敏:《〈瑞士民法典〉"著名的"第一条——基于法思想、方法论和司法实务的研究》,载《比较法研究》2015 年第 4 期。
③ [德]茨威格特、克茨:《比较法总论》(上),潘汉典、米健等译,中国法制出版社 2017 年版,第 325 页。

法官进行肆意裁判。因而,《瑞士民法典》关于民法法源的规定,既允许法官造法,但也限制了法官造法的范围,可谓是有限理性视角下的法典表达。

四、我国民法法源论的变迁

在我国,民法法源这一概念,最早可追溯至清末。1911年的《大清明律草案》是模仿《德国民法典》的产物。但是缘于历史,《大清明律草案》并未得以公布实施。之后,1930年《中华民国民法》承袭于《大清民律草案》,并受到日本法、德国法影响。[1] 而现今《民法典》第10条的规定深受《瑞士民法典》第1条的影响。[2]

(一)争议:围绕《民法典》第10条展开的民法法源论

我国民法学者几乎一致认为,《民法典》第10条既已规定民事纠纷的处理依据,即应是民法法源条款。其原因主要在于,我们太在意什么样的规范才能属于民法这样一个元命题,而且因为民法解释学的"三段论"法律适用逻辑,民法法源成为民法理论和民法制度关注的焦点问题。于是,《民法典》第10条才作出那样的规定,并被学者解释为是对民法法源的规定。[3] 不过,也有学者质疑,认为这一观点是对法源概念的误用,该条仅仅是"规范体系"条款。若从司法立场出发,并不能很好地理解民法法源,因为我国是成文法国家,法律赋予法官的职责是严格依照国家制定的法律进行裁判。而现实主义法学发生的场域是英美法系国家,与之不同,制定法国家的法官严格依照法律进行裁判。据此,未经《立法法》规定的,并非法律渊源。依循这一逻辑,法律体系概念难以容纳政策、习惯以及司法解释。若依规范法学的立场,只有权威立法机关制定的规范才是法律。[4]

---

[1] 张生:《〈中华民国民法〉"第一条"的源流与功能》,载《政法论坛》2022年第3期。
[2] 李敏:《民法法源论》,法律出版社2020年版,第5页。
[3] 邹海林:《民法总则》,法律出版社2018年版,第522页。
[4] 刘作翔:《"法源"的误用——关于法律渊源的理性思考》,载《法律科学》2019年第3期。

无论作何理解,我国目前关于民法法源的理论都未触及民事裁判中的细节。最高人民法院发布的《人民法院民事裁判文书制作规范》中指出,裁判文书应包含理由和裁判依据。其中,理由部分的内容是根据案件事实以及法律的规定,阐明当事人间的法律关系,为裁判结果提供论证,这一部分的内容也仍须援引法律、司法解释等法律规定。裁判依据部分的内容当然要援引法律规定,但这里所援引的法律规定并不是随意的,而是通过理由部分的论证所得出的结论。裁判依据和理由是不可分离的,且在裁判理由中推导出裁判依据的过程,无不包含法官的价值判断。因此,即使我国目前已经明确了民法法源应立足于司法立场,但针对民法法源应具体所指司法立场中的何种范围,尚未有定论。因而,有学者试图将传统民法法源进行革新,指出民法的法源主要有两个方面:一是指"法官裁判案件时的决定基准的法的命题",例如制定法、习惯法等;二是指"现实中对法官裁判案件的决定基准起作用的社会事实",或指"法官的思想倾向、人格、人品等",即现实中影响法官裁判案件的各种因素。① 但是,此种解释是否合理,还需要进一步论证。民法法源的定位究竟应以司法中心主义还是立法中心主义理解?我们在对两种完全对立的法律渊源理论进行探讨时,需要从民法的属性出发去解释与论证:民法法源究竟应从"法律形成"角度,去解决哪些内容是可以形成民法的内容,还是应该以"法律适用"视野,从实践中去分析民事法官法律发现的过程。②

(二)理论:民法基本属性下的民法法源论

民法的私法属性与公法不同,民法法源也与公法渊源有所区别。民法是私法,公私法的划分源于罗马法,由罗马法学家乌尔比安首次提出。《罗马法大全》中记载:"公法是关于罗马国家的规定,私法是关于个人利益的规定。"古罗马人之所以划分公法和私法,其原因在于他们认识到社会中存在两种截然不同的利益,而私法利益与公法利益两种

---

① 陈华彬:《民法总则》,中国政法大学出版社2017年版,第85页。
② 李琳:《民法渊源研究——以法律适用为视角》,西南政法大学2016年博士学位论文。

不同的存在,决定着其被调整和维护的法律必然不同。① 现代民法中的许多原理、原则均源自罗马法。就我国民法的性质而言,民法调整平等主体间的人身关系和财产关系,其条文多是任意性规范,旨在保障民事主体的意思自治。民法是一种私法,它在理念上是一种"私的要求",以主体人为原点,以主体人的权利为核心。因此,民法是这种"私的要求"的外部制度保障。因而,在民法中,这种体现"私的"关系以及利益诉求的法是非常重要的。②

民法是人法,民法通过规范人的行为方式,对社会关系进行调整。其内容规定的是自然人、法人和非法人组织的根本地位,确定合理的人性观点,以公平、正义的观念来规范人的行为,建立和谐的人际社会。在国家法律体系中,其他法律虽对调整人的行为亦有所涉,但这些法律将人作为管理的相对人,其法律后果将人作为制裁、惩罚的对象,其内容更重要的是对社会秩序的调整。据此,民法也是人法,一切以人为中心。③

民法是权利法,私法的精神与制度是一项权利文化的成就,私法的所有落脚点都在权利文化上。④ 自中世纪以后,社会日渐进步,家族逐渐解体,社会秩序的基础转变为以个人之间的合意所形成的关系。个人成为社会的独立主体,个人权利成为法律的中心。⑤ 因而,民法的基本内容就是规定民事主体的权利,权利是法学的一个基本范畴,也是一定社会法律制度的核心内容,大陆法系国家的民法典都体现了民法的权利法属性。从民法的保护范围来看,《民法典》第 1 条即开宗明义,规定其规范意旨在于保护民事主体的合法权益。民法最直接且最集中地确立和保护自然人、法人的权利法。从民法的内容来看,其全部内容围

---

① 杜万华:《关于公法和私法制度的理论思考》,载《法制与社会发展》1995 年第 1 期。

② 李宏弢:《从义务本位到权利本位:新中国 70 年民法文化的转型发展》,载《江汉论坛》2019 年第 9 期。

③ 杨立新:《中国民法总则研究》(上卷),中国人民大学出版社 2017 年版,第 5 页。

④ 易继明:《私法精神与制度选择——大陆法系私法古典模式的历史含义》,中国政法大学出版社 2003 年版,第 288 页。

⑤ 梁慧星:《民法总论》,法律出版社 2021 年第 6 版,第 40~41 页。

绕着确认和保护自然人、法人的民事权利展开,规定了民事主体的民事权利、民事权利行使的规则和民事权利的保护。同时,民法的条款均为授权性法律,即授予民事主体以人格权、身份权、物权、债权、继承权、知识产权等。①

任何法律和道德并不制造权利,权利的初始形态是一种事实、利益或行为的存在,法律只是权利的最终认定者。② 为此,民法对权利的保护并不是立法者任意指定的,权利来源于历史形成的生活经验。而且权利本身就是一个广泛又普遍的内容,人们可用以"权利"概括任何类型的事物。并且,随着现代社会的发展,在新条件的促成下,许多新兴的权利应运而生。那么,权利主张固然会出现不可列举、不可预测的趋势。③ 因而,为了更好地保护权利,法官提供救济时不应局限于对民事法律中权利的保护,还应当发现其他法律渊源中蕴含的权利的需求,诉诸民法中的依据,应该是以实践依据为中心。而且,不同于公法,民法的大多数规范都是任意性规范。换言之,当事人未违反法律的强制性规定的,其法律行为有效,那么法官必须依据该有效的法律行为进行裁判。无论是意思自治还是自己责任,民法的私法属性或者权利法属性都决定了民法的渊源不同于其他部分法的渊源,其必须对民事司法实践中为法官提供裁判依据的功能需求作出回应。④ 民法法源究竟应采立法还是司法中心主义,我们从上述展开的民法的基本属性,可以得出结论。

(三)结论:坚守漏洞填补为要旨的司法中心主义民法法源论

从民法的基本属性出发,我们可以看到不能单以立法者的角度理解民法法源,而应侧重于司法主义的立场,以便更贴切民法的属性。无论是法官裁判民事案件,还是民事主体从事民事活动,都需要民事法律

---

① 杨立新:《中国民法总则研究》(上卷),中国人民大学出版社2017年版,第5～6页。
② 汪太贤:《权利泛化与现代人的权利生存》,载《法学研究》2014年第1期。
③ 陈景辉:《回应"权利泛化"的挑战》,载《法商研究》2019年第3期。
④ 谭启平、李琳:《民法的属性与民法渊源的司法定位》,载《河北法学》2016年第7期。

规范做指引,而民法法源实质上就是解决如何找到这些作为指引的民事法律规范。① 从法律适用的角度而言,民法法源就是民事案件裁判依据的来源,是法院处理民事案件时可以作为裁判基准的法律规范②,其指示着民事法官从何处寻找裁判依据③。在我国这样的成文法系国家,民法法源分为直接渊源和间接渊源,作为法院处理民事案件依据的直接渊源一般指的是成文法。④ 而《民法典》第 10 条之所以被称为民法法源条款,也是因其规定了处理民事纠纷的两种依据。可见,民法法源系法院裁判案件的依据。据此,我国民法法源着重于民法的适用,而法律条文的援引是法律适用的主要表现。

另外,从司法中心主义去理解民法法源,不得不面临的问题在于,民法法源为法官所提供的裁判依据,究竟仅限于解释法律还是包含填补法律漏洞?对此问题,部分学者认为解释法律和填补法律漏洞实际上是同一概念,但大多数学者却主张,解释法律和填补法律漏洞并不相同。实际上,后者主张更为合理,原因在于解释法律的前提是存在法律条文,只是该条文内涵、外延不清晰,需要对其进行明确。而填补法律漏洞则大相径庭,并无现行法律作出的规定,需要法官"创造"出一种规则。虽然,我国禁止"法官造法",但其禁止的是法官凭空"造法",并不禁止法官通过法律一般规定或精神演绎出一种规则。有些学者指出,解释法律和填补法律漏洞是同一概念,似乎他们是为了避免面对"法官造法"这一概念,才将"填补漏洞"纳入"法律解释"的范围。

当法律存在漏洞时,在法律思想的范围内进行漏洞填补,将法中隐含的思想进行表达。这种表达并不是任意的,也应受到一定的限制。这里应当注意区分司法能够填补的漏洞和不能填补的漏洞,漏洞填补通常是不得已而为之,且尤其要注意区分是否属于司法进行漏洞填补的范围。如果所涉漏洞无法经司法得到填补,或是漏洞的填补超越了司法的能力,而司法不得越俎代庖,或是立法有意不予进行调整的,司

---

① 郭明瑞:《民法总则通义》,商务印书馆 2022 年版,第 29 页。
② 中国审判理论研究会民商事专业委员会编:《〈民法总则〉条文理解与司法适用》,法律出版社 2017 年版,第 33 页。
③ 赵国滨:《民法总则适用要略》,中国法制出版社 2017 年版,第 51 页。
④ 张鸣起主编:《民法总则专题讲义》,法律出版社 2019 年版,第 62 页。

法也不宜介入。①

　　立法者无法将所有的纠纷处理方式都面面俱到地纳入表面形式上的法律,很多时候都需要司法者进行补充。因之,立法者预判需要司法者进行补充这一现实情况时,就将立法中法律的一部分交由司法者去发现。为此,《民法典》第10条将习惯作为民事纠纷处理的依据,旨在无法律规定时为法官提供裁判的依据。此时,被上升为"法"的习惯,是已在被司法者进行确认后,具有形式上"法"的特征。同时,民法的属性使得民法制度并不是简单的立法活动的产物,民法的适用也不可以被完全归结为法院的审判活动。据此,民法法源应立足于司法立场的法律渊源概念。② 同时,民法法源也并不仅仅是在解释法律,而更多重在为法官填补漏洞。在填补漏洞时需要法官进行大量的推理论证,一切能影响裁判的事实都会成为论证的基础。为此,我国民法法源理论应持广义的司法中心主义去理解,即坚守漏洞填补为要旨的司法中心主义民法法源论。

---

① 孔祥俊:《法官如何裁判》,中国法制出版社2017年版,第347～348页。
② 张鸣起主编:《民法总则专题讲义》,法律出版社2019年版,第55～56页。

第三章

民法典第十条中"法律"内涵外延的确定

第一节 "法律"的解释争议

我国是成文法国家,成文法一旦施行,其适用就受到严格的限制。根据我国《民法典》第 10 条的规定,"法律"是我国处理民事纠纷的主要依据。此处的"法律"指民事案件中得以援引的直接裁判依据。但法律有狭义、广义之分,对此处"法律"作出的解释不同,民法适用的结果就不同,民事案件的处理结果也会随之不同。因之,明确此处"法律"的内涵外延则十分重要。对此问题,学界众说纷纭。其中,相同观点在于此处的"法律"应指的是狭义的法律,但对于狭义法律中的何种具体规范可以在民事案件中被直接援引则有不同意见。另外,宪法能否在民事裁判中被直接援引,司法解释能否与制定法体系相融合,规章能否调整民事关系等问题尚未得以厘清,致使宪法、司法解释、规章是否包括在"法律"范围之内等问题也存在分歧。

一、"法律"解释之宪法的争议

关于宪法能否在裁判中得以直接援引,我国法学界争议颇多。众多学者并不赞成宪法可以被直接援引,或是指出法院适用宪法不具有正当性,或是认为宪法无法适用于私法领域中。

自"齐玉苓案"发生以来,"宪法司法化"开始进入人们的视野。法院能否适用宪法,成为我国法学界不可避免的话题,并对此问题形成了两种截然相反的意见。一般来讲,不赞成法院可以成为适用宪法主体的学者认为,《中华人民共和国宪法》(以下简称《宪法》)规定并未赋予司法机关可以适用宪法的权力,《宪法》的适用方式只能是通过最高国家权力机关进行立法适用和监督适用,而司法机关适用宪法有悖于现行《宪法》的规定。而且,目前人们对司法机关适用宪法的理解有偏差,法院审理案件是否援引宪法,并不能必然就认定为"宪法司法化"。即使我国已有类似"宪法司法化"的案例,这只是个别例证。①

主张法院可以成为适用宪法主体的学者则认为,宪法的适用与违宪审查机制密切联系,而违宪审查的主体只能是作为中立者的法院。在宪法的实施中,每个相关的主体都可以主张自己遵守、执行了相关的宪法条款,或者当公民认为国家的机关侵犯了他的基本权利时,违宪审查机制的启动就需要独立于这些机构的主体来进行,并运用宪法作出裁判。由于宪法的制约对象是国家权力主体,为了使违宪审查的结果更趋于公正,违宪审查主体应该是独立于立法机关的,或者说不能由立法机关进行主导,当然违宪审查的主体也不可能会是行政机关。从此意义上讲,法院可以作为适用宪法的主体。② 而且,尽管我国宪法明文规定,解释宪法的权力由全国人民代表大会常务委员会行使,但也并未排除司法机关享有解释宪法的权力。而且,法院裁判案件适用法律时,必然要对法律进行解释,而解释法律之时,实际必然存在对宪法进行解释。具言之,以民事裁判为例,法院必须对适用的民事规范进行解释,宪法是所有法律抽象出的价值,其下位法是具体的规则,因此解释法律必然解释宪法。从这个角度来看,法院裁判实际上已经直接或间接地解释并运用了宪法。为此,法院解释宪法是必然的,也是宪法赋予其审判权的应有之义,法院适用、解释宪法没有任何法制障碍。③

宪法能否进入私法领域也存在众多争议,人民法院在民事法官是

---

① 章之伟:《宪法适用应依循宪法本身规定的路径》,载《中国法学》2008 年第 6 期。
② 夏正林:《我国宪法适用体制的改善》,载《广东社会科学》2013 年第 2 期。
③ 张红:《民事裁判中的宪法适用——从裁判法理、法释义学和法政策角度考证》,载《比较法研究》2009 年第 4 期。

否可以引用宪法这一问题上,有学者梳理出了四个阶段的变化。第一阶段,明确民事案件的审理中不得引用宪法。1955年,最高人民法院发布《关于在刑事判决中不宜援引宪法作论罪科刑的依据的复函》,该复函明确指出,宪法不能被作为论罪科刑的依据。1986年,最高人民法院发布《关于人民法院制作法律文书应如何引用法律规范性文件的批复》,该批复对人民法院可以引用的法律进行列举,但宪法规范不在其中。第二阶段,允许人民法院在审理民事案件时,笼统地引用宪法的原则或精神。1988年,最高人民法院在《关于雇工合同"工伤概不负责"是否有效的批复》中指出,在招工登记表中注明"工伤概不负责",这种行为不符合宪法和有关法律的规定,属无效民事行为。第三阶段,允许人民法院在审理民事案件的文书中具体指出所引用的宪法条款。据此,法院在多个民事案件中直接援引了宪法,其中以"齐玉苓案"为典型。第四阶段,又一次明确人民法院在民事案件中不得引用宪法。2008年,最高人民法院废止了《关于以侵犯姓名权的手段侵犯宪法保护的公民受教育的基本权利是否应承担民事责任的批复》,该批复的发布,进一步引发了宪法司法化的一系列问题。[1]

至今对于宪法能否适用于私法领域仍存在两种观点:一种观点认为宪法不适用于私法领域;另一种观点则认为宪法可以适用于私法领域,只是在适用的方式上有所限制。针对第一种观点,有学者认为宪法能否适用于私法领域,实际上是宪法的基本权利能否及于第三人效力的问题。其指出,人们主张民事裁判案件中可以适用宪法的原因在于,宪法中所规定的基本权利是民法中所主张的权利保障的后盾。但实际上,宪法基本权利无论是消极性的防卫权、自由权,还是积极性的社会经济权利都必须通过具体的立法予以落实。私法应受宪法的拘束,若只根据宪法中的基本权利即可保障调整所有民事关系,那么是不需要民事法律的。[2] 持此观点的其他学者也指出,我们在看待宪法对私法领域的调整这一问题时,应该以限制宪法效力范围、确保私法自治为中

---

[1] 田芳:《宪法调控民法的路径与意义——以中德相关案例为基础》,载《南京大学学报(哲学·人文科学·社会科学)》2014年第5期。

[2] 朱晓喆:《在知与无知之间的宪法司法化》,载《华东政法学院学报》2001年第6期。

心,而不是参考德国、日本等国家,强调宪法对私法的渗透。我们在思考宪法能否对私法领域进行调整的时候,必须牢记私人间的相互侵权不受宪法调控。①

针对第二个观点,有学者指出人民法院裁判民事案件时可以适用宪法。《宪法》中许多内容都调整着私人关系,尤其是《宪法》第二章关于基本权利和义务的规定。在这些内容中,或直接涉及私人关系,或不直接涉及私人关系。其中,直接涉及私人关系的内容可以进入民事裁判中。法律条文分为完全法条与不完全法条,法律中的众多条文之间并非只是单纯的并列,而是以多种方式进行相互关联,只有通过法律条文之间的彼此联系以及互相合作才能进行完整的审判。裁判规则的形成不仅依赖于完全法条与不完全法条之结合,也依赖于部门法法典之内的其他各分支内容的整合,甚至会依赖于整个宪法秩序下所有法律的联合。由此,一个完整的裁判规则,需要引用众多的法条。涉及私人关系的《宪法》条文皆为不完全法条,无法单独构成裁判规则,仅依宪法的条文提起的诉讼不得受理。当不得不适用《宪法》的条文时,应当通过民法中的概括性条款,将宪法中的基本权利价值渗透到民法中。为此,《宪法》可以进入民事裁判,只是不能被单独直接援引而已。②

二、"法律"解释之司法解释的争议

《最高人民法院关于裁判文书引用法律、法规等规范性法律文件的规定》(以下简称《裁判文书引用规定》)第 4 条指出,民事裁判文书应当引用法律、法律解释或者司法解释。可见,在我国处理民事纠纷中,司法解释的地位仅次于法律。但是一直以来,由于司法解释的制定者是

---

① 陈道英、秦前红:《对宪法权利规范对第三人效力的再认识——以对宪法性质的分析为视角》,载《河南省政法管理干部学院学报》2006 年第 2 期。
② 张红:《民事裁判中的宪法适用——从裁判法理、法释义学和法政策角度考证》,载《比较法研究》2009 年第 4 期。

司法机关,而非立法机关,这使得司法解释①能否单独成为民事裁判中的援引依据存有争议。

由于我国1982年《宪法》仅规定了全国人大常委会的法律解释权,且2000年颁行的《立法法》亦延续此立场,未明确司法机关的法律解释权,司法解释存在的正当性、所属位阶的妥当性、所具功能的效用性都未得到统一的认定。司法解释无法归类为"立法文件",不是传统意义上的法律。② 但司法解释在处理我国民事纠纷中确又占据着重要的地位,为了解决其权力正当性问题,2015年修改的《立法法》第104条对其予以了明确,其后2023年修改的《立法法》第119条延续了该规定。

尽管,《立法法》明确了司法解释的权力正当性,但是,近年来,针对司法解释的批评与质疑仍然不断。《宪法》《立法法》《人民检察院组织法》《人民法院组织法》等没有明确规定司法机关是立法主体,也没有规定其制定的文件是"法"的范畴。但是,最高人民检察院、最高人民法院所制定的司法解释大多是具有"法"效力的规范性解释。③ 尤其是以"规定"命名的司法文件,其大多是对诉讼程序、证据、法庭规则等作出的规定,而不是以解释法律为目的。④ 加之,因司法解释的内容超越了司法活动的应有限度,变更了法律的适用条件和适用范围;同时,司法解释的数量过多,内容宽泛,严重挤压了法律的适用空间,甚至有架空和取代法律规定本身之嫌,司法解释呈现"立法化"的倾向。对此,许多学者提出批评意见,指出司法解释的形成过程过于依赖解释者的主观

---

① 司法解释是指国家最高司法机关在适用法律过程中对具体应用法律问题所作的解释,包括最高人民法院对审判工作中具体应用法律问题所作的解释,以及最高人民检察院对检察工作中具体应用法律问题所作的解释。基于本书主要研究《民法典》第10条,本书所提到的司法解释主要指最高人民法院对审判工作中具体应用法律问题所作的解释。

② 姚辉、焦清扬:《民法典时代司法解释的重新定位——以隐私权的规范为例证》,载《现代法学》2018年第5期。

③ 汪全胜:《司法解释正当性的困境及出路》,载《国家检察官学院学报》2009年第3期。

④ 袁明圣:《司法解释"立法化"现象探微》,载《法商研究》2003年第2期。

价值判断，而司法机关并不应介入立法。①

司法解释作为一种法律解释，原本应该对法律文本进行一种自然的衍生，但是从实践来看，无论是司法解释的启动过程还是制定过程，都无不超越了法律文本，且过于依赖解释者的主观价值判断。由此导致司法解释形成机制是解释者主导下的一个能动过程，这一点在商事司法解释中尤为明显。② 这些都体现了司法解释大幅度造法的行为超越法定职权的现象，被称为司法解释性质文件的扩权。③ 近年来，针对司法解释的质疑与批评都是聚焦于此。可见，《立法法》虽然明确司法解释的权力正当性，但司法解释不属于传统意义上的法律，《民法典》第10条中的"法律"似乎不能作包含司法解释的解释。曾经，一些学者试图将司法解释放入制定法的法源框架体系中，与法律、行政法规、部门规章共同成为一个体，但司法解释的制定者是最高人民法院，因其系司法机构而不享有立法权。而且，一旦纳入制定法框架体系，就必须适用上位法优于下位法、特别法优于普通法等规则。显然，这些规则是无法适用于司法解释的。④

也有学者指出，随着制度的完善，逐渐解决司法解释性质文件的扩权问题后，即使司法解释性质文件缺乏制度化的基础，但可被作为具有一定事实性效力的非正式法源。⑤ 当然，也有许多学者认为，用以处理民事纠纷的司法解释，是依法律之授权制定的，也属于此处规定的"依照法律"。⑥ 即谈及民法法源时，是广义的法律，即除了狭义的法律以及行政法规、地方性法规、规章中关于民法的规定外，还包括司法解释

---

① 赵力一、石娟：《后民法典时代司法解释对立法的因应及其制度完善》，载《现代法学》2018年第4期。

② 陈甦：《司法解释的建构理念分析——以商事司法解释为例》，载《法学研究》2012年第2期。

③ 刘风景：《司法解释性质文件的扩权现象及治理机制》，载《法学》2024年第4期。

④ 薛军：《民法典编纂如何对待司法解释》，载《中国法律评论》2015年第4期。

⑤ 聂友伦：《司法解释性质文件的法源地位、规范效果与法治调控》，载《法制与社会发展》2020年第4期。

⑥ 张新宝：《〈中华人民共和国民法典·总则〉释义》，中国人民大学出版社2020年版，第18页。

中对民事关系作出调整的规定。①

三、"法律"解释之授权立法的争议

在我国,立法有职权立法和授权立法之分。宪法、法律规定某种国家机关享有制定某种规范性法律文件的权力是职权立法,以宪法、法律的形式确定了某种国家机关享有制定某种规范性法律文件的职权,并根据这一职权制定某种规范性法律文件。授权立法则是根据立法机关以专门的决定或决议所作的授权,这种立法权具有随机性和临时性,是委托的或派生的立法权。《立法法》关于授权立法的条文,主要集中于第12条至第16条,以及第84条、第91条、第95条、第101条、第106条等。

首先,关于行政法规能否作为民法法源,成为《民法典》第10条中"法律"包含的内容。《立法法》第12条规定,民事基本制度尚未制定法律的,全国人民代表大会及其常务委员会有权作出决定,授权国务院可以根据实际需要,对其中的部分事项先制定行政法规。据此条文,行政法规可经过授权针对还未制定法律的民事基本制度进行规定。例如,在国务院制定的行政法规中,《物业管理条例》《城镇国有土地使用权出让和转让暂行条例》等是性质上属于民事法规的行政规范。② 但是,也有许多观点认为,《民法典》第10条中"法律"不能解释为行政法规。持这些观点的学者主要从公私法应该严格区分的角度出发,否认行政法规对民事领域的涉足。罗马法学家对公私法的适用原则进行了严格的区分,并针对公私法不同的性质,提出了权利维护的不同方式,人们必须无条件地遵守公法,而私法规范则可以由当事人自由选择。③ 而且,在我国计划经济时期,因忽视了私人利益的存在,用公法的手段来调节私法领域的问题,而这种忽视了公私法区别的结果,在实践中的危害性是严重的。④ 也正是因此,有观点指出,行政法规在性质上属于公法,

---

① 杨立新:《民法总则精要10讲》,中国法制出版社2018年版,第61页。
② 陈华彬:《民法总则》,中国政法大学出版社2017年版,第87页。
③ 占茂华:《论罗马公私法的划分》,载《学术界》2009年第3期。
④ 陈宏光、曹全大:《公私法划分问题探析》,载李明发主编:《安徽大学法律评论》第6卷,安徽大学出版社2006年版,第93页。

不应调整民事领域中的关系,否则会导致公私不分。尽管行政法规中确有规定民事问题的内容,但仍存在严重的部门化倾向,容易与法律维护公平正义的目的相背离。《民法总则(草案)(三次审议稿)》(以下简称《民法总则三审稿》)第9条规定:"处理民事纠纷应当依照法律法规规定;法律法规没有规定的,可以适用习惯,但是不得违背公序良俗。"可见,现今《民法典》第10条中的"法律"曾在立法过程中被表述为"法律法规"。之所以其后对此表述做了修改,是因为法规包括行政法规、地方性法规,若将法规写入条款,容易导致法律适用的混乱;而且,民事立法属于中央立法权,只有全国人民代表大会通过的法律才能作为民事纠纷的处理依据。因而,《民法典》将相关表述做了改变,意义在于将法规排除在法律范围之外。[1]

其次,关于其他授权性立法能否解释为《民法典》第10条中的"法律"。《立法法》第82条规定,地方性法规为执行法律、行政法规的规定,需要根据本行政区域的实际情况作具体规定的事项。该法第85条规定,自治条例和单行条例可以依照当地民族的特点,对法律和行政法规的规定作出变通规定,但不得违背法律或者行政法规的基本原则。该法第91条规定,国务院各部、委员会、中国人民银行、审计署和具有行政管理职能的直属机构,可以根据法律和国务院的行政法规、决定、命令,在本部门的权限范围内,制定规章。从这些内容来看,授权立法的适用范围有限,大多仅规范其辖区内的事务。这些授权性立法的目的之一在于执行法律、行政法规的事务,其内容不得与法律、行政法规相冲突。

当然,就《民法典》第10条中的"法律"是否包括地方性法规、自治条例和单行条例以及规章也存在较大争议,并主要表现为以下几种观点:第一种观点认为,除了依法律之授权制定的相关行政法规外,低位阶的法规一般不是处理民事纠纷的规范渊源。[2] 第二种观点认为,此

---

[1] 张民安:《〈民法总则〉第10条的成功与不足——我国民法渊源五分法理论的确立》,载《法治研究》2017年第3期。

[2] 张新宝:《〈中华人民共和国民法典·总则〉释义》,中国人民大学出版社2020年版,第18页。

处的法律不包括地方性法规和规章。① 第三种观点认为,地方性法规、自治条例和单行条例、行政规章以及可适用于涉外民事关系的国际条约和国际惯例等都是《民法典》第 10 条中的"法律"。② 第四种观点则认为,部门规章可作为民事裁判案件的参考,但不能作为裁判案件的法律依据。③

其中,持否定观点的主要原因在于,从统一法律适用的角度来讲,因地方性法规、自治条例、单行条例及规章的适用范围有限,其具有较强的地区化和部门化趋势,不仅会使得不同地区、不同部门的民事主体的民事权利义务有差别,而且会造成统一市场的分割和不必要的地区法律差异。④ 持肯定观点的主要原因在于,虽然《立法法》第 10 条规定,民事基本制度只能由全国人民代表大会及其常委会制定的法律规定,但《立法法》第 82 条、第 91 条规定了地方性法规、规章均可以为执行法律、行政法规的规定进行制定。同时,根据《立法法》第 85 条的规定,自治条例和单行条例可以对法律和行政法规的规定作出变通规定。⑤ 地方性法规可以根据法律的规定或经法律的授权,针对特定领域的民事关系作出细化规定,民族自治地方可以根据法律的授权对特定民事法律关系作出变通规定。它们同样具有法的效力,其中凡涉及民事领域的,调整民事关系的内容均属于民法的渊源。⑥

---

① 梁慧星主编:《读条文学民法》,人民法院出版社 2017 年版,第 19～20 页。
② 张鸣起主编:《民法总则专题讲义》,法律出版社 2019 年版,第 65 页。
③ 郭明瑞:《民法总则通义》,商务印书馆 2022 年版,第 31 页。
④ 石佳友:《民法典的法律渊源体系——以〈民法总则〉第 10 条为例》,载《中国人民大学学报》2017 年第 4 期。
⑤ 张荣顺主编:《中华人民共和国民法总则解读》,中国法制出版社 2017 年版,第 32～33 页;石宏:《〈中华人民共和国民法总则〉条文说明、立法理由及相关规定》,北京大学出版社 2017 年版,第 23～24 页。
⑥ 王利明:《中华人民共和国民法总则详解》(上册),中国法制出版社 2017 年版,第 52 页。

第二节 "法律"的确定标准

一直以来,针对《民法典》第10条中"法律"的解释有许多争议,要作出"法律"的正确解释,必须先明确"法律"的确定标准。

一、"法律"产生的正当性标准

《民法典》第10条中的"法律"是裁判者处理民事纠纷的首要依据。综观其他国家和地区的民法,它们或多或少都对处理民事纠纷的裁判依据进行了规定。例如,《瑞士民法典》第1条第1款规定:"凡依本法文字或释义有相应规定的任何法律问题,一律适用本法。"《韩国民法典》第1条规定:"关于民事,如无法律规定,依习惯法……"《意大利民法典》第1条规定:"以下各项为法源:法律、规则、组合规范、习惯。"《罗马尼亚民法典》第1条第1款规定:"习惯以及法律一般原则是民法的渊源。"《西班牙民法典》第1条规定,西班牙法的渊源包括法律、惯例和法的基本原则。《俄罗斯联邦民法典》在第1条至第7条规定了民事立法的基本原则、调整关系、民事立法和含有民法规范的其他文件、民事立法的时间效力、交易习惯、民事立法的类推适用以及民事立法与国际法规范。我国台湾地区"民法"第1条规定:"民事,法律所未规定者,依习惯……"。《澳门民法典》第一章规定,法律为法的直接渊源。可见,这些条文中,除了《瑞士民法典》直接表达为"本法",《俄罗斯联邦民法典》表达为"民事立法和含有民法规范的其他文件……国际法规范"之外,其他国家和地区都直接表达为"法律"。从《民法典》第10条的蓝本《瑞士民法典》第1条来看,在1900年欧根·胡贝尔的民法典预备草案中,《瑞士民法典》第1条第1款的表述采"本民法"而非"本法"。在其之后的各个草案中,其表达均为更为简洁的"本法"。虽然,在第2款、第3款的起草过程中,受到当时反对概念法学,反对实证主义、教条主义自由法运动的影响,人们认为成文法的缺陷在所难免,制定法无法成为唯一的民法法源,因此,构建了包括习惯法等在内的多重法源体系。

但是,制定法是瑞士民法的首要民法法源。① 在大陆法系国家中,成文法典形式深入人心,大家致力于拥有条例清晰、概念明确的成文法典,因而制定法是所有大陆法系国家或地区的首要法律渊源。在这些国家的法律渊源研究中,我们几乎都可以看见开篇所提到的一定是法律,即制定法。那么,确定这里制定法的标准,则需要从《民法典》第 10 条的立法沿革出发。

溯及我国历史,《大清民律草案》第 1 条将法律表达为"民事本律",南京国民政府时期制定的《中华民国民法》第 1 条直接表达为"法律",《民法通则》第 6 条也表达为"法律"。另外,在民法典的制定过程中,各专家建议稿对《民法典》第 10 条中法律的表达也有所不同。主要有以下几种:第一,"处理民事纠纷,应当依照法律以及法律解释、行政法规、地方性法规、自治条例和单行条例、司法解释……"② 第二,"民事关系,本法和其他法律都有规定的,应当优先适用其他法律的规定;本法和其他法律都没有规定的,可以适用……"③ 第三,"本法和其他法律都没有规定的,应当依据习惯;没有习惯的,依据本法确定的基本原则参照法理处理。前款所称习惯,不得违背法律、行政法规的强行性规定以及公序良俗原则的要求……"④ 在《民法总则》的制定过程中,《民法总则三审稿》第 9 条规定:"处理民事关系,应当依照法律法规规定;法律法规没有规定的,可以适用习惯,但是不得违背公序良俗。"其中,将一审稿、二审稿第 10 条中的"法律"修改为"法律法规"。但是,《民法总则》最终施行时,还是将三审稿中"法律法规"修改回"法律"。从我国的民法法源研究来看,无论是《大清民律草案》中的"民事本律",还是《中华民国民法》《民法通则》等中的"法律",以及各民法典专家建议稿中的"本法及其他法律"等表述均指制定法。由此看来,在《民法典》的整个编纂过程中,对"法律"的表达也进行了再三的考虑,最终还是放弃了"本法和

---

① 李敏:《〈瑞士民法典〉"著名的"第一条——基于法思想、方法论和司法实务的研究》,载《比较法研究》2015 年第 4 期。
② 《中华人民共和国民法典·民法总则专家建议稿》第 9 条。
③ 梁慧星主编:《民法典草案建议稿》,法律出版社 2013 年版,第 4 页。
④ 王利明主编:《民法典学者建议稿及立法理由·总则编》,法律出版社 2005 年版,第 22 页。

其他法律""法律、行政法规、司法解释……"等表述,直接用笼统的"法律"作为与习惯相对应的民法渊源内容。

从这些立法的历史及过程来看,对"法律"的表述也是基于对我国实际情况的考虑。具体而言,第一,我国调整民事关系的法律众多,除了专门调整民事关系的法律之外,许多还规定于其他部门法中,例如《中华人民共和国消费者权益保护法》《中华人民共和国反不正当竞争法》等都有部分内容调整着民事关系。第二,除了上述专门、具有调整民事关系的法律之外,在行政法规等低位阶的法律规范中,也有调整民事关系的内容。这些调整民事关系的低位阶法律之所以可以作为民事裁判的依据,是因为民法典内部价值具有一致性,立法上放弃了将所有的裁判依据尽收于民事规范的做法,现代民法必然兼容政策性规范,而通过立法机关的授权,可以另外针对特定政策目的制定特别民法,而不需要改变民法典内在价值的体系性。当法官在民法典中找不到适当的法条时,不必立刻利用习惯或者法理来填补漏洞。[①] 为此,作为法官裁判民事案件的依据,其必须具有立法机关的授权,即《民法典》第 10 条的"法律"确定标准之一是其产生的正当性。

二、直接援引性标准

《民法典》第 10 条是民事裁判的依据,民事裁判的过程是司法三段论的推导过程,研究作为民事裁判依据的"法律"的确定标准,必须从民法适用的方法谈起。

在自然法盛行时期,人们在自然法中由纯粹的逻辑推导出实证法,根本不需要立法理论,而当人们明白自然法的时代结束时,方法论开始出现变革。司法三段论由传统三段论在法律适用过程中所形成,司法三段论是在逻辑三段论的基础上得以发展。逻辑三段论最早由亚里士多德提出,其《前分析篇》开卷即明确指出三段论是证明和从事科学证明的能力的基础。司法三段论的三段指的是大前提、小前提和结论,大前提是法律规范,小前提是案件事实,结论是裁判结果。法律发现与法

[①] 苏永钦:《私法自治中的国家强制——从功能法的角度看民事规范的类型与立法释法方向》,载《中外法学》2001 年第 1 期。

律适用的过程都无不包含着司法三段论的运用,而法律的适用比逻辑三段论更为复杂。① 从哲学角度出发,规范与事实是二分的。其中,事实是描述一个客观发生的事情,规范则是明确的,或明或暗地表达出"应该怎样",结论是事实与规范演绎的结果。但实际上,严格地区分二者是非常困难的。② 因此,哈特主张法律适用的过程并不是简单的逻辑问题,司法裁判的结果也不是简单地根据司法三段论可得出的。逻辑本身并不对条文的概念价值进行说明,其只是给出法官对某条款作出解释,并因此得到某种结论的公式。至于如何对条文进行具体的分析与解释,逻辑则是保持沉默的。而恰恰对条文进行分析与解释的过程正是司法裁判的核心,依照逻辑可能会掩盖了事情的真正本质,法官必须将规则适用于具体案件。③ 我们可以发现,尽管价值评价作为司法裁判中核心内容,事实是客观的,规范则是价值判断,法官需要将事实对应到规范时,就必须进行价值推理。但是,价值推理的前提是"或明或暗"地表达着"应该怎样"。为此,规范存在的前提性要求就是可直接援引,可以为法官从规范到事实之间进行来回穿梭以及价值评价提供明确的方向。

从《民法典》第10条的表述来看,其更多的是为裁判者提供裁判的思路及依据,而通过司法三段论得出的结论是否正确,其核心在于大前提是否周延、准确。大前提是否周延在于,民事案件中法官援引的依据是否明确、具体,是否包括了构成要件与法律效果的完全法条。一个完全法条可以作为请求权的根据,即为了保障通过司法三段论得出正确的结果,作为裁判依据的法律必须具有可直接援引性。也正是因此,《裁判文书引用规定》也明确规定了民事裁判可以直接援引哪些"法律"。因此,《民法典》第10条"法律"的确定标准除了具有产生正当性之外,还应具有可直接援引性。

---

① [德]考夫曼:《法律哲学》,刘幸义等译,法律出版社2004年版,第22~23页;王路:《亚里士多德的逻辑学说》,中国社会科学出版社1991年版,第95页。
② 盛泽虎:《司法三段论的困境与重构》,载《东南大学学报(哲学社会科学版)》2013年第S1期。
③ [英]哈特:《实证主义和法律与道德的分离》,翟小波译,载《环球法律评论》2001年夏季号。

第三节　"法律"的基本内容

在成文法国家,制定法是裁判者处理民事纠纷的首要依据,就《民法典》第10条而言,从"应当依照法律"的角度去确定"法律"的基本内容时,鉴于法院是该条适用过程中的主体,"法律"则为对个案法官有直接拘束力的规范性文件;那么,"法律"的基本内容亦即哪些规范性文件可以成为法官对案件裁判的援引依据?以比较法视野观之,无论是瑞士民法用的"制定法",还是我国《民法典》以及我国台湾地区"民法"中采用"法律",而不采"本法",这些表达均表明了"法律"并不仅限于《民法典》,有效的民事制定法都在"法律"范围之内。[1]

一、"法律"之内涵

从整个《民法典》角度出发,我们可以看到,有多个条文涉及需要对"法律"进行解释。例如,《民法典》第11条规定:"其他法律对民事关系有特别规定的,依照其规定。"这里的"其他法律"指的是《民法典》之外的对民事关系有特别规定的法律,其是有关民事特别法的问题,指的是狭义的法律,而且纯粹讲的是民事特别法的范畴。[2] 又如,《民法典》第58条规定:"法人成立的具体条件和程序,依照法律、行政法规的规定。"此处的法律与行政法规相对应,指的也是狭义的法律。诸如此类条款,在《民法典》中随处可见,但就各条文中法律的具体指向而言,又有一定区别。为了使人民法院有效适用《民法典》第10条,进而正确处理民事纠纷,自《民法总则》颁布施行以来,许多专家学者对此条文进行解释说明,以便厘清《民法典》第10条中"法律"是狭义的法律还是广义的法律,其具体包括哪些内容,以及在适用中如何进行具体适用等问题。

大多数学者认为,此处的"法律"除了包括狭义的法律外,还包括行

---

[1] 苏永钦:《"民法"第一条的规范意义——从比较法、立法史与方法论角度解析》,载苏永钦:《私法自治中的经济理性》,中国人民大学出版社2004年版,第14页。

[2] 杨立新:《民法总则精要10讲》,中国法制出版社2018年版,第61页。

政法规、地方性法规、自治条例和单行条例、规章、司法解释、国际条约等,只是针对后者是否全都可作"法律"的解释有不同观点。① 当然,也有相反观点认为,从我国制定法体系出发,根据《宪法》和《立法法》的规定,从立法角度对法律的定义来看,这里的"法律"应指全国人民代表大会及其常委会制定的法律。《民法典》第10条表明其直接将行政法规、地方性法规、规章、自治条例和单行条例排除在外,将司法解释、指导案例也排除在外。此种做法的原因主要在于,行政法规、地方性法规过于追求的部门利益以及地方利益,无法有效保障法治及民法所追求的普遍性、公平性和平等性的价值。② 尽管,各专家学者对"法律"的解释并不一致,但是毋庸置疑的是,在这些有关《民法典》第10条的解释说明中,几乎大家都一致认为狭义的法律肯定是此处"法律"所指的范畴。

所谓狭义的法律,指全国人民代表大会及其常委会制定的法律,包括最高法律位阶的宪法,以及民法、行政法等。其中,民法作为专门调整民事关系的基本法自然在此列。在民法之外,其他具有调整民事关系的法律也属于此处"法律"的范围。因此,不容置疑,《民法典》第10条中的"法律"包括民法典和国家颁布的其他法律。③ 仅就专门调整民事关系的民事法律而言,其是全国人民代表大会及其常务委员会制定的有关民事领域的规范性文件,包括《民法典》《涉外民事关系法律适用法》等民事基本法,以及《专利法》《商标法》《著作权法》《公司法》《保险法》《海商法》《票据法》《证券法》《企业破产法》等商事特别法律。④ 除了包含民事基本法与商事特别法的专门调整民事关系的法律外,其他具有调整民事关系的非民事法律亦在"法律"的范畴内。例如,行政法

---

① 李适时:《〈中华人民共和国民法总则〉释义》,法律出版社2017年版,第35页;王利明:《〈中华人民共和国民法总则〉详解》,中国法制出版社2017年版,第51~52页;中国审判理论研究会民商事专业委员会:《〈民法总则〉条文理解与司法适用》,法律出版社2017年版,第33页;等等。

② 孙跃:《〈民法总则〉中法律渊源条款的缺陷及成因——基于法条的分析和超越法条的反思》,载《时代法学》2018年第3期。

③ 中国审判理论研究会民商事专业委员会:《〈民法总则〉条文理解与司法适用》,法律出版社2017年版,第33页。

④ 王利明:《〈中华人民共和国民法总则详解〉》(上册),中国法制出版社2017年版,第51页。

律中也有许多包含民事性质的规范,《产品质量法》第四章中有关"损害赔偿"的规定;《消费者权益保护法》第七章法律责任中关于民事责任的规定;《反不正当竞争法》第四章法律责任中关于民事责任的规定;《道路交通安全法》第七章法律责任中关于民事责任的规定,这些都是我国民法规范的重要存在形式,皆属于含有民法性质的法律。①

不过,由于法条分为完全法条与不完全法条,后者无法成为请求权的独立依据,因而狭义法律中的不完全法条不能单独成为我国《民法典》第10条中"法律"之列。同样的,我国对法律原则的单独适用也是持否定的态度,狭义法律中有关基本法律原则的规定也无法单独成为此处"法律"的范畴。可见,专门及具有调整民事关系的法律都是此处"法律"的范围。换言之,无论是民事基本法还是商事特别法,抑或其他具有调整民事关系的法律,都是调整民事关系的重要组成部分,均是《民法典》第10条中法官可以直接进行援引处理民事纠纷的依据。这些都是"法律"的内涵。

二、"法律"之外延

(一)宪法

宪法能否解释为《民法典》第10条中的"法律",其核心在于厘清宪法成为民法法源的争议根源,并据此分析宪法是否有必要以及能否适用到民事裁判中,最后明确宪法进入民事裁判的方式。

1.宪法成为民法法源的争议根源

我国民法法源着重于民法的适用,而法律条文的援引是法律适用的主要表现。宪法中有许多具有调整民事关系的重要规范,例如,关于社会主义建设的方针和路线、财产所有制和所有权、公民基本权利和义务的规定,以及物权法规范、一般人格权法规范等,它们均系我国实质意义的民法规范的重要存在形式。② 但是,宪法规范能否在裁判中被援引存在着争议。从宪法是否可以在民事案件中被直接援引的讨论来

---

① 陈华彬:《民法总则》,中国政法大学出版社2017年版,第87页。
② 陈华彬:《民法总则》,中国政法大学出版社2017年版,第87页。

看,其归根结底由宪法与民法的关系不清晰导致。以至于,宪法究竟可不可以进入民事审判,抑或应该以什么样的方式进入民事审判,还存在争议。

就宪法与民法的关系而言,学界众说纷纭,莫衷一是。宪法与民法之争肇始于20世纪90年代。在关于民法与宪法关系的讨论中,我国理论界主要有以下不同意见:一是认为宪法高于民法而存在,宪法是"母法",民法是"子法"。二是认为宪法与民法分别是公法与私法领域中基本法,二者分属于不同法律体系,宪法并非统率民法的法律。长期以来,学者认为宪法在国家的法律体系中居于根本法的地位,规定了国家的根本制度和根本任务,具有最高的法律效力。[1] 三是认为宪法既不是公法,也不是私法,而是凌驾于公法和私法之上来协调公法和私法之间的关系的根本法。[2] 四是认为宪法是一国的根本法,如果一定要区别公法与私法,那么宪法就是既包括公法规范又包括私法规范的根本法,在分类上根本法应该是一个与公法和私法并列的单独的类别。[3]

一直以来,人们都认为宪法与民法是"母子"关系,即宪法是"母法",宪法以外的其他法律是"子法"。但是,自2006年有学者提出"民法与宪法的新同位论",认为宪法与民法不是"母法"与"子法"关系,开启了宪法与民法从"母子"向"平等"关系的转变。"民法与宪法的新同位论"认为,民法由于具有自己确立原则并且形成了自己的权利体系,民法并非宪法的实施细则。首先,从民法与宪法的调整方向来看,二者分别是调整经济生活和政治生活的基本法。其次,从历史发展的角度出发,民法的起源先于宪法,宪政制度的产生也受到了私法自治原则的影响。为此,公私法二者划分的关键与重心偏重在私法一端。最后,从宪法、民法与权利的关系来看,宪法是承认现有权利的基础,但并非个人权利的来源,而民法则可以创设权利。此外,民法以意思自治为核心,其可以增强公民独立自主的意识。由此可见,民法和宪法分别调整

---

[1] 申惠文:《驳民法宪法新同位论》,载李明发主编:《安徽大学法律评论》(第2辑),安徽大学出版社2008年版,第211页。

[2] 夏正林:《"民法学与宪法学学术对话"纪要》,载《法学》2006年第6期。

[3] 童之伟:《〈物权法(草案)〉该如何通过宪法之门——评一封公开信引起的违宪与合宪之争》,载《法学》2006年第3期。

着私法和公法领域,宪法不能延伸到私人领域。① 对此表示赞同的学者认为,宪法所组织的共同体具有自足性,因而是根本法;其他法律部门所调整的社会生活领域不具有自足性,因而是部门法。以此立论,介绍了宪法与民法之关系的相关误解,针对性地探讨了二者关系的正解:宪法不是公法,而是统摄公法与私法的根本法。由于"根本法"和"部门法"的功能各不相同,互相发挥着重要的功能,历史论据不仅具有时间之维,也具有逻辑之维。② 反对者则认为,"民法宪法新同位论"中以公私法的区分界定民法和宪法关系,使得民法的独立性增强,该理论高估了公私法划分的作用。因而,认为民法不具有限制或者防范国家公权力入侵私人领域的作用,民法本身就是国家权力干预后的结果,试图通过民法制约公权力只是一个浪漫的假想。从根本上讲,民法划不出政治国家活动的范围,宪法和民法不同的使命决定了它们不可能具有平等的效力。③

从比较法上来看,纵观欧洲国家,民法与宪法的关系随着近现代法制的发展,表现出不同的认识。最开始,民法相对独立。后来,民法受到宪法的影响独立性减弱。其后,由于德国重新强化民法的独立性,在立宪君主制框架下,私法逐渐发展起来。有学者进行了梳理,其发展阶段主要分为三个时期。④ 第一个时期,整个19世纪,也就是一直到1900年资产阶级法典编纂为止,私法都是一个独立、自足的封闭系统,私法维护法律自由的原则,公法牵制干预权力的行政力量。⑤ 第二个时期,19世纪中后期的欧洲,在法学理论中,没有对宪法和普通法律进行效力等级上的区分。司法实践中的各国也没有建立违宪审查制度。当时更为通行的是一种与英国的"大宪章"相类似的先法概念。由这一

---

① 赵万一:《从民法与宪法关系的视角谈我国民法典制订的基本理念和制度架构》,载《中国法学》2006年第1期。

② 梁成意:《宪法与民法之关系:误解与正解》,载《法学评论》2011年第1期。

③ 张善斌:《也论民法的地位与功能——以民法与宪法的关系为视角》,载《法学评论》2009年第3期。

④ 薛军:《"民法—宪法"关系的演变与民法的转型——以欧洲近现代民法的发展轨迹为中心》,载《中国法学》2010年第1期。

⑤ [德]哈贝马斯:《在事实与规范之间》,童世骏译,三联书店2003年版,第494页。

概念引发的理论认为,某一法律如果能够体现出法律体系建构中核心的价值判断和政治抉择,即这一法律性文件构成了一个国家法制体系的基础,那么,在法律体制中所处的地位较为重要,就可以被明确为某种含义的"宪法"。若以此作为对"宪法"的界定,那么,被称为"宪法"的这个法律,在一个国家的法律体系中并非当然具备"宪法性"地位。并且,这样的地位可能会被其他不被称为"宪法"的法律所替代。第三个时期,20世纪的欧洲,由于社会、政治、经济环境的变化,事实上变得日益驳杂,致使民法典失去了在法律渊源体系中的主导性地位。与此同时,宪法的地位日益提升,在法律体系的建构中日益强化,走向中心地位。①

通过梳理我国宪法与民法关系的走向,以及欧洲国家宪法与民法关系的发展,要在我国的特殊背景之下思考宪法与民法的关系,首先需要明确我国现实的背景。现阶段我国法律体系建设的主要任务是如何有效地约束公权力。换言之,我们应强调民法的独立性,通过民法典的制定更好地保护权利,同时能够合理地限制宪法调控的范围。当然,我们也必须坚持宪法在国家法律体系中的根本地位,对宪法与民法的关系只在协作的基础上进行区分。②

2.宪法的说理依据功能

《民法典》自颁布施行以来,在维护人民权益、化解矛盾纠纷、促进社会和谐稳定上起着非常重要的作用。在宪法与民法的关系中,应强调宪法的独立性。那么,针对法官裁判民事案件能否直接适用宪法,即宪法是否是《民法典》第10条中的"法律"的问题,我们要看到,"宪法是我国的根本大法",其他法律的制定都必须以宪法为根据,宪法的法律规范功能毋庸置疑。但是,要回答上述问题,我们还需厘清宪法适用于民事领域是否有必要,以及法院适用宪法是否有障碍,具体应以何种适用方法等问题。

在传统宪法理论中,宪法只以国家权力为约束对象,宪法基本权利

---

① 薛军:《"民法—宪法"关系的演变与民法的转型——以欧洲近现代民法的发展轨迹为中心》,载《中国法学》2010年第1期。

② 陈道英、秦前红:《对宪法权利规范对第三人效力的再认识——以对宪法性质的分析为视角》,载《河南省政法管理干部学院学报》2006年第2期。

条款不能适用于私法领域,但现代德国、美国主张,宪法的效力应该逐渐向私法部门扩张。在我国司法实践中,一直以来都主张宪法不能直接适用,但是司法机关也试图将宪法基本权利条款适用于民事案件中。例如在"齐玉苓案"中,最高人民法院公布了《关于以侵犯姓名权的手段侵犯宪法保护的公民受教育的基本权利是否应承担民事责任的批复》,该批复引起了学界的广泛讨论,后被废止。随着现代社会的不断发展,许多案件虽属于民事纠纷,但仍兼具宪法的问题。无论是专门调整民事关系的法律,还是具有调整民事关系的法律,宪法都是它们制定时必须遵循的依据。同时,无论是民事活动还是其他活动都不得与宪法相冲突。可见,我国法院通过寻求民法权利的宪法渊源而加强对民事行为的合宪性控制这一趋势不会改变,宪法进入民事领域是有必要的。[1] 另外,法院适用宪法不存在任何障碍。尽管《宪法》没有确立法院解释宪法的权力,但法律的制定必须依照宪法。毫无疑问,法院裁判案件适用法律时,必然要对法律进行解释,而解释法律的同时,实际上也是在对宪法进行解释,因而,法院解释宪法,也是宪法赋予其审判权的应有之义。[2]

经论证,宪法适用于民事领域具有必要性,且法院适用宪法不存在任何障碍,但是,宪法究竟应以何种方式在民事裁判中被适用需要进行仔细讨论。自1919年《魏玛宪法》提出了宪法基本权利条款适用于私法领域以来,德国对宪法的适用从"直接效力说"转变到"间接效力说",这对我国宪法适用理论有着重要的影响。在我国,就宪法应该如何被适用这一问题,存在直接适用和间接适用两种观点。[3] 持直接适用观点的学者认为,间接适用先法的方式将使得宪法适用的关键在于立法者是否积极主动,亦会造成理论上的"宪法至上"悄悄地转变为"立法至上"。[4] 持间接适用观点的学者则认为,宪法的规范对象是行使国家权力的机构,宪法诉讼仅认可公民诉政府,而反对政府诉公民,或者公民

---

[1] 徐振东:《宪法基本权利的民法效力》,载《法商研究》2002年第6期。
[2] 张红:《民事裁判中的宪法适用——从裁判法理、法释义学和法政策角度考证》,载《比较法研究》2009年第4期。
[3] 徐振东:《宪法基本权利的民法效力》,载《法商研究》2002年第6期。
[4] 夏正林:《我国宪法适用体制的改善》,载《广东社会科学》2013年第2期。

之间进行相互诉讼。并且,宪法仅规定了公民的基本权利,没有规定公民的次要权利与义务。这些次要的权利与义务,不应受到宪法的规制而是应该随着社会需要的不断变化,进行不断的调整。①

关于宪法能否被直接适用的问题,综观其他国家,在美国,法院的完全独立在限权宪法中显得十分重要,即为立法机关规定一定限制的宪法,例如,规定立法机关不得制定剥夺公民权利的法律。由此可以看出,宪法是根本大法,包括宪法在内的所有法律的解释权都在法院。这样做的目的并不是表明司法权高于立法权,而是以人民意志为重。② 欧洲大陆法系国家为了避免司法权干预立法权,否定司法机关在具体案件中适用宪法。但自1919年奥地利率先设立宪法法院后,多个国家都建立了宪法法院,宪法法院通过审查抽象的原则,或者审查具体的案件进行适用宪法。③

作为我国根本大法,宪法的性质与其他一般法律并不一致,其规范大多过于原则化,且向来裁判都"禁止向一般条款逃逸"。而且,《裁判文书引用规定》第4条并未将宪法规定为民事裁判中直接援引的依据。因而,宪法规范只能成为民事裁判中说理论证的依据,尤其是在适用法律出现冲突时,宪法背后的原理、价值是解决冲突的重要依据。④ 这种宪法规定作为民事裁判说理的理由,基于宪法规范的条文和精神解释所具体适用的民事法律规范,是"间接"适用宪法的体现。⑤

《民法典》第10条中的"法律"是法官得以援引的直接裁判依据,因而宪法作为说理依据并非此处"法律"的内容,宪法不是此处"法律"的外延。

---

① 张千帆:《论宪法效力的界定及其对私法的影响》,载《比较法研究》2004年第2期。
② [美]汉密尔顿、杰伊、麦迪逊:《联邦党人文集》,程逢如、在汉、舒逊译,商务印书馆1989年版,第392~393页。
③ 徐秀义、韩大元:《现代宪法学基本原理》,中国人民公安大学出版社2001年版,第323~330页。
④ 王利明:《中华人民共和国民法总则详解》(上册),中国法制出版社2017年版,第51页。
⑤ 石佳友:《民法典的法律渊源体系——以〈民法总则〉第10条为例》,载《中国人民大学学报》2017年第4期。

(二)行政法规

民事案件裁判能否援引行政法规,许多人持否定观点的原因在于公私法的严格区分。① 理论上,公法与私法的严格区分有其背后的具体原因。罗马私法被誉为商品生产者社会的第一个世界性法律,私法与公法的划分有着深刻的经济根源。但是,公私法的区分并不是自古以来就被人们所认识的,过去的德国法就不了解这种区别。② 而是在对罗马法的接受,人们才认识到这种区分。在19世纪末20世纪初,随着国家干预逐渐加强,公法与私法的区分界限开始逐渐模糊。③ 随着公私法结构日益复杂,甚至有学者认为公私法的划分已失去意义。④ 据此,公私法的融合是现代法律发展的趋势,在一个社会的法律规则中,并存的私法和公法之间没有明确的界限,而是互相渗透混杂。⑤ 既然公私法没有明确的界限,那么我们可以看到,为了时代的需要,《民法典》中也有一些"行政法律规范",例如相关法人登记、征收征用等内容。⑥ 在现代社会中,许多问题都兼具民事和行政性质,若强调公私法的区分,反而会使问题无法得到有效解决。换言之,具有公法性质的行政法规对民事领域的关系进行调整并不会起消极作用,公私法的区分并不能成为行政法规无法调整民事关系的理由。

从立法角度出发,《民法典》中多处提及行政法规,而《民法典》第10条未特别提及行政法规,是否就表明第10条中的"法律"不包含行政法规?实际上,从这些特别提及行政法规的条文来看,其主要规定法

---

① 张民安:《〈民法总则〉第10条的成功与不足——我国民法渊源五分法理论的确立》,载《法治研究》2017年第3期。
② [德]古斯塔夫·拉德布鲁赫:《法哲学》,王朴译,法律出版社2013年版,第142页。
③ 武宇红:《公私法的划分与嬗变》,载何勤华主编:《外国法制史研究》第15卷,法律出版社2012年版,第9~10页。
④ 肖爽:《论〈民法总则〉与私法公法化倾向》,载《新疆师范大学学报(哲学社会科学版)》2018年第4期。
⑤ [德]古斯塔夫·拉德布鲁赫:《法哲学》,王朴译,法律出版社2013年版,第145页。
⑥ 魏琼、高杜鹃:《〈民法总则〉中的"行政法条款"解读——以公私法的规范配置为中心》,载《河南财经政法大学学报》2018年第2期。

人条件、事业单位登记、社会团体登记等须依据行政法规。因此,这只能说明《民法典》关于行政法规的规定均为特指,并不能说明《民法典》第10条中未专门提及行政法规,则不包括行政法规在内。在《民法典》编纂过程中,关于第10条"法律"的表述,经历了修改为"法律法规",再改回"法律"的过程。做此修改的目的在于,将"法律"作广义的解释,而不是作狭义的解释。另外,行政法规调整民事关系是经由立法授权,经过严格的立法程序得以制定。虽然《立法法》第11条第(八)项将民事基本制度的立法交由全国人民代表大会及其常务委员会的法律制定,但其第12条也规定,对法律没有作出规定的内容,全国人民代表大会及其常务委员会有权作出决定,授权国务院可以根据实际需要,对其中的部分事项先制定行政法规。可见,国务院作为最高国家行政机关,可以根据宪法、法律和全国人民代表大会及其常务委员会的授权,对法律没有作出的民事基本制度先行制定行政法规。这些行政法规也是民法的重要表现形式。

从司法实践经验来看,行政法规调整民事关系还有司法上的允许。根据《裁判文书引用规定》第4条的规定,"法律"被区分为作为裁判依据的规范性法源和作为裁判理由的准规范法源。其中,裁判依据是直接可以在裁判文书中被引用的条文,包括法律、法律解释、司法解释等。在民事裁判文书中,针对应当适用的行政法规可以直接引用。司法案例也表明法官也常常将行政法规作为裁判依据。例如,行政法规对不动产等特殊物的转让作出规定,法院在审理该等特殊物的所有权登记纠纷,或者买卖合同纠纷时,就必然会以相关的行政法规作为裁判依据。又如,《城镇国有土地使用权出让和转让暂行条例》对国有土地使用权的出让和转让进行具体的规定,同时国有划拨土地的出租协议受合同法调整,因而对于此种出租协议产生的争议必然受到该条例的规范。此外,行政法规也规定了调整侵权关系的内容,其主要表现在《机动车交通事故责任强制保险条例》的规定中。据此,在交通事故责任纠纷中,为了准确划分侵权人、保险公司的责任,该条例与《民法典》《道路交通安全法》等法律共同作为裁判交通事故责任纠纷的依据。① 但是,民事裁判引用行政法规并不是没有限制,民法在特殊领域限定了"法律"的适用范围。例如,合同的效力不得以地方性法规和行政规章作为裁判依据,行政法规和地方性法规不得创设新的物权种类与内容。②

在行政法规满足《立法法》第 12 条之规定,且不是民法典所规定的特殊领域所限定的行政法规的适用③,此时民事裁判可以引用行政法规,其是《民法典》第 10 条中的"法律"。不过,行政法规在具体处理民事纠纷时需要注意以下两方面:其一,行政法规的条文分为原则性规定、概括性规定、定义性规定、辅助性规定以及具体规定。因此,我国《民法典》第 10 条中法律的范围虽包括行政法规,但并非指行政法规的所有条文,而是仅指其中可以作为裁判依据的规定,主要是"法律具体规定"、可以作为裁判依据的某些"原则性规定",以及可以作为裁判依据的某些"概括性规定"。④ 其二,行政法规不得与法律相抵触,与民事法律相抵触的行政法规是无效的。⑤ 因此,行政法规是《民法典》第 10 条中的"法律",但是要注意到上述所提到的,行政法规作为《民法典》第 10 条中"法律"适用时,应满足一定的条件。

(三)规章

关于规章是否是法律渊源,各部门法有不同的规定,且在部分领域也有较大的争议。在刑法领域中,《裁判文书引用规定》第 3 条规定,刑事裁判文书应当援引法律、法律解释或司法解释。而且,犯罪与刑罚只能由法律规定,因此,在刑法领域,规章并不是刑法的法源。其法源主要是《刑法》,行政法规以下的规范性法律文件都不在其之列。⑥ 在行政法领域中,针对规章是否可作为直接裁判的依据,则有一定的争议。

---

① 陈甦主编:《民法总则评注》(上册),法律出版社 2017 年版,第 70 页。
② 汪洋:《私法多元法源的观念、历史与中国实践——〈民法总则〉第 10 条的理论构造及司法适用》,载《中外法学》2018 年第 1 期。
③ 张志坡:《民法法源与法学方法——〈民法总则〉第 10 条的法教义学分析》,载《法治研究》2019 年第 2 期。
④ 梁慧星:《读条文学民法》,人民法院出版社 2017 年版,第 19~20 页。
⑤ 郭明瑞:《民法总则通义》,商务印书馆 2022 年版,第 31 页。
⑥ 李敏:《民法法源论》,法律出版社 2020 年版,第 75 页。

《行政诉讼法》第 63 条明确规定,人民法院审理行政案件,以法律和行政法规、地方性法规为依据,民族自治地方的行政案件以该民族自治地方的自治条例和单行条例为依据,规章只能参照适用。《裁判文书引用规定》第 5 条规定,行政裁判文书应当引用法律、法律解释、行政法规或者司法解释。对于应当适用的地方性法规、自治条例和单行条例、国务院或者国务院授权的部门公布的行政法规解释或者行政规章,可以直接引用。那么,行政案件能否直接援引规章,我们需要追溯《行政诉讼法》的立法及历次修改,现今《行政诉讼法》第 63 条来源于 1989 年公布的《行政诉讼法》第 52 条、第 53 条。在 1987 年行政立法研究组草拟的《行政诉讼法(试拟稿)》第一稿和修改稿中规定,人民法院审判行政案件仅可适用法律。1988 年全国人民代表大会常委会法工委发布的《行政诉讼法(征求意见稿)》第 4 条规定"人民法院审理行政案件以法律、法规、规章为依据。法规、规章与法律有抵触的,以法律为依据;规章与法规有抵触的,以法规为依据"。1988 年第七届全国人民代表大会第四次会议审议的《行政诉讼法(草案)》第 4 条将规章移出了作为行政案件的审判依据。在其后对草案的讨论中,对规章能否成为行政案件的审判依据仍是重点。最后公布的《行政诉讼法》保留了参照"规章"适用的方案,并形成了 1989 年《行政诉讼法》第 52 条和第 53 条的内容。① 那么,如何理解"参照规章"这一内容,王汉斌关于《中华人民共和国行政诉讼法(草案)》的说明指出:"现在对规章是否可以作为法院审理行政案件的依据仍有不同意见,有的认为应该作为依据,有的认为不能作为依据,只能以法律、行政法规和地方性法规作为依据。我们考虑,宪法和有关法律规定国务院各部委和省、市人民政府有权依法制定规章,行政机关有权依据规章行使职权。但是,规章与法律法规的地位和效力不完全相同,有的规章还存在一些问题。因此,草案规定法院在审理行政案件时,参照规章的规定,是考虑了上述两种不同的意见,对符合法律、行政法规规定的规章,法院要参照审理;对不符合或不完全符合法律、行政法规原则精神的规章,法

---

① 徐仁进:《〈立法法〉中法律适用规则与〈行政诉讼法〉第 63 条的关系之辩——"鲁潍盐业公司案"的再思考》,载《甘肃政法大学学报》2023 年第 1 期。

院可以有灵活处理的余地。"①可见,在行政法领域,规章可作为行政案件的裁判依据,只是规章的援引需要法官进行审查。

在民法领域中,《裁判文书引用规定》第4条规定的可以直接引用的规定也未提及规章。那么,既然行政案件裁判可有限制地援引规章,并明确规定在《裁判文书引用规定》中,该司法解释没有规定规章可成为民事案件的引用规定,是否就意味着可以直接得出结论,即规章并不是《民法典》第10条中的"法律"。当然,结论不能如此草率得出。我们可以看到在司法实践中,曾有法院直接适用规章来判定合同无效的案例,不过也有学者认为,这明显是属于法律适用错误的情形。②《民法典》第153条也明确规定了,只有违反法律、行政法规的强制性规定的民事法律行为无效,规章不是判定合同无效的依据。在学理上,学者们一般也不认同规章属于法律的范围,他们认为除了依法律之授权制定的相关行政法规外,低位阶的法规一般不是处理民事纠纷的规范渊源。③ 此外,这些学者或是指出,此处的"法律"并不包括规章,④或是指出,部门规章可作为民事裁判案件的参考,但不能作为裁判案件的法律依据。⑤ 但是,从《民法典》的其他规定来看,其在侵权责任编医疗损害责任中有提到规章的适用,《民法典》第1222条规定,患者在诊疗活动中受到损害,医疗机构违反法律、行政法规、规章以及其他有关诊疗规范的规定,推定医疗机构有过错。除此之外,其他内容均未提及规章。那这一条的内容是否是规章可作为民事裁判直接引用的例证?从该条的规定来看,规章可作为判断医疗机构在诊疗活动中是否有过错的依据。也就是说,要判定医疗机构有过错,尤其是违反了相关的规章,这里就必须援引相关的规章证明医疗机构有违反的事实。据此可

---

① 王汉斌:《关于〈中华人民共和国行政诉讼法(草案)〉的说明——1989年3月28日在第七届全国人民代表大会第二次会议上》,载《中华人民共和国国务院公报》1989年第7期。

② 李敏:《民法法源论》,法律出版社2020年版,第76页。

③ 张新宝:《〈中华人民共和国民法典·总则〉释义》,中国人民大学出版社2020年版,第18页。

④ 梁慧星:《读条文学民法》,人民法院出版社2017年第2版,第19~20页。

⑤ 郭明瑞:《民法总则通义》,商务印书馆2022年版,第31页。

见,尽管有许多学者反对规章是《民法典》第10条中的"法律",但是,《民法典》第1222条的规定却给了民事领域适用规章的可能。而且,《民法典》第10条具有规范适用的体系功能,这里的"法律"当然指《民法典》规定的所有的引用规定。据此,正如行政案件裁判引用规章,须经过法官的审查一样,在民事案件中,规章也是民事案件裁判的依据,不过仅限于用于判定医疗机构有过错。因此,规章只有在特定情况下才可适用于民事案件裁判中。

(四)地方性法规、自治条例和单行条例

有观点认为,地方立法仅在特定的区域内发挥效用,因此否定地方立法成为民事裁判的依据,不是《民法典》第10条中的"法律"。[1] 但是,实际上我们应该看到的是,地方立法在国家立法体制中占据着非常重要的地位。我国是地域广阔的多民族国家,各个地区以及各个民族有不同的文化、经济条件,地方立法从地方的实际和特点出发,通过赋予地方立法自主性的方式,反映地方的政治、经济、文化等实际情况,解决中央立法不能或不便解决的问题,通过规制纷繁复杂的地方关系,解决形形色色的地方问题。无论是地方性法规还是自治条例和单行条例都是有法律的授权,其作用在于使宪法、法律、行政法规和国家大政方针得以有效实施。其中,地方性法规的立法权来源于《宪法》《立法法》《地方各级人民代表大会和地方各级人民政府组织法》的规定,在法律体系中位于宪法、法律和行政法规之下。民族自治地方立法是根据当地民族关系、经济发展等条件,由民族自治地方人大进行的立法。民族自治地方立法是中国国情的要求和表现,我国是统一的多民族国家,各民族在政治、经济、文化以及其他方面发展不均衡,实行民族区域自治,保护各少数民族的利益,是国家的一项基本政策与制度。[2]

地方立法可以根据民事法律的授权对各地方的民事关系作出调整,可以在民事裁判中得以体现。而且,地方立法可以更好地因地制宜

---

[1] 石佳友:《民法典的法律渊源体系——以〈民法总则〉第10条为例》,载《中国人民法学学报》2017年第4期。

[2] 胡戎恩:《中国地方立法研究》,法律出版社2018年版,第9~29页。

作出规定,更加有效地调整、解决地方存在的问题。也正是因此,《民法典》编纂过程中,曾将第 10 条中的"法律"修改为"法律法规",后又考虑到地方性法规仅在当地具有法律效力,而没有全国统一适用的效力,于是将其又改回了"法律"的表达。① 不过,也正是由于地方性法规、自治条例和单行条例的适用范围有限,其作为民事裁判依据时需要受到一定的限制:一是地方性法规、自治条例和单行条例的法律位阶相对较低,其作为处理民事纠纷的依据时,不得与上位法相冲突;二是法律包括司法解释已将地方性法规、自治条例和单行条例的适用明确排除在外时,在这种情况下,这些法律并不是民法的法源。②

(五)司法解释

司法解释是法律赋予最高人民法院、最高人民检察院的一项重要工作职责,是适用法律的一项重要制度。之所以有观点反对司法解释是《民法典》第 10 条中"法律",是因为其认为最高人民法院、最高人民检察院没有立法权。实际上,这种观点是站不住脚的。最高人民法院是我国的最高审判机关,依法对地方各级人民法院和各专门人民法院的审判工作进行监督。我国《宪法》虽未授予最高人民法院立法权,但是《立法法》第 48 条规定,全国人民代表大会常务委员会享有法律解释权。而《全国人民代表大会常务委员会关于加强法律解释工作的决议》第 2 条规定,最高人民法院和最高人民检察院解释法院审判和检察工作中的具体应用法律法令的问题。《人民法院组织法》《人民检察院组织法》也规定了这种解释权。因此,全国人民代表大会常务委员会、最高人民法院和最高人民检察院都有权对法律进行解释,甚至可以通过解释以补充现行法的漏洞,具有创立规则的性质。前者对法律的解释是立法解释,后者对法律的解释称为司法解释。其中,立法解释本就是由立法机关对其制定的法律进行阐释与说明,是制定者自己对自己制定内容的解读。不同的是,司法解释则是司法机关在审判工作中,对法

---

① 陈甦主编:《民法总则评注》(上册),法律出版社 2017 年版,第 71 页。
② 王利明:《中华人民共和国民法总则详解》(上册),中国法制出版社 2017 年版,第 52 页。

律适用的解释,是适用者对制定者制定内容的解读,其作出的解释在我国具有普遍的司法效力,并得到普遍的适用。① 最高人民法院的司法解释有"解释""规定""批复"②三种,不同形式的司法解释,其目的均不在于为人们社会的生活秩序的维系创设行为规范,而是对法律规范的抽象性内容适用于具体案件的语义表达,或者在没有相应的法律规范时,指引法官裁判案件所应当采取的立场或适用法律的规则。因此,所有的司法解释在裁判规范的意义上都具有法律效力。③

而且,司法解释作为民事裁判中直接依据是具有正当性的,主要体现于以下两个方面:第一,司法解释是法的续造,为法官"造法"提供正当性。法官在适用法律对案件作出裁判时会经历三种情形:一是解释和适用关于待决案件的现行法律规定,此时法官是在"有思考地服从"法律。二是法官在适用法律时发现法律漏洞,并需要对此进行填补。在进行漏洞填补时,法官在现行法中发现补充漏洞的依据的,可以进行法律续造。如若不存在这种依据,法官即进行法律重构。三是法官对现行法律规定"拒绝服从",通过自己评价来排斥和替代法律评价。人们往往认为这三种情形互相排斥,互相分离,但实际上,法律适用和法官造法常常顺畅地相互转换。在法官必须适用需要价值补充的、不确定的法律概念时,就常常出现这种按照原本含义相互转换的法律解释。④ 任何法律都有漏洞,当法官在裁判案件时遇到法律漏洞又不能拒绝裁判时,需要进行"法官造法",而"造法"并不是随意的。根据《最高人民法院关于司法解释工作的规定》,司法解释是人民法院在审判工作中具体应用法律的问题,其应当根据法律和有关立法精神,结合审判工作实际需要制定。可见,司法解释是法官在适用法律时,针对法律所出现的漏洞,基于法的精神对今后可能发生的一系列解释问题作出的

---

① 苗炎:《司法解释制度之法理反思与结构优化》,载《法制与社会发展》2019年第2期。
② 关于"批复"能否具有裁判规范的意义,则有不同的观点。
③ 邹海林:《指导性案例的规范性研究——以涉商事指导性案例为例》,载《清华法学》2017年第6期。
④ [德]伯恩·魏德士:《法理学》,丁晓春、吴越译,法律出版社2013年版,第346页。

回应,实质上是一种法的续造。司法解释这种法的续造正是为法官裁判案件遇到法律漏洞,进行"造法"提供了正当性。

第二,司法解释的适用有助于法治进程的推进。一直以来,司法解释为统一裁量标准、维护法制统一,准确实现立法目的,为立法或者修改法律提供有益的参考。首先,在统一裁量标准、维护法制统一方面,由于法律的表述过于抽象,在法律适用的过程中,不同的法官对同一内容有着不同理解,这会导致法律适用的标准存在差异,进而影响法律的统一性和权威性。最高人民法院通过及时对法律作出解释,可以维护法制的权威和统一。其次,在准确实现立法的目的方面,立法的表达需要精简,有限的法律条文无法囊括社会生活的各个方面,法律需要解释,正如《民法典》第 10 条中"法律"包含哪些规范需要进行解释一样。司法解释通过解释法律条文的内容,最大限度地揭示和反映立法者的目的,以更加准确地实现立法的全部目的。例如,《最高人民法院关于适用〈中华人民共和国民法典〉合同编通则若干问题的解释》(以下简称《合同编通则司法解释》)第 2 条就对合同编中的"交易习惯"一词进行释义,为法官适用交易习惯提供规则。最后,在为立法或者修改法律提供有益的参考方面,司法解释通过总结实践经验,可以明确可能或者已经发生歧义的法律,可以为法律的制订和修改提供经验。[1] 众所周知,社会是飞速发展的,而法律讲求稳定性,不能朝令夕改,因此立法是具有滞后性的。而司法解释刚好可以弥补这种滞后性,其可以对法律理论的衍生、立法的完善,以及司法适用规则的明确发挥积极的作用。[2] 例如,随着市场经济和交易实践的发展,预付式消费交易成为人们生活中的常见消费模式。[3] 但是,《民法典》并未针对"预付式消费模式"作出规定。2024 年 3 月,《消费者权益保护法实施条例》着重强调了预付式消费中的经营者义务,但是仍然无法解决纷繁复杂的市场环境。[4]

---

[1] 孙华璞:《关于完善我国司法解释问题的思考》,载《中国应用法学》2017 年第 3 期。
[2] 姚辉、焦清扬:《民法典时代司法解释的重新定位——以隐私权的规范为例证》,载《现代法学》2018 年第 5 期。
[3] 王叶刚:《论预付式消费交易的法律构造》,载《现代法学》2015 年第 3 期。
[4] 刘大洪:《防范预付式消费"馅饼"变陷阱的制度设计》,载《市场监管现代化》2024 年第 4 期。

于是,2024年6月,《最高人民法院关于审理预付式消费民事纠纷案件适用法律若干问题的解释(征求意见稿)》向社会公开征求意见,为正确审理预付式消费民事纠纷案件,保护消费者和经营者合法权益作出努力。该司法解释于2024年11月18日通过,2025年5月1日正式施行。

前述已证成了司法解释的普遍效力,我国《民法典》第10条规定,民法法源的价值在于为发生民事纠纷寻找裁判依据。① 既然民法法源问题限于民事纠纷适用的裁判规范,又鉴于司法解释已经成为我国各级审判机关在处理案件中的裁判规则,并被当事人直接援引,法院的裁判都直接援引司法解释,那么作为裁判规则之一的司法解释事实上已经成为法律渊源。② 似乎毫无疑问,司法解释应是《民法典》第10条中的"法律"。但实际上,并不是所有司法解释都可作此解释。调整民事关系的司法解释分为两种类型:一种是"法条解释型"司法解释,另一种是"补充漏洞型"司法解释。由于"法条解释型"司法解释是对法条的内容进行具体阐释,无法单独作为裁判依据在裁判文书中直接得以援引,因而无法单独成为民法的渊源,无法成为我国《民法典》第10条中"法律"的范畴。"补充漏洞型"司法解释则是对现行法律没有规定的地方进行补充,可单独作为民法的法源,属于我国《民法典》第10条中法律之列。③ 另外,《最高人民法院关于司法解释工作的规定》第6条指出,司法解释可分为解释、规定、批复和决定,其中批复主要针对审判工作中具体应用法律问题的请示,不具有一般抽象效力,也不属于我国《民法典》第10条中"法律"的范畴。④

最后,尽管有学者认为,司法解释是对法律条文进行释义,因此法院不得单独援引司法解释,必须先引用适用的法律条文。⑤ 实际上,某些条文可能只是一个概括规定,司法解释针对这一概括规定,进行具体

---

① 邹海林:《民法总则》,法律出版社2018年版,第523页。
② 王利明:《中华人民共和国民法总则详解》(上册),中国法制出版社2017年版,第52页。
③ 梁慧星:《读条文学民法》,人民法院出版社2017年版,第20页。
④ 汪洋:《私法多元法源的观念、历史与中国实践——〈民法总则〉第10条的理论构造及司法适用》,载《中外法学》2018年第1期。
⑤ 刘作翔:《司法中弥补法律漏洞的途径及其方法》,载《法学》2017年第4期。

解释或者延展,其解释或延展的结论完全有可能超越当前的立法,例如有关隐私权的相关司法解释就是最好的例证。在《民法典》施行以前,《民法通则》对生命健康权、姓名权、肖像权、名誉权和荣誉权等保护进行了规定,但并未规定隐私权的保护,隐私权属于前述"等"中的内容。2009年,《侵权责任法》颁布后,在民事基本法层面上明确规定了隐私权,并明确了隐私权属于具体人格权。至此,在我国民事立法上正式承认了隐私权的法定人格权属性。若仅从立法层面出发,我国法律,尤其是民事立法关于隐私权的保护明显滞后。为了应对这种滞后,最高人民法院通过颁布司法解释进行填补,既指引了司法实践,也指导着其后隐私权的立法。① 因此,法院在援引作为《民法典》第10条中"法律"的司法解释时,完全可以单独援引。

(六)国际条约

《民法典》第12条规定:"中华人民共和国领域内的民事活动适用中华人民共和国法律。法律另有规定的,依照其规定。"此处"法律另有规定"应理解为仅存在涉外因素的情况,即只有当出现涉外情形时,才出现在我国领域内的民事活动不适用我国制定法的情形。《民法通则》第八章专章对涉外民事关系的法律适用作出规定,第142条确立了国际条约和国际惯例的法源地位。但是,《民法通则》在《民法典》实施日即废止。那么,《民法典》作此修订的目的在于,国际条约可属于此处"法律"的范围,而国际惯例的适用可纳入习惯的范围。为此,即使表面来看,《民法典》不再有专门的法条对国际条约、国际惯例的法源地位进行规定,但实际上它们已分别纳入"法律"和习惯的范畴。在司法实践中,国际条约和国际惯例的适用十分常见,以《民法通则》第142条为关键词搜索,发现搜索结果中大多是关于国际货物合同的争议,适用《联合国国际货物销售合同公约》的案例较多。② 因此,国际条约也是《民法典》第10条中"法律"的范围。

---

① 姚辉、焦清扬:《民法典时代司法解释的重新定位——以隐私权的规范为例证》,载《现代法学》2018年第5期。
② 广东省高级人民法院(2017)粤民终3022号民事判决书;北京市第二中级人民法院(2019)京02民终12136号民事判决书。

第四章

民法典第十条中习惯的识别

第一节　习惯的认定模糊

《民法典》第 10 条规定:"处理民事纠纷,应当依照法律;法律没有规定的,可以适用习惯,但是不得违背公序良俗。"该条在立法上首次确立习惯的民法法源地位。自《民法典》规定习惯以来,就民法典中的习惯究竟是事实习惯还是习惯法的争议不断。另外,学界对于习惯在适用时的识别标准亦未形成统一意见。此前,原《合同法》曾多次提及"交易习惯","交易习惯"在合同纠纷的处理中起着重要的作用,但是"交易习惯"的识别标准一直存有争议。为此,《最高人民法院关于适用〈中华人民共和国合同法〉若干问题的解释(二)》(以下简称《合同法司法解释二》)第 7 条对"交易习惯"的识别标准进行释明,现今,《合同编通则司法解释》第 2 条在这一规定基础上,作了细微的修改。《民法典》第 10 条在原《合同法》基础上,将习惯的适用扩张至整个民法典,作为民法法源的习惯。《最高人民法院关于适用〈中华人民共和国民法典〉总则编若干问题的解释》(以下简称《民法典总则编司法解释》)第 2 条规定了《民法典》第 10 条中习惯的识别标准。习惯与交易习惯是何关系?能否根据现有规定准确识别习惯?这些问题都是我们准确适用习惯,有效处理民事纠纷的重要前提。

一、何为习惯

"处理民事纠纷可以适用习惯"表明,习惯在法律领域中具备了实在法的有效根据。既然习惯在"法律没有规定时"可以作为处理民事纠纷的依据,那么此处的习惯究竟是和法律(制定法)可以并列的一种法律类型,还是法律(制定法)之外的可以规范人们行为的另一种表现?

民法学界众多学者认为,此处习惯是指习惯法。① 他们指出,从域外的立法参照例来看,大多数国家都确认习惯法才是法律渊源。譬如,《韩国民法典》第 1 条明确将习惯法确定为补充法源,其规定为:"民事,法律无规定者,依习惯法;无习惯法者,依法理。"②《瑞士民法典》第 1 条也规定:"如本法没有相应的规定,法官应依习惯法进行裁判。"③另外,尽管《德国民法典》《法国民法典》只规定了习惯,没有提及习惯法,但学界和司法实践中普遍认为,只有习惯法才具有法律渊源的地位。④在我国,《大清民律草案》第 1 条规定:"民事本律所未规定者,依习惯法;无习惯法者,依法理。"南京国民政府时期制定的《中华民国民法》第 1 条规定:"民事,法律所未规定者,依习惯,无习惯者,依法理。"⑤此处虽表达为习惯,但实际上也指的是习惯法。⑥ 我国台湾地区"民法"第 1 条亦然。因我国台湾地区"民法"系参照《瑞士民法典》,此处的习惯在比较法与法解释学上也应理解为习惯法。而且,在《民法典》施行以前,我国最高人民法院在一些"批复""解答"中也作出了关于习惯的明文规定。例如,1951 年 7 月 18 日最高人民法院西南分院发布的《关于赘婿

---

① 王泽鉴:《民法总则》,北京大学出版社 2009 年版,第 63 页;王利明主编:《中华人民共和国民法总则详解》(上册),中国法制出版社 2017 年版,第 53 页;周友军:《我国民法的法源及其解释》,载《政法学刊》2017 年第 6 期;郭少飞:《论习惯的民法构造》,载谢晖主编:《民间法》第 19 卷,厦门大学出版社 2017 年版,第 43 页。
② 崔吉子:《韩国最新民法典》,北京大学出版社 2010 年版,第 135 页。
③ 《瑞士民法典》,于海涌、赵希璇译,法律出版社 2016 年版,第 5 页。
④ 鲍生慧:《家事审判中应正确适用习惯》,载《人民法治》2019 年第 14 期。
⑤ 张生:《〈中华民国民法〉"第一条"的源流与功能》,载《政法论坛》2022 年第 3 期。
⑥ 蔡晓荣:《中国近代民法法典化的理论论争——兼论对中国当下编纂民法典之启示》,载《政法论坛》2017 年第 3 期。

要求继承岳父母财产问题的批复》指出："如当地有习惯,而不违反政策精神者,可酌情处理。"此后的立法譬如《合同法》《物权法》亦曾多次提及习惯。这些习惯在我国法源体系中都是一种具有规范效力的内容。不同的是,事实习惯并不具法确信意义,故社会一般人无须遵从之,从而也就没有补充民事法律的效力。因此,《民法典》第10条将习惯作为补充法律适用的法源,显然非指一般人通常的习惯,而是由社会生活中事实上的惯行发展而成的法律规范,是与法律有相同效力的习惯法。①

不过,也有相反观点认为,《民法典》第10条中的习惯是事实习惯而非"习惯法"。② 原因在于,该条的文义解释表明习惯的适用不得违背公序良俗,而法已然经过国家确认,经国家确认和适用的习惯法,已受过法律价值判断和筛选,不具有违反公序良俗的可能性。同时,"可以适用习惯"意味着习惯并不必然对法官具有规范拘束力,而仅仅作为形成裁判依据的基础以供法官选择,其地位与效力并不同于法律。针对民法典合同编的交易习惯,《合同编通则司法解释》指出交易习惯的适用不得违反法律、行政法规强制性规定,且不得违背公序良俗。依循这一逻辑,既然交易习惯的性质是一种事实习惯,那么从整个民法典体系来看,《民法典》第10条中的习惯也应该是事实习惯。③ 另外,我国《民法典》第8条规定:"民事主体从事民事活动,不得违反法律,不得违背公序良俗。"可见,其并没有将习惯规定为行为规范,习惯不具有法的普遍规范效力,只能是事实习惯。④

除此之外,也有人认为习惯与习惯法概念的区分并无实质意义。因为,习惯之所以是"法",是因为其基础是习惯具有约束力,而此种约束力必然来自法之确信力。但问题在于,法律上所谈及的习惯必然是经过法律确认、具有约束力的习惯,而习惯一旦经过法律所确认,就应

---

① 陈华彬:《民法总则》,中国政法大学出版社2017年版,第91页。
② 陈景辉:《"习惯法"是法律吗?》,载《法学》2018年第1期;刘作翔:《司法中弥补法律漏洞的途径及其方法》,载《法学》2017年第4期。
③ 郭少飞:《习惯的法律界定与类型化》,载谢晖主编:《民间法》第21卷,厦门大学出版社2019年版,第47页。
④ 雷磊:《习惯作为法源?——以〈民法总则〉第10条为出发点》,载《环球法律评论》2019年第4期。

该是成文法,而并无法律所确认的习惯法这一说法存在。因此,习惯法本就用以区别"单纯的日常习惯"与"具有一般人法之确信的习惯",但这种区别已经呈现一个极度弱化的现象,甚至已经完全被法院的承认与宣示所取代。因之,习惯与习惯法的概念并无区分的必要。①

二、习惯为何

习惯形成于人们的日常生活中,其表现形式多样,存在形式分散,较为笼统。我国当前没有对习惯进行收集、判断、归纳、划分和汇编的专门机构。② 现今,《民法典总则编司法解释》第2条对《民法典》第10条中的"习惯"进行了解释,《合同编通则司法解释》第2条对《民法典》所称的"交易习惯"进行了解释,但是,一直以来,无论是对原《合同法》中的交易习惯,还是《民法典》施行后对习惯的识别标准解读都甚多。现今《民法典总则编司法解释》第2条规定,习惯是在一定地域、行业范围内长期为一般人从事民事活动时普遍遵守的民间习俗、惯常做法等。《合同编通则司法解释》第2条在原《合同法司法解释二》第7条基础上作了细微的文字修改,在表达上,多了"不违背公序良俗"这个表述,并将"当事人习惯"和"行业习惯"换了一个位置,其他没有作任何修改。

根据《合同编通则司法解释》的规定,交易习惯可分为两类:一类是当事人之间的交易惯常做法,另一类是领域、行业内的交易惯常做法。此两类交易习惯可归纳为具有反复实践性和内心确信性的识别标准。有学者曾就提出《民法典》第10条中的习惯也应以此进行判断,即习惯应具有事实的普遍性,以及应具有法律上的确信性。③ 此种判断方法被称为习惯的"二要件说"。其中,普遍性要求习惯是长期实践的,仅在长期实践的区域产生法律效力④,法律确信性要求习

---

① 孟强:《民法总则中习惯法源的概念厘清与适用原则》,载《广东社会科学》2018年第1期。
② 林操场:《民事审判中习惯运用的程序规制》,载《人民司法》2019年第10期。
③ 宋菲:《论习惯作为民法法源——对〈民法总则〉第10条的反思》,载陈金钊、谢晖主编:《法律方法》第23卷,中国法制出版社2018年版,第385页。
④ 张新宝:《〈中华人民共和国民法典·总则〉释义》,中国人民大学出版社2020年版,第19页。

惯须为人人确认其有法律效力。① 在此基础上,也有学者提出习惯识别标准的"三要件说"。一是习惯必须经过各方的同意。能够在司法适用中得以适用的习惯必须是经过各方行为主体所承认的,其才具有法律意义。若仅一方主体自身或对方不知悉,则不能作为判定主体间关系的准则。二是习惯要经过反复践行。习惯背后所蕴含的行为模式应为习惯主体共同遵行并持续实践。例如,群体习惯应被特定的群体反复实施,地域习惯则是一定地域范围内人们普遍遵守而形成的。三是习惯要具有事实规范效力。习惯对构成两方甚至多方主体关系的当事人均具有拘束力。②

无论是"二要件说"还是"三要件说",都认为习惯的识别应有具体标准。与此不同的是,另有学者指出,传统民法之所以要求民事纠纷中所适用的习惯有特定的标准,原因在于当时法制并不完善,确实存在不少为人们普遍认同并遵守,又未被制定法所吸收的习惯。但在制定法完善的当代背景下,要求习惯仍然具有全面性、长期性、普遍性、抽象性等这些标准会脱离实际。因而,习惯并不宜有特定的识别标准,而是应该在个案中由法官进行查明。③

第二节　习惯的理论基础

《民法典》施行之前,虽然我国立法未明确规定习惯的民法法源地位,但习惯在民事裁判中起着重要的作用。习惯作为处理民事纠纷具有其自身的正当性与合理性。

---

① 鲍生慧:《家事审判中应正确适用习惯》,载《人民法治》2019年第14期。
② 郭少飞:《习惯的法律界定与类型化》,载谢晖主编:《民间法》第21卷,厦门大学出版社2019年版,第47~48页。
③ 孟强:《民法总则中习惯法源的概念厘清与适用原则》,载《广东社会科学》2018年第1期。

一、习惯成为民法法源的历史基础

从世界历史来看,习惯作为处理民事纠纷的依据经历了从主导地位到被否定,再到被有条件地肯定的过程。在人类早期文明中并没有成文法。习惯法作为主要处理民事纠纷的依据维持了很长一段时期,直至18世纪至19世纪初,为了谋求法律的统一,欧洲各国开始大规模地编纂法典,将民法规范编纂成文。成文法的兴起使得习惯的效力开始降低,譬如,1804年的《拿破仑民法典》、1811年的《奥地利民法典》都有否定习惯法的效力的倾向。但是到了19世纪,随着历史学派的逐渐兴起,成文法万能的思想开始被排除。譬如,1907年《瑞士民法典》第1条重新确立了习惯处理民事纠纷依据的地位,但其效力低于成文法,习惯法作为补充成文法而被适用。①

要研究习惯法,就必须明确用什么样的法学概念去讨论,此时不是单纯地运用凯尔森主义,而是要对习惯的古代法进行解释,顾及习惯背后的政治、经济、风俗。② 论及习惯在我国历史上的地位及作用,我们可以看到法律在最初就是以"俗"的形式存在的。《路史·后纪》卷五记载有神农氏"刑罚不施于人而俗善",《商君书·画策》中有"神农之世,刑政不用而治"。③ 我国法律的发展是先俗而后法的过程,法律起源于风俗,风俗发展为法俗,法俗进而为法律。正是这种"俗"循序渐进到"法"的过程,使得一直以来习惯都是民法非常重要的法源,甚至在我国古代只有刑法而没有民法。若是有民事类的案件发生,没有明白载于律文的依据,更多的是依凭"习惯",民事关系皆以习惯处断。④ 这也使得习惯作为处理民事纠纷依据具有正当的、重要的历史基础。这也是我们为什么常说,法的源头就是习惯法。那么,既然风俗、法俗、法律的

---

① 张新宝:《〈中华人民共和国民法典·总则〉释义》,中国人民大学出版社2020年版,第18页。
② 杜文忠:《法律与法俗——对法的民俗学解释》,中国人民大学出版社2013年版,第286页。
③ 武小凤:《不可回避的存在——解读中国古代社会刑事和解》,载《政法论坛》2008年第3期。
④ 梁治平:《寻求自然秩序中的和谐》,商务印书馆2013年版,第216~221页。

形成是一个循序渐进的过程,那么它们彼此之间是怎样的关系呢?这个问题需要从雷德菲尔德所提出大传统和小传统的概念出发。① 大、小传统是指在复杂的文明中,有两个不同层次的传统共同存在,但二者间相互分离。大传统是由国家权力与统治阶级形成,小传统是由平民大众形成,二者的关系是大传统决定了文明的传统特色,而小传统使人们对文明的了解变得具体化。大传统为整个文化提供规范性的要素,同时也不断地从小传统中吸收新的内容。因此,在古代,俗重于法,以俗为法。但也不是所有的风俗都可成为法俗,成为法俗的风俗必须是具有规范意义的,这些具有规范意义的风俗是在大传统基础上,吸收小传统中新的内容而形成。② 为此,哪些风俗是具有规范意义的?这里就必须讨论"礼",法俗的形成离不开"礼",礼是中国风俗习惯的总体体现。③

"礼"最早可追溯至原始社会后期,"礼"的文字最早出现在商朝的甲骨文中,是一种祭祀活动的仪节。在《说文解字》中,"礼"为"履也,所以事神致福也"。在当时,礼是天地鬼神的治人之法,起着规制人们生活之作用。西周时期,周礼是西周的根本法,礼开始具有国家"规范"的功能。礼主要用于调整社会上层建筑,范围广泛,作用重大。在《论语》中,有子曰:"礼之用,和为贵,先王之道,斯为美,小大由之;有所不行,知和而和,不以礼节之,亦不可行也。"这里的"礼"是社会和个人的"礼",是社会的秩序和人与人之间交往的准则。可见,礼包含了两个层面:一个是制度层面,包括国家、社会、家庭中被国家所认可的习惯;另一个是价值层面,例如和谐、道德等。中国古代没有类似于今天这样,专门有一类别来规定民事规则,这些民事规则散见在律、令、典、例中,这些不同典籍中的条文都与礼有着非常紧密的关系。例如,家族内部

---

① V. Petrullo, Peasant Society and Culture: An Anthropological Approach to Civilization by Robert Redfield, American Anthropologist, *New Series*, 1957, Vol.59, No.2, pp.325-353.

② 杜文忠:《法律与法俗——对法的民俗学解释》,中国人民大学出版社2013年版,第1~3页。

③ [德]罗曼·赫尔佐克:《古代的国家——起源和统治形式》,赵蓉恒译,北京大学出版社1998年版,第365页。

的一些家族家规,乡村里的村规民约都是来源于礼。从《仪礼》《礼记》记载的内容来看,风俗或者说是习惯法,是中国古代"礼"的重要组成部分,这些习惯法产生于人们的日常生活,是规范人们行为的准则。[①]

"礼"是中国传统文化的核心,我们对"礼"的研究可以看到习惯法的历史基础。有学者指出,"礼就是自然法"这一论断是一种误解,二者有不同之处,若从相同的一面去理解,礼与自然法是实在法的依据。但在古人的观念里,礼并非法,且不可能是法,或者说中国的秩序观是排斥法的概念的,这是因为在中国的传统文化价值中,法是具有否定意义的。对于风俗人情来讲,它和礼是同一的,它们代表着社会关系中的稳定性和保守性,习俗和习惯往往是一个社会活的法律。这代表实在法必须以礼俗为根据,在理想的社会中,我们所求的是一个没有冲突,当然也就没有法律的社会,让礼深入于法,法消融于俗。[②] 因此,有学者直接指出,中国古代的礼与西方古代的神权法、自然法、习惯法类似,不同的是,礼虽然具有上天和自然增加的神秘性和合理性,但同时又根植于人们的日常生活和人情之中,结合"神"与"人"的意志,这使得中国古人的政治与生活从未陷入对宗教的狂热和迷茫中,保持了理智。另外,对自然的崇尚使得中国传统文化呈现和谐、开明的景象。[③] "礼"具备道德和法的双重属性,因而形成了中国古代法律"礼法合一"即道德规范与法律规范浑然一体的显著特点。"礼法合一"是我国古代法律的重要表现之一,"礼"的力量是社会秩序自然形成的基础,这种自然秩序观是我国秩序构建与社会治理策略的传统。习俗和惯例往往是一个社会的法律,我们的秩序归根结底是建立在礼俗而非法律上面。这意味着实在法须以礼俗为根据,在一切可能的情况下,人们将直接诉诸礼俗。在老子的思想中,只要把社区的范围缩小,在鸡犬相闻而不相往来的小国寡民的社会里,社会秩序无须外力来维持,单凭每个人的本能或良知就能相安无事。相同地,道家主张的"道法自然""无为而治",儒家遵从

---

① 曾宪义、马小红:《中国传统法律文化研究》(第1卷),中国人民大学出版社2011年版,第101、191、198页。
② 梁治平:《寻求自然秩序中的和谐》,商务印书馆2013年版,第324~329页。
③ 曾宪义、马小红:《中国传统法律文化研究》(第1卷),中国人民大学出版社2011年版,第198页。

的"礼治"观念,以及西方各国信奉的古典经济学里的自由竞争理想也是如此。①

因此,从对风俗、法俗、法律的发展历程,以及对礼的研究和理解,我们可以看到,一直以来,法律是从风俗(习惯)发展而来,习惯因其产生于人们日常生活中,再将其还原于社会生活中去调整人们的社会关系。习惯之所以可以成为民法法源是有很深的历史基础。

二、习惯成为民法法源的社会基础

通说认为,习惯是社会生活中作为一个群体的民事主体所长期共同承认并遵守的准则。因而,从习惯的形成特征来看,无论是习惯所具有的长期性还是普遍承认性,都是其成为处理民事纠纷依据的社会基础。

首先,从习惯的特征——长期实践性和普遍承认性来看,其为习惯成为民法法源奠定了社会基础。习惯本身是人们所赞许且经常的一种做法,在人们心里这种做法当然可以成为处理民事纠纷的依据,且实践也确实是这么做的。具体而言,一方面,习惯具有长期实践性,那么就说明其原则上具有一定的生命力与合理性。我们认为人是具有理性的,因此,如果一种做法对于各方均不利,或者只为小部分的群体带来利益,那么这种做法就不会成为理性的人长期的实践,进而无法成为一种习惯。所以,既然某一种做法(习惯)具有长期实践性,那就说明这种做法(习惯)已经成为人们所赞同且长期而为之。另一方面,习惯是被普遍承认的,就说明民事主体具有"承认、服从"这一做法的主观意识。②

塞尔在《社会实在的建构》一书中指出,世界完全由我们所描述的粒子那些实物所构成,这些粒子在力场之中并形成各种系统,这些系统的界限是根据因果关系确定的。山川、河流、婴儿等都是这些系统中不同的例子,一些有生命的系统形成了能够引起意识并保持意识的神经

---

① 费孝通:《乡土中国》,上海人民出版社2019年版,第71页。
② 张新宝:《〈中华人民共和国民法典·总则〉释义》,中国人民大学出版社2020年版,第19页。

系统。这些意识既具有物理的特征,也具有心理的特征。随着意识的出现,意向性随之产生。意向性是心灵表现自身以外的世界中的对象和事态的这种性能。① 这种意向性在人们生活中表现为一种期望,但是社会的多样可能会使人们的期望与社会实际的发展产生矛盾。因而为了避免人们的期望落空,人们开始控制这种矛盾和期望。只要各自期望的内容之间差距不大,人们就可以摆脱事事都需要依赖于沟通的前提,不约而同地形成于同一的意向性。这就是社会系统中的经验法则,习惯也正是这样形成的。因而,习惯与期望之间的关系是相互促进的。期望是人们想要从可以做的事情中获得的结果,在第一次做这件事之前,并且不知道结果是什么。而是在做了这件事件之后,并且获得了好的结果,人们便再次期望通过同样的行为获得同样的结果。久而久之,形成了这个社会系统中的习惯,并成了一个确保期望可以达成的规范,若社会中的某一个人违反了这个习惯,就会遭受其他人的谴责。因而,以习惯处理民事纠纷这一方式,对于各方当事人而言,不会出现"事后立法"的情况。以一项被多数民事主体所共同长期实践的且为当事人所知悉并普遍承认的做法习惯,来解决这些民事主体之间的民事纠纷,应当是合理的。

其次,习惯成为民法法源是具有必然性的。在拉德布鲁赫看来,人类的每一种基本活动都适用一种特定的应然法则,规范行为和意愿的应然法则有三种,包括习惯、法律和道德。其中,习惯先于后两者产生,习惯先分化出法律,而后分化出道德,这表现出理想与现实之间日益增加的张力。习惯绝对地有着现实的特征,它要求至今仍然发生的、作为传统的东西也应于将来发生,所有人都在做的,大家约定俗成的,你也应该去做。因此,习惯是过去的显现。但制定法则不同,它表达的并非传统,而是人类的意志,意志既可以赞同传统,也可以否定传统。于是在法律规则中,应然便率先开始从既有事物的束缚中解脱了出来。但法律调整着社会关系,其不可能脱离民众的实际生活,否则民众就会拒绝服从它。因此,法律并不仅仅是欲然和应然,还是民众生活中一种实

---

① [美]约翰·R. 塞尔:《社会实在的建构》,李步楼译,上海人民出版社 2008 年版,第 7~8 页。

际有效的力量。习惯法意识的变迁依赖于历史——社会关系的事实，但在追求效力方面，它却摆脱了现实规定的每一个限制。如果说习惯法则是一种纯粹的、完全脱离了现实世界的应然，那么习惯、法律和道德则包含于现实性中。它们是一种欲然，不过却是意在说明一种应然的欲然。道德是一种地地道道的应然，习惯、法律和道德只有其为欲然的之旨时，即因社会、国家和良知而使然时，方得为一种应然。①

另外，社会是变化的，而成文法又要求稳定，二者之间的矛盾使得成文法具有天然的局限性。成文法的局限性是人类理智具有局限性的必然结果，人不仅不能预知将来，甚至对于现在也不能完全理解。面对这些经验的、具体的、复杂的社会生活以及由此产生的社会关系，人类凭借着其理性将此转换成一个理念的、抽象的、简单的法律规范以及由此形成的法律体系。生活中所遇到的大多数案件可以通过成文法来解决，但是我们也能看到，有限的成文法无法对一个无限的社会生活调整得"面面俱到"。另外，成文法的局限性是社会秩序具有复杂性和变动性的必然结果。其一，社会充斥着各种各样的社会关系，人作为个体依附于社会而生存，无法脱离社会而独自生活，因此社会由团体组成，而地域的广阔性与人口的众多性也必然使得社会中存在众多团体。因此，每个团体内的团体关系共同形成了社会关系。每个团体内有其各自的秩序，调整这些社会关系的秩序，以及这些秩序的总和自然也是复杂的。尽管在现代社会，法律是调整社会关系的主要规范，但法律是由文字表达出来的，其天然具有局限性。② 因而，仅仅由具有局限性的成文法来调整社会关系，显然无法实现。加之，我国是多民族国家，每个民族有不同的生活习惯与宗教信仰，甚至存在不同的观念。显然，作为调整整个多民族国家中社会关系的统一法律规范，自然无法涉及各民族独特的现象。因而，习惯、道德、宗教信仰等发挥着补充法律调整社会关系的重要作用。其二，当今社会处在飞速发展的时期，随着科技的不断发展，许多新鲜的、以前从未出现的民事关系或者权利等出现在人

---

① ［德］拉德布鲁赫：《法学导论》，米健译，法律出版社2012年版，第13～15页。
② 张新宝：《〈中华人民共和国民法典·总则〉释义》，中国人民大学出版社2020年版，第19页。

们的面前。而且,成文法具有稳定性,不能朝令夕改,因此,有限的成文法当然无法进行有效的调整。面对社会生活的不断变化,民法必须寻求一些途径来克服成文法的这种僵硬性。此时,既然在古代还没有明文分类的民事规则之时,习惯就成为处理民事案件的依据,成为民法法源具有深厚的历史基础。那么,当成文法有漏洞时,习惯就必然成为弥补成文法漏洞的规范。从此意义上讲,习惯适用具有必然性。

当然,习惯作为处理民事纠纷依据的社会基础还体现出法律多元性。法律多元理论承认习惯法的重要性,法律的特征不应取决于国家的承认,"法律是国家生活、社会生活、精神生活和经济生活的秩序,但无论如何不是它们的唯一秩序;与法律并行的还有其他许多有同等价值、在某种程度上或许更为有效的秩序。事实上,假如生活只由法律来规制,那么生活必定变成地狱"[1]。法律也不是一种单一的现象,其是被人们在社会共同体中集体视为法律的事物,会随着时间改变与变迁的法律,包括习惯法、宗教法、国家法、国际法、跨国法等。[2] 为此,埃里克森提出了五类的社会控制体系,包括自我实施的个人伦理、双方合约、非正式的社会控制、组织机构控制、法律。法律规范具有局限性,而非正式的社会控制可通过有助于权力更广泛平等分配的法律来强化。但是,法律制定者必须注意一些问题,法律制定者如果对那些促进非正式合作的社会条件缺乏眼力,他们就可能造就一个法律更多但秩序更少的世界。[3] 法社会学认为,社会与法律之间存在着不可隔断的关系,虽然社会学能接受每个社会都有一套法律秩序的论点,但不认为存在某些在所有社会都同样有效的法律规范。没有恒久不变的规范,最多不过是存在着一些抽象原则。[4]

最后,从适用习惯的效果来看,即使在没有法律规制的时期,人们

---

[1] [奥]埃利希:《法社会学原理》,舒国滢译,中国大百科全书出版社2009年版,第61页。

[2] [美]布莱恩·Z.塔玛纳哈:《法律多元主义阐释——历史、理论与影响》,赵英男译,商务印书馆2023年版,第243~244页。

[3] [美]罗伯特·C.埃里克森:《无需法律的秩序》,苏力译,中国政法大学出版社2016年版,第299~304页。

[4] [德]尼克拉斯·卢曼:《法社会学》,上海人民出版社2013年版,第51页。

的生活也并不是毫无秩序的,相反,因为习惯的适用反而使得人们的生活井然有序。可见,习惯的适用效果也为民法法源奠定了社会基础。民法是人们社会生活的秩序,而依照习惯生活是人类社会文明得以存续和昌明的基础,习惯是作为社会生活秩序载体的重要组成部分。根据民法发展的逻辑,其是在习惯的基础上形成的,而习惯又是在人们社会生活的基础上形成的。因此,在缺乏相应的法律规定时,依循习惯处理民事纠纷是合理且有说服力的选择。① 例如,目前随着立法的完善、普法工作的深入,人们尊法、守法、学法、用法的水平不断提升。但在此之前,尤其是在偏远的乡村,虽然法律资源极其匮乏,人们对法律的了解和掌握很少,但这也并不意味着这些地区的秩序是混乱无序、无法控制的。规范当地人们行为的可能不是法律,而是在那个地方人们自生且长期形成的一套规范。这种自生的规范就是习惯,具有创造主体的民众性、时间维度的悠久性、内容上的生活性、影响方式上的连续性和习惯性等特点,其不同于制定法的知识传统,是一种内生型的自创体系。这些特征使得人们更能从内心去接受与遵守习惯,反过来,人们愿意去接受与遵守它,就说明了这种规范的正当性。② 这种正当性也是习惯成为民法法源的社会基础,这种规范之所以能具有正当性,是因为这些规范是由人们长期生活经验组成的,已经成为人们心中所信奉的规则。在当地的人们心中,这些规范是"理所当然"的,若谁去违反,就必然会遭到周围人的反对。而且,《民法典》既然已对习惯作为判断当事人权利义务的根据作出明确规定,说明司法实践中确有必要按照习惯处理民事纠纷的需要。根据习惯作出的裁判更贴近生活,有利于定分止争。③ 因此,适用习惯是对民族传统、民族历史、民族文化特别是善良法文化的尊重,是人们真实生活的写照与反映,体现人们一般道德评价标准以及行为准则,是法律效果与社会效果的统一,情理法的统一,有利于减轻当事人的负担、减少对当事人和社会的耗费,合理利用

---

① 邹海林:《民法总则》,法律出版社2018年版,第523页。
② 韦志明:《习惯权利论》,中国政法大学出版社2011年版,第3页。
③ 李适时主编:《中华人民共和国民法总则释义》,法律出版社2017年版,第36页。

和节约了司法资源,提高了司法效率,降低了司法成本。①

对此,社会得以正常运转的前提是社会内部的多个系统可以有效联结。作为社会系统中一部分的法律系统,一是其需要与其他系统相连接,与人们的生活息息相关,产生于生活并服务于生活。习惯所具有的长期实践性和普遍承认性,作为占据人们生活中最大的那一部分,必定与法律系统有着重要的联系。二是整个社会具有复杂性、多变性,成文法具有有限性,习惯是社会调整中不可或缺的一部分,它必然在成文法具有漏洞时,作为补充调整社会的规范而存在。三是法律系统得以运转的前提是法律沟通的有效性。由于习惯在人们生活中常运用到,在人们心里被信奉,其常被产生争议的人们引用作为证明其行为是对的规范,而法官作为中立者,为了对当事人双方的援引规范进行评价并得出结论,对习惯的适用效果是调整人们社会生活的最为贴近法律的民法法源。因此,习惯成为民法法源是具有社会基础的。

第三节　习惯的定性与识别

一、习惯的法律定性

《民法典》第 10 条中习惯的法律内涵究竟是事实习惯还是习惯法,需要通过法律与习惯的关系进行理解。

(一)法律与习惯的关系

要探寻法律与习惯的关系,我们要看到在无法律社会中和有法律社会中,习惯处在什么样的地位。习惯具有"事实"性,因而无论是在无法律社会中,还是在有法律社会中,所有的习惯都可以被事实习惯所囊括。在没有法律的社会中,哈耶克提出一种主张自由秩序的观点,他认为相互同意而发展起来的自发秩序是保证人的自由存在的前提,也是

---

① 高其才:《论人民法院对民事习惯法的适用》,载《政法论丛》2018 年第 5 期。

使得社会井然有序的基础。20世纪20年代,西方社会人类学家指出,部落社会中人们对规则的服从,就像是机器一样刻板地遵从习惯。涂尔干在《社会分工论》一书中阐明,在以机械团结为特征的社会中,秩序靠大家通过理解而内化为共同认可的规则得以保障。如果某个人的某一种行为触犯了强烈又明确的集体意识,这种行为就是犯罪。① 可见,在无法律社会中,原始社会也有习惯、道德、宗教等社会规范,它们联系密切,相互协调、调整社会关系。在氏族制度下,在相互依存的关系中形成共同的价值观念,每个氏族内部共同的图腾崇拜赋予习惯以道德权威和宗教权威,任何人违反共同生活的规则,都会受到舆论制裁,处于孤立无援的境地。② 在无法律的社会中,习惯的规范力无须国家强制机关保障实现,因为人们的道德观念和宗教信仰,习惯发挥着类似今天的法律的作用。在有法律的社会中,古罗马以法律公布时是否采用文字形式为标准,将法律分为成文法与习惯法。其中,习惯法是指人们反复援用并确信其具有拘束力的行为规范。习惯法可以补足成文法,而且当习惯法不再适应时代时,可由成文法进行变更。反过来,习惯法也可以改变成文法。③ 因此,在无法律的社会中,人们都承认习惯分化出法律。但自16世纪以来,法律已经成为控制社会的最高手段④,在有法律的社会中,法与习惯共同调整着社会关系,这使得人们对法与习惯的关系存在着"既此且彼"和"非此即彼"两种不同观点。前者认为,习惯与法律是渐进流动的过程,以其占据的理性化多少来作为流动性要素,若理性程度越高,则越往法律靠近。后者则认为,习惯与法律不同,有清晰的界限。

在韦伯论中国传统法律中,他认为法律是历史发展过程中的社会秩序与社会制度,而对社会秩序与制度的分析必须建立在行动的个人与群体之上。这种规则性的行动,可根据其理性化程度归纳为习惯、民风、风俗、常规、法律。这些规则性的社会行动彼此间的界限并不明确,

---

① 赵旭东:《法律与文化》,北京大学出版社2011年版,第72、74页。
② 公丕祥:《法理学》,复旦大学出版社2016年第3版,第71页。
③ 周枏:《罗马法原论》(上册),商务印书馆2014年版,第100~101页。
④ [美]罗科斯·庞德:《通过法律的社会控制:法律的任务》,沈宗灵等译,商务印书馆1984年版,第131页。

若呈现出越高的流动性和理性化,则稳定性与连续性越强,其行为的可预计性就越高。据此,法律是最为稳定的规则性行动,而习惯则处于规则性行动的边缘。韦伯提出此观点的原因在于,他认为在中国传统法律文化中,纷争与冲突的解决并非单单依靠一种途径,而是包含情、理、法等多种因素。这些因素虽内容不同,但在解决纠纷时,彼此之间相互交融。而且,法律与人情事理相通,法律顺乎人情未必等于枉法擅断。因此,中国法律文化是一种多元的、"既此且彼"的逻辑,国家法律与民间习惯同为法源,法律与习惯彼此间既矛盾又并存,这也体现了兼容并蓄、"既此且彼"的中华文化精神。① 但是,在西方社会中,个体和国家的划分十分清晰,这种清晰的划分也体现在法律与习惯的对立上。习惯是社会控制的有效资源,是法律的补充。法律与习惯是排斥的,习惯是私人领域的控制机制,法律是国家控制。所以,在西方人眼中,习惯法是自然状态下控制的初级形态,与现代法律有着明显的区分。而西方这种二元对立的认识论框架在中国本土得到复制。就像在苏力接受布莱克关于现代国家法律的观念后,指出现代法律只适用于城市或者说是陌生人的社会,而不适用于农村的熟人社会。② 在我国,有学者指出,习惯与成文法一样,其本质都是一种社会规则。习惯作为一种产生于民族中可以约束民族内所有成员的规范,首先将法表现为一种行为规范,而从习惯中吸收规则的成文法,作为裁判规范再将法表现为一种行为规范。因而,习惯法是通过共同体内反复的践行方式展现出的一个普遍而具有规范法效力意志所产生的非成文法。③

我们在探究《民法典》第 10 条中的习惯时,应先去探寻它与法律的关系。我们可以看到,在有法律的社会,即使法律从习惯中分化出来,但是随着社会的发展,法律除了习惯之外,还包括道德、宗教观念等。当然,在中国特色社会主义法治体系不断完善的今天,我们的法律体系越来越完善。曾任全国人大常委会委员、法制工作委员会副主任许安标

---

① 林端:《韦伯论中国传统法律:韦伯比较社会学的批判》,中国政法大学出版社 2014 年版,第 207、211、219 页。
② 赵旭东:《法律与文化》,北京大学出版社 2011 年版,第 66~67 页。
③ 雷磊:《习惯作为法源?——以〈民法总则〉第 10 条为出发点》,载《环球法律评论》2019 年第 4 期。

表示:"与上一个十年相比,我们新制定的法律数量增加 1/3,修改的法律数量增加近 2 倍,通过有关法律问题和重大问题的决定增加 1.5 倍。"① 习惯作为成文法的补充而存在,就此意义而言,法律与习惯有相同之处,也有不同之处,二者重合之处就是被纳入成文法的习惯。而没有进入成文法的那一部分习惯,则起着补充调整社会关系的作用。因而,在有法律的社会中,法与习惯的关系可谓矛盾且既存。

(二)习惯的内涵

有学者认为既然此处的习惯指具有"法"特性的"习惯法",那么是否就说明其与法律(制定法)共同构成一个"法律类型"? 如果承认习惯法是"法律类型",那么就必须承认习惯法与制定法、判例法并列。反之,习惯法被制定法、判例法所吸收后,三者将无法并列,则无习惯法这一概念。习惯进入实在法的方式有三种,分别是通过立法、司法以及法律授权条款的方式,将特定习惯注入法律之中,成为法律中的一部分内容。但这三种方式,要么因这种"习惯法"无法区别于其他法律类型而失败,要么因其只是法律上重要的习惯而非法律而失败。② 因而,并不存在"习惯法"这一概念。导致得出此种观点的原因在于,其将其他法律类型和法律之外的规范都误纳入习惯法范畴。实际上,习惯法的概念十分严格,其应满足法律权威性、独立于其他法律类型、习惯特有规范等三个标准。其中,法律权威性确保处理民事纠纷所适用的习惯具有"法"的特性,独立于其他法类型使得习惯法与法律(制定法)不同,而习惯特有规范确保习惯法具有习惯的特性。因而,否认此处习惯具有"法"特性的观点值得商榷。③ 可见,习惯到底是事实习惯还是习惯法,不同的学者有不同的观点。

如上所述,在有法律的社会中,部分习惯被纳入成文法的范畴,但又因为成文法具有局限性,未被纳入成文法的习惯,作为补充法律调整

---

① 《为美好生活夯实法治根基》,http://society.people.com.cn/n1/2022/0729/c1008-32488812.html,下载日期:2024 年 6 月 29 日。
② 陈景辉:《"习惯法"是法律吗?》,载《法学》2018 年第 1 期。
③ 张琼文:《习惯法的严格概念与类型——兼与陈景辉教授商榷》,载《法学》2019 年第 11 期。

社会关系而存在。同时,由于具有法律的社会与没有法律的社会不同,当今社会更规范、更有规则,因而并非所有习惯都可以作为法官裁判的依据。补充法律适用的习惯必须经过一定的筛选才可以调整社会关系,而这个筛选过程就是习惯成为习惯法的过程。具体而言,我们所谈及的习惯分为三种:第一种被成文法所吸纳后上升为成文法,这种习惯因被法律所吸收,实际上应属于法律的范畴,而不是习惯;第二种未上升为成文法,但经过法官识别,可以作为处理民事纠纷的依据,这种习惯就是《民法典》第10条中的习惯;第三种没有经过法官识别,无法成为处理民事纠纷的依据,这种习惯不是《民法典》第10条中的习惯。那么,为了清楚地对这三种习惯进行区分,实有必要对第二种和第三种习惯进行定义。详言之,第二种习惯经过法官的识别,成为处理民事纠纷的依据,具备了"法"的特征,因而将其称为"习惯法",而第三种习惯不具备"法"的特征,因而将其称为"事实习惯"。据此,事实习惯与习惯法的区分实际上就是在分辨哪些习惯可以经过法官的识别,成为民事纠纷处理的依据。

主张《民法典》第10条的习惯是事实习惯的观点,可能是试图通过对第10条后半段中"不违背公序良俗"之要件进行文义逻辑解释,以证成只有事实习惯才有违背公序良俗的可能,而习惯法因具备"法"的要素而不可能违背公序良俗。实际上,许多日常生活中的习惯并不违反公序良俗,但它们也不必然能够作为民事纠纷处理的依据。因为《民法典》第10条中规定的是"可以适用习惯,但是不得违背公序良俗","可以"的意思是法官需要对这些习惯进行识别,只有法官认为有适用的必要性时,才会对识别的习惯进行公序良俗的审查。对此,《民法典》第10条中的习惯指的是法官识别后的习惯,习惯经过法官的识别而具备"法"的要素,因而其是习惯法,而不是事实习惯。

二、习惯的类型分析

在习惯的适用中,人们往往通过定义的方式确定习惯的识别标准,但由此得出的识别标准有一定的缺陷。为了对《民法典》第10条中的习惯进行有效辨认,以统一习惯的识别标准,有必要对习惯进行类型化分析。

（一）习惯类型化的必要性

在习惯的司法识别中,法官首先必须回溯到习惯规范包含的类型,并通过司法判决将其明晰化、实定化。① 大多数学者力求通过对习惯进行定义的方式确定其识别标准。习惯产生于事实行为,无论哪一种习惯均是以事实习惯为基础,因而《民法典》第 10 条中的习惯是在事实习惯定义的基础上增加"法"的要素。习惯即"由于重复或多次联系而巩固下来的并变成自身需要的行为方式",据此,事实习惯具有"反复实践性";"法"的要素要求人们具有"内心确信",自愿受其约束。因而,《民法典》第 10 条中习惯的识别标准在于反复实践性与内心确信性,无论是目前的"二要件说"还是"三要件说"均以此展开。

在此基础上,《民法典总则编司法解释》对《民法典》第 10 条习惯的识别标准进行了明确,将该司法解释对习惯识别标准的规定与《合同编通则司法解释》第 2 条中交易习惯的识别标准作对比,我们可以发现,《民法典》第 10 条的"习惯"只有地域习惯和行业习惯,而交易习惯除了地域和行业习惯外,还包括交易双方当事人的习惯。可见,这样的规定很好地解决了民事习惯与商事习惯的区别。一方面,民法与商法追求的价值不同,民事习惯与商事习惯的识别标准也应该有所不同,笼统地将二者以同一种标准进行识别的方法并不恰当。另一方面,传统识别标准总是在强调习惯至少被两方主体承认,才可以算得上普遍承认。但是,在实际生活中,只有在商事领域中才会出现仅形成于两个主体之间的习惯,而民事领域内的习惯几乎都是形成于众多普通主体之间。例如,交易习惯可形成于交易双方之间,除了交易双方自行遵循他们之间的交易习惯外,其他人对此并不知晓。当交易双方发生纠纷时,只能由当事人交证据证明二者间确有这样的行为习惯存在②;而民事领域中的习惯大多是大众所熟知的习惯,或至少是在一定区域内为一定的群体所熟知。因此,两个司法解释对民事习惯和交易习惯作了区分,有

---

① 王林敏:《论习惯规则的司法识别》,载谢晖、陈金钊主编:《民间法》,济南出版社 2011 年版,第 5 页。
② 北京市西城区人民法院(2017)京 0102 民初 28085 号民事判决书;营口市中级人民法院(2019)辽 08 民终 1898 号民事判决书;等等。

一定的积极意义。但是,基于《民法典总则编司法解释》的规定,"可以认定为民法典第十条规定的习惯"的表述,似乎可以理解为《民法典》第10条中的"习惯"不包括交易习惯。实际上,民法典总则编作为概括性、指导性的规定,对各分编起着引导和制约的作用。所以,《民法典》第10条中的"习惯"应包括部分交易习惯。也就是《民法典总则编司法解释》对"习惯"的解释更多像是在解释"民事习惯",而不是解释"习惯"。另外,由于习惯众多且涉及面较广,目前两个司法解释只是为法官适用《民法典》第10条的"习惯"和"交易习惯"进行指引,也尚未对"习惯"进行分类,那么,如何明确、有效地对"习惯"进行识别呢?

对"习惯"的分类可以有助于我们更好地识别《民法典》第10条中的"习惯"。从目前学界对习惯的分类方式来看,各学者意见不一。总体来看,学界主要以多种分类标准和单种分类标准对习惯进行界分。一方面,从多种分类标准的分类方式来看,有学者根据是否有涉外因素,将习惯分为国内习惯、国际习惯;根据习惯主体不同,将习惯划分为个体习惯、双方习惯、群体习惯、社会习惯;根据习惯的法律地位不同,将习惯分为事实性习惯、法律性习惯;根据习惯的法律属性不同,将习惯分为公法习惯与私法习惯;根据习惯的来源不同,将习惯分为内生型习惯和外源型习惯,内生型习惯指主体反复实践形成的具有主体特性的习惯,外源型习惯是指主体遵从的既有先在之习惯;根据习惯是否被法律排斥,将习惯分为适法习惯、违法习惯;根据分布状态不同,将习惯分为地域习惯、行业习惯。[1] 也有学者将习惯分为个体习惯和群体习惯、心理习惯和行为习惯、传统习惯和新兴习惯、地方习惯与全国习惯、非法习惯与合法习惯、法定习惯和非法定习惯。[2] 但根据这样的分类标准对习惯进行分类的方式并不利于统一习惯的识别标准:一是这些不同分类标准中的习惯也会有相互重合的地方,难以根据不同的分类标准明确指出各类习惯的识别标准。二是难以在同一分类标准中总结出具体的识别标准。例如,将习惯分为"地区习惯和全国习惯"时,究竟

---

[1] 郭少飞:《习惯的法律界定与类型化》,载谢晖主编:《民间法》第21卷,厦门大学出版社2019年版,第51页。

[2] 谢晖:《"可以适用习惯"的法教义学解释》,载《现代法学》2018年第2期。

以何种面积来计算地区？又怎么确定全国？由此看来，这一分类标准非但无法帮助法官识别习惯，反而将习惯的识别复杂化。

另一方面，就单种分类标准对习惯的分类方式来看，习惯共有三种。第一种将习惯划分为民族习惯、商事习惯、地方习惯、婚姻习惯、物权习惯、家庭习惯、丧葬习惯、继承习惯、宗教习惯、生活习惯、国际惯例等。① 第二种将习惯分为交易习惯、村规民约和少数民族习惯。那么，如何理解这几类习惯？首先，就交易习惯而言，根据《合同编通则司法解释》的规定，交易习惯分为两种：一是被行为人在当地或者某一行业领域内通常采用，为交易双方知晓或者应当知晓的做法；二是仅是当事人双方之间的习惯性做法。其次，村规民约由村集体成员的共同意志形成，是村民共同的价值利益的体现，村民对其有良好的价值认同。最后，少数民族习惯由少数民族自发形成，反映少数民族的生产生活方式。② 第三种将习惯分为交易习惯、地方习惯和民族习惯。其中，地方习惯是特定地域的居民在长期共同生活中约定俗成的行为规范；民族习惯是特定民族基于长期的历史文化积淀或者宗教传承而普遍遵循的生活方式和关系准则。③

相较于以多种分类标准对习惯进行的分类，采用单种分类标准更有利于在不同的领域内总结出某一领域中习惯的识别标准。但是，上述第一种分类方式过于细致，并不利于总结各自之间的识别标准。而在第二种分类方式中，鉴于交易习惯、村规民约和少数民族习惯无法囊括所有的民事习惯，该方式可能会导致分类不周延之情形。因此，在对习惯进行分类时，为了避免不周延、习惯之间重合的问题，同时尽可能地简洁分类，我国有学者将《民法典》第 10 条中的习惯阐释为日常习惯与商业习惯，即在一定地域、行业范围内长期为一般人确信并普遍遵守

---

① 高其才：《当代中国法律对习惯的认可》，载《政法论丛》2014 年第 1 期。
② 刘智慧：《习惯作为民法法源的类型化分析——以〈民法总则〉第 10 条的适用为中心》，载《新疆社会科学》2017 年第 4 期。
③ 张鸣起主编：《民法总则专题讲义》，法律出版社 2019 年版，第 66 页。

的民间习惯或者商业惯例。① 其中,日常习惯主要表现在民事领域中,可称之为"民事习惯";商业习惯则出现于商事领域中,可称之为"商事习惯"。

(二)习惯分类的理论基础

民事习惯与商事习惯分类的理论基础在于民法与商法的关系。一直以来,民法与商法的关系错综复杂。自民法典编纂以来,关于民法典与商法之间关系协调的问题成为编纂工作中关注的重点之一,从大陆法系各个国家的立法体例来看,民法与商法的关系可以分为以下三种。一是以法国、德国为代表的民商分立体例,在这种体例下,既有民法典也有商法典。二是以瑞士、意大利为代表的民商合一体例,此体例中没有单独制定商法典。三是以俄罗斯为代表的折中体例,在民法典之外制定大量的单行商事规范。关于我国针对民法和商法的立法,到底采用何种体例以及是否应制定商法典、商事通则的问题,学者各执一词。其中,有学者认为我国不是民商合一的体例,应当制定商事通则。其理由是通过对这些大陆法系国家民商体例进行考察发现,由于民法典的制定有罗马法为基础,有着相对确定的依据。而商法典则是社会现实需求的产物,没有相对确定的遵照。因而,民法典与商法典的特征并不一致,民法典追求的稳定性与商法典的变化性产生矛盾。同时,在民商分立的国家中,商法对社会经济起着重要的推动作用。因此,对于我国而言,尽管我国没有制定商法典,但不能当然得出我国是民商合一的立法例。那么,我国有必要制定商事通则,以整合商事规则的一般规定。② 也有观点认为,即使肯定民商合一的体例,其实现的路径,也可制定商法总则。该观点指出民法典只能对宏观、抽象的商法规则进行规定,而不能对特殊的商事规则进行规定,同时,民法与商法的追求价

---

① 中国审判理论研究会民商事专业委员会编:《〈民法总则〉条文理解与司法适用》,法律出版社 2017 年版,第 33 页;郭明瑞:《民法总则通义》,商务印书馆 2022 年版,第 33 页;石宏:《〈中华人民共和国民法总则〉条文说明、立法理由及相关规定》,北京大学出版社 2017 年版,第 24 页。

② 刘凯湘:《剪不断,理还乱:民法典制定中民法与商法关系的再思考》,载《环球法律评论》2016 年第 6 期。

值不同,前者追求人本、生态、民族文化理念,后者追求营利、效率、国际化。因此,民法典中不能融入进去的商事规则,应该由商法总则予以规定。① 主张民商分立的体例观点,则认为应该制定商法典。因为,民法的社会伦理导向功能与商法功能不同,商法更追求独立性与立法国际趋势,因而应先制定商法通则,完成中国商事法律汇编,实现商法典的编纂。②

除此之外,也有观点采采折中路径,指出民商合一既无必要也无可能。近年来,这种观点也得到了许多学者的支持。民商事体例法采折中路径的原因在于,若将所有的民事法律与商事法律放在一个统一的法典中,数量过于庞大,而且,在经济快速发展、民商事关系又十分丰富的今天,很难将所有的内容都放入其中。但是,民商分立也并不具有可采性。因为,民法体系较商法体系而言比较稳定,商法以不断发展创新为其基本特征,因而其很难定型也很难稳定,商法典也因此极易过时。因此,民商立法体例应该选择有分有合、法典化与单行法并行的折中体例。③ 类似的观点还有,从民商分立的那些国家来看,商法典的制定归于该国当时的政治、经济等原因,没有独特的意见分歧,因而,我国再探讨民商合一还是民商分立俨然已无意义,在当今民法典体系下,民法典与商事单行法并存。④

从我国民法和商法的立法究竟采用何种体例的争议来看,其焦点在于《民法典》是否可以,以及如何调整商事关系。尽管,民法与商法的追求价值不同,但是从《民法典》的内容来看,其针对有关法人、非法人组织的规定,明显是对商事关系调整的例证。而且,合同编是市场经济的基本法,调整着市场交易,维护着交易安全。合同编也未区分民事合同与商事合同,统一将其称为"合同"予以规制。⑤ 当然,关于民事合同

---

① 彭真明:《论现代民商合一体例下民法典对商事规范的统摄》,载《社会科学》2017 年第 3 期。
② 范健:《民法典编纂背景下商事立法体系与商法通则立法研究》,载《中国法律评论》2017 年第 1 期。
③ 赵旭东:《民法典的编纂与商事立法》,载《中国法学》2016 年第 4 期。
④ 王万旭:《论我国民法典编纂与商事立法的路径选择——基于比较法研究的域外经验》,载《长春理工大学学报(社会科学版)》2018 年第 1 期。
⑤ 崔建远:《民事合同与商事合同之辨》,载《政法论坛》2022 年第 1 期。

与商事合同是否可分,以及是否有区分的必要,学界讨论颇多。① 尽管,针对这些问题还颇有争议,但是从目前我国立法来看,《民法典》也的确在为调整商事关系、统一商事规则的一般性规定进行努力。加之,商事规则因其调整的内容具有特殊性,相关规则可能会随着时代的变化而变化,难以呈现稳定性,以至于难以抽象出一般性的商事规则。通过《民法典》对一般性的商事规则进行规定,而商事领域的一些特殊规则由商事领域的法律进行规定,为此,我国民商事立法应采折中主义,民法典与商事单行法完全可以并存。就此意义上讲,《民法典》第10条中的习惯分为民事习惯与商事习惯具有一定的正当性。

(三)习惯识别的必要前提

在明确习惯的识别标准前,必须厘清的是《民法典》第10条中规定的"习惯"与《民法典合同编》中规定的"交易习惯"的关系。关于二者是否是同一概念,一直以来也是有争议的。有学者指出,既然我国司法解释对上述两种习惯作出了区分,那么就说明交易习惯与作为法律渊源的习惯并不完全相同,而且一些国家的法律和示范法区分了这两种交易习惯。具体而言,第一,习惯可以作为处理民事纠纷的依据。但是交易习惯主要适用于合同关系,大多不具有法律渊源的地位。第二,习惯是众所周知的,具有普遍的内心确信性和广泛的约束力。而交易习惯包括了当事人之间的习惯,第三人并不知道此习惯,不具有广泛的约束力。第三,习惯必须在制定法没有规定时方可适用,而交易习惯可以改变法律中的任意性规范。第四,习惯可以由法官据职权进行查明,而交易习惯由当事人证明,法院不能依照职权去进行查明。第五,习惯主要作用是补充法律,而交易习惯仅适用于交易领域,主要是解释合同的主要规则,也是填补合同漏洞的依据。②

前述已指出根据目前的司法解释规定来看,《民法典》第10条的"习惯"与"交易习惯"并不是同一概念,但是《民法典》第10条的"习惯"

---

① 《民事合同与商事合同:学理、实务与立法期待》,载《人民司法》2020年第1期。

② 王利明:《略论交易习惯的功能和适用——以〈合同编司法解释〉第2条为中心》,载《南大法学》2024年第2期。

应该是包括部分"交易习惯"在内的习惯。之所以得出这样的结论,是因为《民法典》的适用并不是单一的,要从整个体系出发,从与其他法律的协调的角度出发。《民法典合同编》规定了交易习惯,《合同编通则司法解释》对交易习惯进行了解释,从这一条解释的内容来看,民法典总则编的"习惯"与"交易习惯"的区别有两个方面:一方面,《民法典》第10条规定,在"法律"没有规定的时候,民事案件的裁判可以适用习惯,这里的习惯是习惯法,是裁判的依据;而从《合同编通则司法解释》对交易习惯的相关规定来看,更多的是解释合同、填补漏洞。因此,前者是习惯法,后者是事实上的习惯。习惯法源于习惯,但不是所有的习惯都可以成为习惯法。另一方面,《民法典》第10条中的"习惯"是习惯法,是具有普遍性的习惯;交易习惯则不同,除了大家惯常的做法之外,还存在着当事人之间的一个习惯,从《合同编通则司法解释》这一规定就可以看出来。

但是,民法典总则编的习惯分为民事习惯和商事习惯,交易习惯作为事实习惯,只是商事习惯(法)中的一种,商事习惯(法)可以冲破"法律优先适用"的规则(这一点将在第七章作具体论述)。为此,交易习惯的适用规则并不当然适用于所有商事习惯(法)。换言之,交易习惯的适用规则与习惯的适用规则并不完全相同。《合同编通则司法解释》第2条规定:"下列情形,不违反法律、行政法规的强制性规定且不违背公序良俗的,人民法院可以认定为民法典所称的'交易习惯'。"其与《民法典总则编司法解释》第2条规定的"《民法典》第10条中的习惯不得违背社会主义核心价值观、不得违背公序良俗"相比,多了一个限制内容,即"不违反法律、行政法规的强制性规定"。那么,此规定是否也适用于《民法典》第10条中的"习惯"?既然习惯包括民事习惯与商事习惯,只有商事习惯可冲破"法律优先适用"这一规则,这是一个例外的情形。因而,在正常情形下,习惯都是遵守"法律优先适用"的,那么这里必然包括法律、行政法规的强制性规定。据此,《民法典总则编司法解释》第2条并未提及习惯不得违反法律、行政法规的强制性规定。

另一个问题,这里的强制性规定是仅有公法的强制性规定,还是包括私法的强制性规定?从"不得违背法律、行政法规的强制性规定"这一点我们可以看到,《合同编通则司法解释》第16条针对合同效力的这一规定对实践中的争议作出回应,并统一了裁判的路径。从第 16 条的规定来看,违背法律、行政法规的强制性规定仅指公法上的强制性规定,其目的主要是明确解释《民法典》第 153 条的但书条款——"但是,该强制性规定不导致该民事法律行为无效的除外",以及防止《民法典》第 153 条第 1 款承担的任务过重,防止适用上出现混乱。① 但是,交易习惯主要在于解释合同,填补漏洞,不存在此种情况,交易习惯仅优先于任意性规定的适用。因此,这里的强制性规定既包括公法也包括私法上的强制性规定。

(四)习惯的识别标准

所有习惯都具备五个典型特征:一是在特定群体内人们行为大体一致,二是具有时间上的延续性,三是遵循行为与创制行为的不可分性,四是人们遵循习惯的部分理由是"依赖与服从"②,五是不得违背公序良俗。民事习惯与商事习惯也具备这五个特征,不同的是,民事习惯的"遵循与创制主体"的范围要远远大于商事习惯,商事习惯可仅形成于交易双方之间。

1.民事习惯:普遍知晓、内容确定

《民法典》第 10 条中的民事习惯,包括物权习惯、婚姻家庭习惯、继承习惯、丧葬习惯等。③ 关于物权中的习惯,有学者认为,物权法定原则中的"法"包括制定法和习惯法。④《民法典》第 289 条规定,法律、法规对处理相邻关系有规定的,依照其规定;法律、法规没有规定的,可以按照当地习惯。《民法典》第 321 条第 2 款规定,法定孳息,当事人有约定的,按照约定取得;没有约定或者约定不明确的,按照交易习惯取得。这两条都是物权编关于习惯的规定,这两类习惯是人们解决法定物权

---

① 吴光荣:《违反强制性规定的合同效力——以〈民法典合同编通则解释〉的相关规定为中心》,载《法律适用》2023 年第 12 期。
② 刘叶深:《论习惯在实践推理中的角色》,载《浙江社会科学》2019 年第 2 期。
③ 高其才:《民法典编纂与民事习惯研究》,中国政法大学出版社 2017 年版,第 25 页。
④ 曹义荪、高其才:《当代中国物权习惯法——广西金秀六巷瑶族"打茅标考察报告"》,载《政法论坛》2010 年第 1 期。

关系过程中约定俗成的一些习惯和惯例,适用的前提是物权法定原则。除此之外,还有一种物权习惯是人们在长期的社会生活中所形成的,并用于界定和表征相关主体之间财产归属或流转关系的非法定物权类型的习惯。为了将其与前两类习惯进行区分,有学者将前者称为"物权习惯",后者称为"习惯物权"。其中,"物权习惯"除了物权编所提及的相邻关系的习惯之外,还包括关于土地所有权、土地使用权、共有关系、担保物权的习惯,其识别标准应具备历史、地域、公众三大要件。"习惯物权"包括区域性习惯物权、传统性习惯物权、交易性习惯物权。"习惯物权"因其所形成的非法定物权类型要形成新的物权形态,所以必须具备较强的公示性。① 对此,"习惯物权"中的交易性习惯物权不可能包括交易双方形成的习惯,而是经过自身自发的长期发展,具有极强社会大众认同性的习惯。

  法律和习惯都是社会的产物,二者都反映着某一时期内的社会结构。我国是历史悠久的文明古国,中华民族的传统文化博大精深,众多婚姻家庭习惯、继承习惯、丧葬习惯等被流传至今,不仅成为当今民事领域中的重要习惯,还根深蒂固地为人们所认同,对人们具有极强的拘束力。在我国古代社会中,家族主义是社会的基础,是法律着重维护的制度和社会秩序。家族主义中形成的许多文明思想不仅在当时约束着人们的行为且影响至今,以下述三种习惯为例。其一,衍生于父权中的家长权,要求子女应当服从父亲的绝对命令,不得对父母不孝,否则父母可以不孝的罪名控诉子孙,不孝与谋反、谋大逆等罪名共属于"十恶"。其中,"不孝"的内容在《名例》中被具体列举,"供养有缺"即属于"不孝"的一种。② 在当今社会中,虽然"不孝"中的"供养有缺"不再由刑法规制,但民法中有许多规范规制子女不赡养父母的行为。例如,《民法典》第 26 条规定,成年子女对父母有赡养、扶助和保护的义务。《中华人民共和国老年人权益保障法》第二章专章规定家庭对老年人赡养与扶养。其二,我国民法典婚姻家庭编中的许多内容是中华传统文

---

  ① 周林彬、董淳锷:《物权法中"习惯"的法经济学研究——从"物权习惯"到"习惯物权"》,载谢晖、陈金钊主编:《民间法》第 7 卷,山东人民出版社 2008 年版,第 187~196 页。

  ② 瞿同祖:《中国法律与中国社会》,商务印书馆 2010 年版,第 11~19 页。

化的延续。例如,《民法典》第 1043 条规定,家庭应当树立优良家风,弘扬家庭美德,重视家庭文明建设。夫妻应当互相忠实,互相尊重,互相关爱;家庭成员应当敬老爱幼,互相帮助,维护平等、和睦、文明的婚姻家庭关系。关于彩礼纠纷的处理,《最高人民法院关于审理涉彩礼纠纷案件适用法律若干问题的规定》有多处提及"习俗"。在一些婚姻家庭纠纷案件中,也可以看到法官常常援引中华传统文化的精神与思想。例如,在广东省梅州市中级人民法院的判决书中就写道:"中华民族历来重视家庭,正所谓'天下之本在国,国之本在家',家和万事兴。'百善孝为先''尊老爱幼'是中华民族的优良传统。'诚信'是社会主义核心价值观之一。"①其三,"家族群居"习惯仍是我国目前重要的民事习惯。在我国现今农村中,具有血缘关系组成的群体被称为家族,家族内几代人群居的现象依旧存在。就家族内成员向法院提出请求分割房产的诉求时,法院常常以"当事人在房产上居住、生活至今,长期形成习惯"为由不支持分割。②

从这些保留至今的中华民族数千年的传统习俗来看,它们从古流传至今,属于人们都熟知的习惯。③ 法官裁判民事案件援引这些习惯时,往往也认为"风俗习惯是特定社会文化区域内长久以来形成的,为人们普遍知晓,具有一定道德约束力的行为规范或模式,其内容必然也是明确的"④。因而,无论是物权习惯,还是婚姻家庭习惯、继承习惯、丧葬习惯等民事习惯,均以被人们所知晓、内容明确为特征。其中,普遍知晓指大范围地区内被人们所熟知,排除当事人双方之间的习惯,换言之,民事习惯不大可能仅形成于当事人双方之间。为此,法官识别民事习惯的标准是习惯的普遍知晓性与内容确定性。不过风俗习惯也会有地域性,我国是地域辽阔的多民族国家,每个地方都有不同的风俗习惯,在这些不同地域中的特殊风俗习惯,经过长期反复实践后在当地人心中发生确信力,即可满足普遍知晓的要求。

---

① 梅州市中级人民法院(2022)粤 14 民终 573 号判决书。
② 三亚市城郊人民法院(2017)琼 0271 民初 5788 号民事判决书;遵义市中级人民法院(2017)黔 03 民终 4387 号民事判决书。
③ 盐城市盐都区人民法院(2017)苏 0903 民初 5121 号民事判决书。
④ 高级人民法院(2016)鲁民终 2152 号民事判决书。

2.商事习惯:反复实践、当事人内心确信

除了民事习惯外,我国《民法典》第 10 条中的习惯还包括商事习惯。二者识别标准最大的差异在于,商事习惯可仅形成于两个主体之间,而民事习惯则不大可能出现此种情况。

民法典合同编多处内容提及交易习惯,涉及合同的成立、生效、履行,以及解释中适用交易习惯的情形。在传统大陆法系的影响下,我们对交易习惯的界定并不清晰。合同编中规定的交易习惯指当事人交易过程、履约过程中的交易习惯,以及行业惯例中的交易习惯。① 由此,此处的交易习惯应是商事习惯,区别于物权习惯、继承习惯等民事习惯。对于交易习惯的识别标准,自《合同法》颁布以来,众多学者对此讨论多年。其后,《合同法司法解释二》第 7 条规对交易习惯的识别标准作出统一规定。在此基础上,《合同编通则司法解释》第 2 条作了细微的修改。但无论是《合同法司法解释二》还是《合同编通则司法解释》的规定,交易习惯都分为两种:一种是在交易行为当地或者某一领域、某一行业通常采用并为交易对方订立合同时所知道或者应当知道的做法,另一种是当事人双方经常使用的习惯做法。为了研究交易习惯的识别标准在司法实践中的具体适用情况,以"《合同法司法解释二》第 7 条"或者"《合同编通则司法解释》第 2 条"为关键词在裁判文书网进行搜索,在这些搜索到的裁判文书中,我们发现大多数当事人主张适用的交易习惯是形成于当事人双方之间的交易习惯。可见,当事人双方经常使用的习惯做法在交易习惯的适用中占据重大比例。

另外,法官在认定当事人双方之间的交易习惯时,往往认为只要这样的行为在双方当事人间具有反复性,且双方均认可,即构成双方的交易习惯。② 若该行为在双方的交易过程中不具有反复实践性,或者另一方当事人曾明确拒绝此种行为,则表示该行为在双方当事人之间没

---

① 王冠玺、卢志强:《我国民事交易习惯司法适用及司法解释的困境与重构》,载《社会科学战线》2019 年第 6 期。

② 山东省泰安市中级人民法院(2019)鲁 09 民终 1161 号民事判决书;最高人民法院(2012)民二终字第 87 号民事判决书;重庆市高级人民法院(2012)民终字第 00115 号民事判决书;等等。

有形成内心确信,不构成双方的交易习惯。① 同样地,在认定行为当地或者某一领域、某一行业内的交易习惯时,法官的判断标准为是否在当地或该领域、行业内具有反复实践性,以及当地或该领域、行业内人们对此是否有内心确信。② 可见,法院在认定交易习惯时,将反复实践性表现为某一领域、行业内的反复和当事人双方的反复,内心确信表现为当事人知道或者应当知道。

综上,交易习惯在我国学术界和司法界已被研究多年。从研究现状来看,交易习惯的适用研究较为成熟。而且,《合同编通则司法解释》在《合同法司法解释二》的基础上,仅作了细微的修改。一是在文字上,多了"不违背公序良俗"这个表述;二是将当事人习惯和行业习惯换了一个位置。这样的修改,一方面说明《合同法司法解释二》中关于交易习惯的识别和认定经受住了理论和实践的考验。另一方面《合同编通则司法解释》所增加的"不违背公序良俗"表述,也与《民法典》第 10 条中的规定相呼应。因此,就商事习惯而言,按照《合同编通则司法解释》的规定,商事习惯的识别标准要满足反复实践、当事人内心确信。

第四节　习惯的司法适用

《民法典》第 10 条中习惯的司法适用面临着许多问题。一是"可以适用习惯"这一表述中"可以"的含义需要进一步说明;二是在适用习惯的过程中,如何做到不违背公序良俗,值得研究;三是习惯适用的具体配套规则需要进一步明晰,即必须对适用主体、适用方式以及举证责任分配进行明确。

---

① 三亚市中级人民法院(2019)琼 02 民终 492 号民事判决书;江苏省泰州市中级人民法院(2018)苏 12 民终 1768 号民事判决书;广东省佛山市中级人民法院(2018)粤 06 民终 1455 号民事判决书;等等。

② 广州市中级人民法院(2018)粤 01 民终 1936 号民事判决书等。

一、习惯适用的限制

根据《民法典》第10条的表述,"可以适用习惯"与"不得违背公序良俗"都表明了习惯的适用应该受到限制。

(一)"可以适用习惯"的解释

习惯与法律不同,虽然我们承认《民法典》第10条中的习惯是习惯法,具有"法"的功能,但其与"法"尚不能完全等同。另外,习惯必然存在一定的事实性,那么这种事实性就必然导致习惯并不是应当适用。"可以适用习惯"中的"可以",意味着习惯的适用必须有其合理性,主要表现为以下几个方面:

首先,此处的习惯指的是习惯法,但并非所有习惯法都当然适用,即使这些习惯法已经过法官的识别,从一般的事实习惯上升为习惯法。其次,司法裁判是法官在当事人双方之间进行博弈、来回穿梭的过程。在此过程中,当事人一方提出适用,另一方提出反驳,法官对此进行论证,对案件事实进行明确,并对案件是否适用当事人提出的习惯,以及另一方反驳适用习惯的理由是否充分等问题进行明确。根据《最高人民法院关于适用〈中华人民共和国民事诉讼法〉的解释》(以下简称《民诉法解释》)第93条的规定,当事人虽无须对众所周知的事实举证证明,但当事人有相反证据足以反驳的除外。因此,当事人有权就其案件争议排除习惯适用进行举证提出抗辩。再次,"可以"对应"并非绝对",法官处理案件时可以适用习惯,但并没有要求法官应当适用习惯。习惯作为民法法源,仅居于补充法律规范供给不足的次要地位。因此,处理民事纠纷适用习惯的,应当以法律没有规定作为前提。"法律没有规定"是指相关的法律、行政法规、地方性法规对特定的民事纠纷未作出规定。即便法律没有规定,法官在决定是否适用习惯时,还要依照案件的具体情形进行综合判断。应当注意,判断的因素包括是否有相关的习惯存在,适用相关的习惯是否合理等。习惯是否存在需要证明,当事人对于是否存在习惯应当予以证明,人民法院也应当依职权查明是否存在习惯。① 如是否存在相应的习惯,适用相应的习惯是否公平合理,习惯的适用是否违反公序良俗等,而不意味着法官必须适用习惯来裁判案件。②

(二)"不得违背公序良俗"的解释

尽管《民法典》第 10 条明确规定习惯的适用不得违背公序良俗,但问题在于,公序良俗的内涵和外延并不具有确定性。习惯违背公序良俗的情形主要有以下两种:一是存在陋习,二是存在于较小区域的习惯违背较广区域的公序良俗。在同一区域内,长期实践的习惯与该区域内的公共秩序与善良风俗是并行不悖的,均体现该区域内的价值共识。但是有一些陋习则有悖于公序良俗,即民众的一般道德愿望虽然是好的,但在实践中却没有真正得到践行,而民众长期实践的是一种有违内心良知的习惯,其实质是民众内心的应然愿望与民众的实然实践之间的落差。此外,有一些习惯存在于较小的区域,但是其违背较广区域甚至是全国范围内存在的公共秩序或善良风俗。③ 因此,通过公序良俗限制习惯的适用会出现两个问题:一是导致习惯无法准确适用的情形。在判定习惯是否违反公序良俗以及能否被适用时,没有明确的标准。若法官自由裁量权过大,则会造成不同法院对同类型案件的裁判结果有较大差异。例如在违反公序良俗类型之信用暴利中,人们希望能有具体的不违反公序良俗的利息界限,但随着经济的不断发展、货币的价值不断变化,对此界限作出具体规定显然不切实际。二是由于公序良俗没有一个普适的标准,不同地区间对同一习惯有不同的适用结果。那么,法官在适用习惯时,对"不违背公序良俗"这个要件应如何去确定?

公序良俗起源于罗马法,在近代比较法上,各国对公序良俗的规定及概念认识都不同,《法国民法典》和《日本民法典》将公共秩序与善良

---

① 张新宝:《〈中华人民共和国民法典·总则〉释义》,中国人民大学出版社 2020 年版,第 20 页。
② 邹海林:《民法总则》,法律出版社 2018 年版,第 525 页。
③ 张新宝:《〈中华人民共和国民法典·总则〉释义》,中国人民大学出版社 2020 年版,第 21 页。

风俗并列,而德国民法只有善良风俗的规定。①《法国民法典》第6条规定,"任何人均不得以特别约定违反涉及公共秩序和善良风俗的法律"②,在法国法上,公共秩序与善良风俗在本质上是一样的,善良风俗是公共秩序的特殊组成部分。对善良风俗的判断主要有两种标准:一种是经验主义,认为根据具体的时间和地点考察某一行为是否正常和符合习惯,对善良风俗标准确定为"不应根据宗教的或哲学的思想,而只能根据事实和公众舆论"。另一种是唯心主义,主张由法官依照社会生活中的一般道德准则去判断行为是否违反道德。公共秩序分为政治公共秩序与经济公共秩序,前者是对国家机构和公共服务机构以及家庭的保护,后者是对社会经济平衡的保护。③《日本民法典》第90条规定,"违反公共秩序和善良风俗的法律行为无效",以我妻荣为代表的学者对违反公序良俗的行为进行了较为科学的类型化,正确区分了公序和良俗的概念,为法官审理相关案件提供了可借鉴的判断基准。其中,公序是指国家社会一般的利益,良俗是指社会的一般道德观念。他将违反公序良俗的行为归纳为违反人伦的行为、违反正义观念的行为、乘他人的窘迫为难而谋取不正当利益的行为、对个人自由的极度限制行为、对营业自由的限制行为、对作为生存基础的财产进行处分的行为、显著的射幸行为。但是随着社会发展,上述违反公序良俗的类型已不能顺应日本社会的发展。在此基础上,米仓教授将公序良俗进行分类,分为现代的、准现代的、古典的公序良俗。随后,还逐步减少人伦类型,增加经济交易、劳动关系、行政关系、欺诈性商法类型。此外,对公序良俗的判断也从以"人伦"为主过渡到对交易公正的追求和对当事人的利害关系的调整上,其中特别是有关暴利行为、竞争交易妨害行为、不当约款、消费者保护关联事项等被引入公序良俗领域。④

---

① 李双元、温世扬:《比较民法学》,武汉大学出版社2016年版,第50页。
② 《法国民法典》,罗结珍译,北京大学出版社2010年版,第1页。
③ 尹田:《法国现代合同法:契约自由与社会公正的冲突与平衡》,法律出版社2009年第2版,第195~209页。
④ 赵万一主编:《公序良俗问题的民法解读》,法律出版社2007年版,第35~36页。

《德国民法典》第138条第1项规定,"违反善良风俗的法律行为无效"。① 在德国法上,善良风俗是一个实用的标准,以交易习惯为依据,而非从哲理中得出,凡是私人交易中公认的最低限度的诚实与信用标准就是善良风俗。凡是商业习惯指责法律行为违反诚实信用原则的,法官有权超越意思表示的内容进行调查。② 违反善良风俗的对象是法律行为,因而即使当事人的行为应该受到指责,但是其从事的法律行为可能有效,反之,只要法律行为的后果表现为不可忍受的,即使当事人是善意的,此时该法律行为也可能违反善良风俗。违反善良风俗的法律行为主要有以下几个方面:第一,信贷担保中设立过度担保或者束缚债务人的行为等。第二,违反职业道德。第三,违反善良风俗与性交。第四,其他违反善良风俗的行为,如助逃合同、环境领域问题、诱使他人违约、代孕合同等。③ 从比较法来看,尽管各国关于公序良俗的规定及概念认识并不相同,但各国在实践中都面临对公序良俗进行解释的困难,甚至同一国家或地区内,不同的学者对公序良俗的认识也有所不同。于是,许多学者都将公序良俗进行类型化处理,以帮助法官在司法实践中准确、统一判断某一法律行为是否违反公序良俗。

从我国司法实践来看,法官判断习惯是否违背公序良俗的路径一般有两种:一是公序良俗作为民法的基本原则,在民事单行法以及其他带有民法性质条款的法律中都有具体的明确规定。例如,《反不正当竞争法》将经营者损害其他经营者的合法权益,扰乱社会经济秩序的行为规定为不正当竞争行为,明确禁止扰乱经济秩序的不正当竞争行为。因此,违反公正竞争、扰乱社会经济秩序的习惯直接受到《反不正当竞争法》的规制。那么,法院对属于不正当竞争行为类型(违反公序良俗)的习惯,直接适用《反不正当竞争法》予以限制。在"新疆大仓经贸有限责任公司与新疆荣利达果品公司不正当竞争纠纷上诉案"中,法院对大

---

① 《德国民法典》,陈卫佐译,法律出版社2017年第4版,第49页。
② 沈达明、梁仁洁:《德意志法上的法律行为》,对外贸易教育出版社1992年版,第179页。
③ [德]迪特尔·梅迪库斯:《德国民法总论》,邵建东译,法律出版社2013年版,第515、522~531页。

仓公司所主张的在经营户入场和进货时给予补贴的行为是市场类经营者的行业惯例进行审查,判定该种行为扰乱了正常的市场竞争秩序,构成不正当竞争,并否定适用该惯例。① 除此之外,《最高人民法院关于审理民间借贷案件适用法律若干问题的规定》中关于借贷利率的规定,《商标法》中关于有害于社会主义道德风尚或者有其他不良影响的标志不得作为商标使用的规定,《保险法》中关于禁止加重对方责任的格式条款的规定,《消费者权益保护法》中关于对违反消费者保护的行为进行限制的规定,以上都是民事单行法或其他具有民法性质的法律对公序良俗进行具体规定的例证,司法实践中遇到这些情况,直接依据相应的条文进行裁判。② 据此,在法律有明确规定的情况下,法官直接适用法律对该习惯进行公序良俗审查,判定其是否可以被适用。

二是在没有相关法律明确将某种违反公序良俗的行为禁止时,法官判定某一违反公序良俗的习惯是否可以被适用,需要进行自由裁量。例如,在"高炜与刘跃龙损害股东利益责任纠纷案"中,双方争议的焦点在于租赁合同免租期 1 年是否损害了公司利益。法院的判决思路如下:首先,免租期这个行业惯例是否存在。由于承租人租赁商铺初期处于经营环境、商业氛围的培养阶段,租赁物尚无法即刻开始盈利。因此,为了减轻租金带来的经营成本压力,承租人一般会与出租人约定在一定时间内免缴租金,这是餐饮行业或者说是许多需要承租商铺经营行业的惯例,符合社会普遍认知。其次,认定该免租期条款是当事人的意思自治,且没有违反法律法规强制性规定。再次,关于本案中免租期的时间是否超过行业惯例中所主张的期限。若明显超过,则有可能认定公司股东利用关联关系使得公司受到经济利益的损失;若没有超过,应该认定效力并予以保护确认。尽管通常免租期限在半年之内,但是若涉案商铺所在的地段长期缺乏人气和商业氛围,免租的时间需要更长,3 年抑或 5 年的免租期都是合理的。但是若涉案商铺所在地段能够在 1 年或 1 年以内就能产生足够的经济效益,那么 3 年或 5 年的免

---

① 新疆维吾尔自治区高级人民法院(2005)新民三终字第 23 号民事判决书。
② 宜昌市中级人民法院(2015)鄂宜昌中民一终字第 00429 号民事判决书;江西省宜丰县人民法院(2017)赣 0924 民初 94 号民事判决书。

租期显然存在不合理性,这是普通人能够接受的认识逻辑。① 可以看出,在该案中法官结合一般的公平、公正理念以及公序良俗、社会公德、社会公共利益进行综合考察,判定 1 年免租期的期限是合理的。可见,在没有相关法律明确某一法律行为是否属于违反公序良俗时,由法官根据相关因素综合考虑后进行自由裁量。

为此,从我国的实际出发,结合比较法上的做法,当没有具体的条文明确某一行为属于违反公序良俗时,需要对违反公序良俗的行为进行类型化区分。梁慧星教授结合法国、德国、日本及我国台湾地区有关著作中所介绍的判例,将违反公序良俗的行为归纳为:危害国家公序的行为、危害家庭关系的行为、违反性道德的行为、射幸行为、违反人权和人格尊严的行为、限制经济自由的行为、违反公正竞争的行为、违反消费者保护的行为、违反劳动者保护的行为、暴利行为。② 在我国,公序良俗是从中华民族共同的优秀文化、道德意识中抽象出来的,以前更多谈到的是公共秩序和善良风俗。当下,我们在认定公序良俗时,应该看到三个层面:首先是国家安全层面,包括政治安全、经济安全、军事安全等国家安全。党的二十大报告首次设专章论述"推进国家安全体系和能力现代化,坚决维护国家安全和社会稳定",作出了新安全格局保障和新发展格局的战略部署。国家安全是安邦定国的重要基石,维护国家安全是全国各族人民根本利益所在。其次是公共秩序层面,包括社会稳定、公平竞争秩序等。最后是善良风俗层面,习惯的适用应该符合一般公民的法情感,使得经济活动与伦理道德相契合。总而言之,司法实践中判断交易习惯是否违背公序良俗,应以社会主义核心价值观、中华优秀传统文化为导向,防止不益于国家、社会的习惯进入民法中。《民法典合同编司法解释》第 17 条解释"违背公序良俗"的合同无效时,也作了这样的表述。

二、习惯适用的程序

习惯的具体适用程序也必须进行明确,其主要包括三个方面:一是

---

① 成都市中级人民法院(2013)成民终字第 4283 号民事判决书。
② 梁慧星:《市场经济与公序良俗原则》,载梁慧星主编:《民商法论丛》第 1 卷,法律出版社 1999 年版,第 57~58 页。

适用主体,二是适用方式,三是举证责任分配。当这些问题都得到明确后,习惯方能正常且有效地被适用。

(一)习惯的适用主体

习惯的适用主体即在案件中何种主体有提出适用习惯的资格。质言之,在某个案件中当事人可以主动提出适用习惯,因而适用主体解决的问题是法官能否主动适用习惯。

《民法典总则编司法解释》第 2 条规定:"当事人主张适用习惯的,应当就习惯及其具体内容提供相应证据;必要时,人民法院可以依职权查明。"《合同编通则司法解释》第 2 条规定:"对于交易习惯,由提出主张的当事人一方承担举证责任。"由此可见,"习惯"既可以由当事人主动提出,也可以由人民法院依职权查明。这么规定的原因在于,尽管有学者提出,习惯应秉承不告不理原则,即案件涉嫌违反某一习惯的,法官不得主动适用,而应由当事人主动提出后,法官才可以适用。[①] 但我国《民法典》第 10 条中习惯的适用并不是应由当事人提出,否则法官不得主动适用这么简单。

首先,从法教义学方法出发,习惯的"可以"适用,对应法律的"应当"适用。可见,若法律明确规定,那么法官不得拒绝适用法律。而即使案件中有相应的习惯存在,法官仍可以拒绝适用。从司法过程来看,法律的适用是法院在查明事实后寻找出可适用的法律条文,并依照司法三段论进而得出裁判结果。即使原被告双方没有提出适用具体法条的主张,或是提出的主张与案件不符,法官也可以超越原被告双方的主张,寻找适合裁判案件的法律。就习惯的适用而言,其一,从习惯的适用条件来看,在法律没有规定的前提下,法官可以适用习惯。可见,在法官找法的过程中,即使当事人没有提出适用习惯,但法官作为专业的司法裁判人员,确实找不到案件裁判的依据的,可以主动适用习惯。其二,从习惯的适用价值理念来看,其价值是在法律没有规定时对法律规定进行补充,以使法官找到合适的理由进行裁判案件。那么,在法官找

---

① 彭诚信、陈吉栋:《论〈民法总则〉第 10 条中的习惯——以"顶盆过继案"切入》,载《华东政法大学学报》2017 年第 5 期。

法的过程中,并非因当事人提出"法"的主张而启动法官找法,而是在法官查明案件事实后,由法官主动进行找法。因而,习惯的价值在于给法官提供找法依据,若要求当事人提出适用习惯,法院才可以在习惯中进行找法是不恰当的。况且当事人不是司法裁判的专业者,其并不一定知晓是否应该适用习惯。

因此,法官和当事人均可主张习惯的适用,但二者的主张方式有所不同。具体而言,习惯是补充法源:一是相对于法律而言,其权威性较弱;二是习惯的适用以补充法律没有的规定,不同于成文的法律内容,它需要法官进行识别。习惯本身的特质使得识别标准本就不具体,而抽象的识别标准会涉及法官自由裁量权的问题。若将其适用的权限过于扩张,不仅不能实现作为补充法源的优势,反而会扩张法官的裁量权。由此,法官主动适用习惯需要受到限制。当事人提出适用习惯,将经历法官进行识别与是否适用的过程,因此在这一过程中会受到法官的限制。就法官主动提出适用习惯而言,这种限制主要体现在法官不能主动适用当事人之间的习惯,必须由当事人提出主张,法官对其进行审查,因为法官无法知道在当事人之间形成的习惯。其他习惯,尤其是公信力较强的习惯,例如民族习惯、宗教习惯、行业习惯等,法官都可以主动适用。另外,由于习惯的适用方式多样丰富,这种限制根据适用方式的不同也有所不同。

(二)习惯的适用方式

习惯的适用方式会根据习惯在司法裁判过程中起的作用不同而有所划分。首先,习惯可以直接作为裁判依据,是作为法官"找法"中的"法"。目前,我国已有许多法律、地方性法规、自治条例和部门规章对习惯的适用进行明确规定。例如《民法典》第289条、第321条、第480条、第484条、第510条、第515条等都明确规定对习惯的具体适用。除此之外,还有许多地方性法规、自治条例等都明确规定了习惯的适用,根据这些法律、法规的规定,习惯可直接作为裁判案件的依据。

其次,习惯可作为案件推理论证的一部分。一是可用作认定案件的事实,《民诉法解释》第93条规定,"根据已知的事实和日常生活经验法则推定出的另一事实,无须当事人举证证明"。其中的"日常生活经验法则"就是《民法典》第 10 条中的习惯。因而,法院在认定案件事实时常常运用到习惯,其属于案件裁判结果论证推理的一部分。例如,当事人请求法院解除双方的委托合同,法院认为双方的委托行为构成虚假意思表示的原因之一是委托公证的费用为被告所出,不符合委托的性质或习惯。① 又如,法院认定公司之间通过现金方式而非转账方式进行资金往来与交易习惯相悖。② 二是法官可借助习惯形成自己对案件争议事实是否成立的内心确信。在案件裁判中,针对某一事实双方当事人有不同的说辞且均不能拿出明确的证据时,法官可以依据日常生活经验进行判定,而这种"日常生活经验"也是我们所说的习惯。三是可以作为判断当事人过错的标准,在崇左市中级人民法院审理的一件财产损害赔偿纠纷案中,法院认为,上诉人处理两家坟墓的相邻关系时有可能产生违背风俗习惯的行为,应当事先征得对方同意。③

最后,习惯可作为调解的手段。习近平总书记指出,"法治建设既要抓末端、治已病,更要抓前端、治未病";党的二十大报告指出,"推进多层次多领域依法治理,提升社会治理法治化水平"。人类社会与纠纷相生相伴,纠纷解决机制的成熟与完善是国家治理体系和治理能力现代化的基本标志,在国家治理体系中居于核心地位。当前,我国正处于重要的社会转型期,社会结构日趋复杂,各类矛盾相应增长。④ 如何化解不断涌现的纠纷,已经显得尤其重要。调解制度被称为"东方经验",在预防、解决本土纠纷时具有非常重要的作用。⑤ 调解的依据是"情理法"。"情"是人情,"道"是道理,"法"是法律。⑥ 而习惯是从"人情""道理"中形成的,习惯法既是习惯,又具有"法"的要素。《民法典》第 10 条

---

① 吉林市龙潭区人民法院(2017)吉 0203 民初 1429 号民事判决书。
② 海口市中级人民法院(2017)琼 01 民终 3491 号民事判决书。
③ 崇左市中级人民法院(2013)崇左终字第 94 号民事判决书。
④ 冯晶:《从"制度"到"人":纠纷主体交互视角下的全过程诉源治理研究》,载《中国法律评论》2024 年第 3 期。
⑤ 冯磊:《当前人民调解制度研究的缺陷》,载《法治论坛》2009 年第 2 期。
⑥ 李瑞昌:《论社会治理新格局站位下的人民调解制度建设方略》,载《湘潭大学学报(哲学社会科学版)》2018 年第 2 期。

中的习惯恰好是"情理法"的结合,是调解手段中的首选说理依据。利用习惯定分止争,解决方案更能使得人们所接受,尤其是在中国农村地区,大家更愿意接受多年以来的习惯。习惯作为调解手段,更能适应矛盾主体多元化的当今社会,有效推进矛盾纠纷实质性化解,把矛盾纠纷化解在基层、化解在萌芽状态。

当然,习惯的适用并不是任性、随意的,法院运用习惯认定事实时应当谨慎,习惯更多的应是用于作为裁判依据。例如,在 2016 年第 1 期的《中华人民共和国最高人民法院公报》上"洪秀凤与昆明安钡佳房地产开发有限公司房屋买卖合同纠纷案"中,关于双方当事人之间的法律关系的性质问题,一审法院根据案件事实不符合一般交易习惯判定双方所签《商品房购销合同》名为房屋买卖实为借贷担保,并以此作出判决。二审法院则认为,《合同法》针对"交易习惯"问题作出相关规定,其意旨侧重于完善和补充当事人权利义务的内容,增强当事人合同权利义务的确定性。而该案并不涉及运用交易习惯弥补当事人合同约定不明确、不完整所导致的权利义务确定性不足的问题。在前述立法意旨之外,运用"交易习惯"认定当事人交易行为之"可疑性",应格外谨慎。①

(三)习惯的举证责任分配

根据《民诉法解释》第 93 条的规定,当事人虽无须对众所周知的事实举证证明,但当事人有相反证据足以反驳的除外。因此,当事人有权就其案件争议排除习惯的适用进行举证,提出抗辩。我国台湾地区的司法实践要求由当事人提出适用习惯,法官对其进行审查。②《合同编通则司法解释》对交易习惯也作了这样的规定,即"对于交易习惯,由提出主张的当事人一方承担举证责任"。因此,当事人主动提出适用习惯时,一般而言按照"谁主张,谁举证"的方式进行。换言之,主张或申请适用民事习惯的一方当事人应当证明习惯的存在和具体规范内容。若另一方表示反对的,法院应当允许当事人就该项民事习惯进行充分论

---

① 最高人民法院(2015)民一终字第 78 号民事判决书。
② 姚志明:《习惯在台湾"民法"债编之适用》,载《月旦法学杂志》2015 年 8 月。

证。一方当事人对裁判不服而上诉的,二审终审判决后,认为受到不利裁判的一方当事人以民事习惯适用错误为理由申请法院再审的,应予受理,并检讨是否适用法律错误。①

---

① 高其才:《论人民法院对民事习惯法的适用》,载《政法论丛》2018 年第 5 期。

第五章

民法典第十条兜底性法源的确立

成文法毕竟有局限性,无法囊括各个方面。因而,在民事案件裁判中,除了能找到法律规范的"找法"结果之外,还会存在找不到相关规范的情况。尽管我国《民法典》第10条已将处理民事纠纷的裁判依据从成文法扩张至可适用的习惯,但仍然会出现既无法律规定、也无习惯的情况。此时,法理是作为裁判依据的重要内容。

第一节 比较法视角下的兜底性法源模式

从比较法来看,各国对"法理"一词的理解并不相同,而将法理作为兜底性法源的国家对法理在法源条款中的表达不一,或概括规定法理兜底适用,将法理交由法官解释,或直接规定法理,将其表达为法律的基本原则、学说和判例等载体。[1]

一、概括规定模式

《韩国民法典》第1条规定:"民事,法律无规定者,依习惯法;无习惯法者,依法理。"可见,韩国的立法例引入了抽象的法理概念作为法源,即直接规定法理为兜底性法源,但就如何解释法理则未作规定。《韩国民法典》直接规定法理这一抽象的概念作为兜底性法源是有一定历史原因的。1948年,大韩民国政府成立不久后,以总统令第4号公

---

[1] 李敏:《民法法源论》,法律出版社2020年版,第174页。

布《法典编纂委员会职责》，成立法典编纂委员会，开始制定民法典。1958年，在国会通过的民法案以法律第471号进行公布。1960年1月1日正式施行，其后经历了数次修改。①

在现行《韩国民法典》修订之前，其第1条的表述为："关于民事，如无法律规定，从其习惯法；如无习惯法则依条例。"关于《韩国民法典》为何作此修订，从《韩国民法典》的制定背景来看，韩国民法是各种法制交叉重叠的混合制法制，而且其是媒介继受的典型，而这种继受并不是因为民法本身内在逻辑上的要求，而是法本身以外的政治和军事的需要。具体而言，一方面，韩国法律在历史上长期受到我国法律的影响，从我国继受的儒家法律文化对韩国的传统法律及社会发展产生了深远的影响。此外，其也深受日本民法的影响，比较全面地概括接受了日本民法学者在一定时期内所形成的法学说。另一方面，通过我国和日本的法律作为媒介，也继受了其他国家的法律，如比较平均地继受了法国民法、德国民法、瑞士民法等大陆法系最典型的民法体系的内容，而且也受到英美法系的不少影响。韩国民法可谓是出色的比较法的折中者。② 既然韩国民法深受我国民法和日本民法的影响，同时其他大陆法系的国家以及英美法系的民法对其也有一定的影响，为此，探明《韩国民法典》为何直接规定法理为兜底性法源这一原因时，我们可以看到的是，《日本民法典》未对法源作出明确规定，《瑞士民法典》将法理用学理、惯例以及法官创造为载体进行兜底性适用。德国民法、法国民法也没有在条文中对法源作出明确规定。但是我国台湾地区"民法"直接将法理作为兜底性法源进行规定，而我国台湾地区"民法"系弃《大清民律草案》第1条之"条理"，以"法理"代替。其原因在于，"法理"一词较"条理"更为具体。③ 可见，《韩国民法典》之所以将"条例"改为"法理"，可能也有法理更为具体这个原因。

那么，如何理解"法理"一词，因受各个国家以及学派的学术观点的不同，对法理学的定义有着不同的表达。从语源上来看，该词来自拉丁

---

① 《韩国最新民法典》，崔吉子译，北京大学出版社2010年版，第2页。
② 苏亦工：《无奈的法典：中日韩三国民法现代化道路之比较》，载《当代韩国》2002年第4期。
③ 李敏：《民法法源论》，法律出版社2020年版，第194页。

语"jurisprudentia",意思是法律的知识。综观世界各国对"法理"一词的阐释,在英美法系国家,"法理学"常常意指"法哲学",法哲学来源于德国近代哲学,其意指以法律为内容的哲学部门。法理学与法哲学同义,常用于概括法学领域的分支学科。① "法哲学"一词最先于德国哲学家莱布尼茨在《法学教学的新方法》中提出,后来的康德、胡果、黑格尔、奥斯丁在其各自的著作中也有此种看法。不过也有个别学者指出,法理学与法哲学是两个不同的领域,既有联系也有区别,法哲学更为抽象。② 就法哲学的概念而言,其既是思想体系,也是一个学术领域。在思想体系意义上,法哲学是关于法律制度和法律实践的价值、信仰、认知和评价等观念系统,是整个社会意识形态的组成部分。而在学术领域意义上,法哲学是一门应用哲学,是法学的一般理论、基础理论和方法论。③

在大陆法系国家中,德语中的法理代表"法律的道理"或"法的理论"。在德国和法国,他们将法理称作事物的本质,认为法理是一切民法法源的基础,可用以补充其他法源之不足。汉语中"法律学"一词,来源于日本法学家穗积陈重对德文的翻译。④ 在日本,法理被称为"条理",即"有条有理"之意。日本学者石田穣认为,法理是指内在(内存)于实定法(制定法)秩序中的基本的法的价值判断。我国学者认为,法理是法律的原理,是法律根本精神中衍生出来的一般法律原则。⑤ 关于法理学,我国通说认为法理学是研究一切法律现象的共性的各种法学学科。⑥ 法理学在法学知识体系中具有最高的层次,包含着法的普遍、根本原理,是各个部门法学的理论根据和思想指导,系统阐释法的概念、理论、性质、作用等。⑦

可见,关于法理的理解,各个国家、地区有着不同的定义和表述,即

---

① 张文显:《二十世纪西方法哲学思潮研究》,法律出版社1996年版,第6页。
② 公丕祥:《法理学》,复旦大学出版社2016年版,第1页。
③ 张文显:《二十世纪西方法哲学思潮研究》,法律出版社1996年版,第2页。
④ 陈金钊:《法理学》,北京大学出版社2010年版,第24页。
⑤ 陈华彬:《民法总则》,中国政法大学出版社2017年版,第93~94页。
⑥ 周永坤:《法理学——全球视野》,法律出版社2016年第4版,第29页。
⑦ 张文显:《法理:法理学的中心主题和法学的共同关注》,载《清华法学》2017年第4期。

使同一国家、地区也会因学术观点不同，对法理的定义和表达也有所不同。所以，"法理"一词不够具体。但是，若以概括规定法理兜底适用，就必须面临对法理进行解释，要解决"法理"一词过于抽象的问题。

二、具体规定模式

鉴于法理的概念本身较为模糊，有些国家立法直接将法理作进一步阐释，将其表述为具体的内容。第一类表述为"法的基本原则"或者"自然法原则"，第二类表述为"学说"或者"判例"。有学者对这些国家的立法进行了梳理，例如，第一类的表述立法包括：《奥地利普通民法典》第 7 条规定"无类推之法规时，应熟思审虑，依自然法原则以判断之"；《西班牙民法典》第 1 条第 4 款规定"法的基本原则在法律和惯例均欠缺时适用，其性质使其构成法制的组成部分"；《阿尔及利亚民法典》第 1 条第 3 款规定"必要时，法官也可根据自然法和公平原则作出判决"。第二类的表述立法包括：《瑞士民法典》第 1 条第 2 款规定"无习惯法时，依据自己如作为立法者应提出的规则裁判"；《瑞士民法典》第 1 条第 3 款规定"同时，法官应参酌公认的学理和实务惯例"；《土耳其民法典》第 1 条第 3 款规定"审判官应于其判决利用学说及判例成例"。[①] 从上述的各国立法来看，这些国家几乎都将"法理"表述为具体的内容，但是其所表述的内容各不相同。而且，从通常意义上讲，这些表述所指向的概念都并非同一个概念。也就是说，在具体规定法理作为兜底型法源的这些国家中，他们对"法理"所理解的概念也并非统一。《奥地利普通民法典》《西班牙民法典》《阿尔及利亚民法典》等将"法理"表述为法的基本原则，而《瑞士民法典》《土耳其民法典》则将"法理"表述为学说或判例。

通说认为我国《民法典》第 10 条是以《瑞士民法典》第 1 条作为蓝本，那么在对比较法中的兜底性法源进行研究时，《瑞士民法典》第 1 条是我们研究的重点。瑞士民法所规定的兜底性法源是以具体规定的模式进行规定，将法理表述为"法官作为立法者""学理""实务惯例"。我们在理解瑞士民法中的兜底性法源时，不能将第 2 款、第 3 款单独理

[①] 李敏：《民法法源论》，法律出版社 2020 年版，第 175~176 页。

解,而应该将此两款规定进行体系化的理解。其一,兜底性法源适用有严格的条件,法官自创规则适用的前提条件是制定法存在漏洞,且也无法由习惯法进行填补。同时,法官自创的规则不能超越学理和实务惯例。为此,法官在自创规则时:一是必须进行利益权衡,同时考虑与制定法体系保持一致,符合现行法律体系思想等各因素。二是将《瑞士民法典》作为自创规则的参照。三是必须考虑社会现实。法官自创规则适用过程的结果必须公平正义。其二,瑞士民法所规定的这种兜底性法源,其实是司法造法与立法的互动。[①]

第二节 我国法语境下的兜底性法源

我国与概括规定或者直接规定法理兜底适用的国家都不同,一方面,《民法典》第10条只规定了法律、习惯两种法源,未作兜底性法源条款的设置,但是司法裁判中确有法院运用法理进行裁判的例证;另一方面,《民法典》规定了民法的基本原则,而民法的基本原则是民法最核心的理念,是法理的范畴。那么在此种情况下,一是司法裁判中适用法理的例证我们应如何来看待?二是民法最为核心的理念已被条文明确规定后,法理的范畴还涉及其他什么?

一、规定兜底性法源之必要性

(一)法理可以补充制定法与习惯法的不足

法理一词的概念并不统一,王泽鉴教授认为,法理是隐含在立法、法秩序或者一般价值体系演绎出来的一般法律原则,是社会生活不可不然之理。法理的基本功能在于补充法律及习惯法的不足,使司法者将自己定位为立法者,去判断该案中应当适用何种规范,以协调各种利

[①] 李敏:《〈瑞士民法典〉"著名的"第一条——基于法思想、方法论和司法实务的研究》,载《比较法研究》2015年第4期。

益,实现公平与正义,这是立法者对司法者裁判赋予维持秩序及从事法之续造的权限。① 另外,除填补法律漏洞这一功能之外,在法律规定不清楚时,法理可以使法律规定变得明晰。在特殊情况下,适用法律导致重大不公时,法理确立的一般法律原则可以进行矫正。在法律相互冲突时,法理中所包含的法的价值与精神,可以用于解释法律规范,以期适用恰当的规范正确裁判案件。同时,法理的适用也可以规范法律的适用方法,限制法官的自由裁量权。②

法院处理民事纠纷,在既没有法律规定也无习惯法作为裁判依据,但又必须作出裁判时,便可以适用学理,包括权威学说、以往判例、外国的学说、外国的立法、外国的判例,这些均经证明系正确,在解决这类纠纷的时候可适用之,否则案件裁判将无法作出。③ 因此,就处理民事纠纷而言,法理可为在有法律漏洞、法律不清和法律失误的民事裁判中发挥极其重要的作用。《民法典》第 10 条仅规定了法律、习惯法的法源地位,而当出现上述三种情形时,法理可以补充法律、习惯法的地位而存在。

(二)法理是民事裁判中重要的解释工具

早有法谚云:"法律是'理'与'力'的结合,有'理'无'力'乃道德,有'力'无'理'乃强权政治。"裁判既要反映国家意志,也要体现社会理念,因而其必须"理""力"兼具。其中,"理"即法理,"力"即法律规定。可见,有史以来,法理就是裁判的重要组成部分。④ 法理是物之道理,是所有法律渊源的基础,是制定法、习惯法、判例法等法源中最根本的内容。⑤ 法理作为民事法律的渊源,如同习惯应由法官发现一样,而且法理具有较民法学说或理论更强的抽象性,它是躲在民法学说或者理论背后的"法的精神"或"法的价值",构成民法学说或者理论的内生性的

---

① 王泽鉴:《民法总则》,北京大学出版社 2009 年版,第 65 页。
② 周永坤:《法理学——全球视野》,法律出版社 2016 年第 4 版,第 31~32 页。
③ 杨立新:《民法总则精要 10 讲》,中国法制出版社 2018 年版,第 52 页。
④ 陈界融:《论判决书内容中的法理分析》,载《法学》1998 年第 5 期。
⑤ 刘得宽:《法学入门》,中国政法大学出版社 2006 年版,第 21 页。

原理。① 即使《民法典》没有将法理作为民法法源进行规定,但是实际上,法理对解释民法和裁判民事案件都起着重要的参考作用。② 将法理作为解释成文法的工具并不鲜见,从域外法来看,日本学者石田穰认为,法官在不能由民事法律、习惯法、判例法导出裁判案件的直接依据时,也应当作出与民事法律、习惯法、判例法相协调的裁判。并且,法官作出的裁判不能与这些法源尤其是与民事法律的根本精神相悖。从此意义而言,所谓内在于实定法的基本的法律的价值判断,是与民事法律、习惯法、判例法相协调的法律的价值判断的同义语,可谓就是法理。③ 可见,法理在民事裁判的说理中起着十分重要的作用。

民事裁判中为何需要运用法理进行说理？法理中所表达的法律概念和逻辑构成是传递裁判理由的工具,以法理解释法律,通过运用公平正义理念对法官创制的裁判规范进行法律论证,都是证明裁判结论正当性不可或缺的方法。因为,任何法律规定都是讲理的,有根据的,法官只有在裁判文书中,运用法理向当事人和公众阐明、传达判决结论所依凭的法律根据和理由,说清楚价值判断和推理论证过程,才能使裁判具有外在客观的权威基础,使当事人和公众真正信服。④ 那么,法官如何运用法理在民事裁判中进行说理？法理作为法律的原理,是法律根本精神演绎之后所得的一般原则,通过学说等形式展现。⑤ 法理既为事物之当然道理,基于吾人之理性所共具之通念,则其除为裁判之基准,具有补充法律的功能外,亦具有衡量法律内容审查是否为"善法"之作用。⑥ 法院可通过一般法律原则、学说等对民法上的民主、自由、公正、平等等民法价值与精神进行阐释。由此可见,在民事纠纷案件的裁判中,运用法理进行解释的情形不限于将法理作为法源补充法律进行

---

① 杨立新:《民法总则精要10讲》,中国法制出版社2018年版,第51～53页。
② 中国审判理论研究会民商事专业委员会编:《〈民法总则〉条文理解与司法适用》,法律出版社2017年版,第33页。
③ 陈华彬:《民法总则》,中国政法大学出版社2017年版,第94～95页。
④ 于晓青:《法官的法理认同及裁判说理》,载《法学》2012年第8期。
⑤ 杨仁寿:《法学方法论》,中国政法大学出版社1999年版,第143页。
⑥ 杨仁寿:《法学方法论》,中国政法大学出版社1999年版,第274页。

裁判,作为法律、习惯法之补充,还可通过法理由法官对民法价值与精神进行阐释,对民事案件的裁判进行充分说理论证,让当事人及公众信服法理是民事裁判中的重要解释工具,是评判法官裁判案件结果是否得当的重要标准。在司法实践中,法理作为民事裁判中重要的解释工具时,主要体现为以下四种情况:

第一种情况,定性案件事实。法官在"找法"的同时,也需要论证案件事实符合其"找法"的结果。为此,在对案件事实进行描述时,法官必须对其进行定性,即待裁案件的事实究竟在法律上属于何种性质,应适用哪一部法律中的哪一些规定。这种对案件事实的定性与法律解释、漏洞补充都不尽相同,法律解释的重点在于对法律规范进行说明,其离不开规范原义,而漏洞补充则旨在法律规范没有规定时,用何种规范进行调整。就此来看,无论是法律解释还是漏洞补充,都处于三段论中的大前提阶段,即"找法"阶段。但实际上,法官裁判案件是一个在大前提、小前提以及结果三者之间来回穿梭的过程,并通过各种论证证明三者可以处于同一合理且正确的逻辑之上。因此,除了对大前提阐释需要运用到法理说理之外,论证小前提符合大前提也必然会运用法理进行释明。这个过程实际上就是对案件事实进行定性,将其转化为法律上的事实,才可以与大前提处于统一逻辑和语义下,进而论证小前提是否可以用大前提的规范进行调整。下述将以具体案例说明法官如何运用法理定性案件的事实。在当事人主张以某种事实行为抵消法律上应承担的责任的情况下,法官在判定能否抵消时,需要运用法理对该事实进行定性,以论证此种事实是否与其主张的待抵消的行为系同种性质。[①]

第二种情况,选择法律规定。法的适用是实施法律的一种方式。在民法适用中,法律规范的援引是否得当直接关系到案件裁判的正确性。我国是成文法国家,有着数量庞大的调整民事关系的规范,法官在裁判民事案件时,需要进行"找法",即从如此众多的法律规范中寻找裁判案件的规范。那么,在这个过程中,为了表明"找法"得当且正确,法官必然应对此过程进行说理。这个说理的内容,除了一般的事实表述

---

① 威海市中级人民法院(2017)鲁10民终1111号民事判决书。

之外,最为重要的就是法理。其原因在于,法律规范背后的立法目的、价值和调整对象等都包含着法理。从众多运用法理对选择法律规定时进行说理的案件来看,其主要涉及两个方面:一是法官对为何选择此种法律规定,应用法理进行阐释。二是当法律规定有冲突时,法官对这些冲突的法律规范进行解释,通过其背后的价值及立法理念结合案件事实,选择出可适用待裁判案件的法律规范。当然,即使只是在选择法律规定,法官运用法理进行说理阐释时,也必然会在案件事实和法律规范中来回穿梭。因此,在用案例对法官运用法理进行裁判说理的方式进行说明时,必定也包含着运用法理说理。例如,在"陈显强与黄顺刚、李龙刚、安岳县协和镇人民政府、四川省安岳县宏达建筑工程公司承揽合同纠纷一案"中,就该案适用何种法律规定,法官阐释道:"从法理上讲,债权的基础就是合同相对性,物权的基础是对世权。准许原告突破合同相对性向不具有合同关系的当事人主张权利,从法理和法律的规定上讲有缺陷。但为了弥补突破合同相对性带来的法理上的缺陷,适用原最高人民法院《关于审理建设工程施工合同纠纷案件适用法律问题的解释》第 26 条第 2 款规定时应当受严格条件限制。"①据此可见,即使在有相关法律规范供选择时,法官也必须运用法理对其选择的规范进行说明,并在案件事实与裁判规范之间进行来回的论证,必要时,还应对如何适用该法律规范进行说明。

第三种情况,解释法律内涵。即使在法官寻找到可适用的具体法律规范之后,仍然需要运用法理在案件事实与法律规范之间来回论证。一是法官需要对这些具体法律规定中的专业名词进行解释,以论证该案属于法律规范中所提到的情形。例如,《民法典》第 1245 条明确规定,饲养的动物造成他人损害的,动物饲养人或者管理人应当承担侵权责任,但能够证明损害是因被侵权人故意或者重大过失造成的,可以不承担或者减轻责任。此处的重大过失即属于专业名词,在法官判断何种情况才是重大过失时,需要法理进行阐释。有法官指出,依据侵权法理论,所谓重大过失,指的是在正常情况下责任人能够预见而没有预见或已经预见但轻信事故不会发生的主观心态。依民法理论,区别于抽

---

① 安岳县人民法院(2018)川 2021 民初 4978 号民事判决书。

象轻过失和具体轻过失,重大过失违反的是一般人应具有的注意义务。在考量动物致害情形中,被侵权人是否存在重大过失,应当主要从动物自身的危险性以及诱发动物危险行为的可能性、自身危险回避能力等角度去评判。作为一般人应有的常识性认识,犬类动物可能伤人,特别是对于自己不熟悉的犬只,应尽量避免与其接触或以其他方式对其造成刺激,激发其野性而招致危险。① 二是成文法天然的局限性,其只能用一种文字方式表达,但日常生活千变万化,案件表面的事实与其背后真实情况有所区别,法官在选择适用可以调整其真实法律关系的法律时,也需要运用法理进行说明。此种情况中最为典型的是名为买卖实为借贷的案件。在这些案件中,法官为了探求当事人的真实意思表示,除了根据能证明案件事实背后的真实性情况的材料之外,还需要法官运用法理在这些证据中得出正确的结论。②

第四种情况,鉴别裁判结果。大前提、小前提都需要法官运用法理进行说理,裁判结果也不例外。整个司法裁判的过程,无一不运用到法理。就案件裁判结果而言,需要满足公正、合理且能让当事人信服等多个条件,而裁判结果的好坏也是运用法理来鉴别,好的裁判结果肯定是合乎法理的。在司法实践中,一是通过法理阐释一审的判决合法合理,以驳回上诉人的请求。例如,法院在对生命权、健康权、身体权纠纷案中,对一审法院认定的护理费、营养费、误工费是否正确、适当进行判断时,法官从法律规定和立法精神的角度,秉持正确司法理念,运用科学方法,对案件事实认定、法律适用以及程序处理等问题进行分析和判断,认定一审法院的自由裁量权是人民法院在审理案件过程中作出依法有据、公平公正、合情合理的裁判。行使自由裁量权首先要严格依照法律的规定,遵循法定的程序和正确的裁判方法,符合法律、法规和司法解释的精神以及基本法理的要求。自由裁量权的行使,不能违反法律的明确、具体规定。③ 二是运用法理对无法律依据及法理基础的一审案件进行改判。这些判决往往指出原审裁判对法律概念理解不准

---

① 沈阳市中级人民法院(2017)辽01民终12551号民事判决书。
② 上海市静安区人民法院(2015)闸民二(商)初字第1427号民事判决书。
③ 北京市第一中级人民法院(2019)京01民终5132号民事判决书。

确,或是论证过程有误,从而造成错误的裁判。就以法理说明原审裁判法律概念不清晰的情况而言,在最高人民法院再审的一个案件中,法官指出,一审法院多次使用了"竞争优势"这一内涵和外延并不确定的概念,而且泛泛地将所谓山东食品公司的竞争优势作为反不正当竞争法所保护的法益,缺乏法律依据和法理基础。① 在论证过程有误的案件中,再审法院指出,二审裁定书内容违反法律文书制作规定和常理常规,遗漏了重要事实,且对该事实的证据产生的因果关系未予认定有违法理。②

二、兜底性法源规范模式的选择

(一)法理在司法裁判中适用的现实性与不明确性

随着社会的发展,制定法有限的条文无法预测多变的未来。同时,习惯法并非一朝一夕形成,其同样无法顺应千变万化的社会生活。为此,法律、习惯二阶的法源结构存有缺漏。在我国,最高人民法院2014年公报案例中,有法院利用法理对涉案合同是否有效进行判断。③ 这说明运用法理裁判已是现实需要,在确无具体法律规则以及习惯可适用的情形下,可将法理作为兜底性法源进行适用。为了探求民事法官在裁判中如何运用法理,以"法理"为关键词搜索民事案件,从筛选结果来看,自可查询到最早年份的1999年以来,涉及以法理进行裁判的案件逐年增加。并且,自2017年《民法总则》施行以来,此种增长趋势也并未发生变化。

民事裁判中适用法理是常有之事,而且司法实践中对法理的适用的案例往往还比习惯适用的案例多。④ 在当今的裁判中,法理也常常作为我国司法实践的说理工具。2014年的"宜兴冷冻胚胎案"就是一个典型的例子,虽然二审法院推翻了一审法院的判决,但两审都将法理作为裁判依据。其中,在一审中,当事人以继承权纠纷请求法院判决胚

---

① 最高人民法院(2009)民申字第1065号民事判决书。
② 湖北省高级人民法院(2017)鄂民申3020号民事判决书。
③ 最高人民法院(2014)民提字第71号民事判决书。
④ 杨立新:《民法总则精要10讲》,中国法制出版社2018年版,第52页。

胎的归属,对此问题既没有法律规定,亦无习惯可遵循。法院为了界定冷冻胚胎的法律属性,只能运用法理。二审中,法院对伦理、情感和血缘的保护进行论述,以解决该冷冻胚胎的权利归属问题。这一案件是在尚无可适用的法律规定和习惯情形下,将法理作为裁判依据的典型案件。

通过对司法实践中法理的适用进行考察,法理在司法裁判中的适用存在以下几个方面的问题:一是我国现行法没有规定法理的法源地位,但是法院在司法裁判中又必须有适用法理的例证,这使得法理在司法中的适用与现行法的规定是相矛盾的;二是现行法没有明确法理的适用,会致使法理遭到滥用和误用。一方面,法理是一个抽象的概念,其到底包含哪些内容尚不明确;另一方面,法源的适用要遵循一定的先后次序,如果不明确法理的适用,会放大法官的自由裁量权,不仅没有发挥法理的兜底性法源功能,反而起了反面作用。

(二)法理作为兜底性法源的规范模式

法律明文规定法理的兜底性法源地位十分必要,从比较法的视角来看,世界各国将法理规定为兜底性法源的规范模式有两种:一是概括规定法理作为兜底性法源,将法理交由法官自行解释;二是直接规定法理,以"法理载体"作为兜底性法源,限缩了法官的自由裁量权。就我国而言,兜底性法源的规范模式应选择何种,值得讨论。

从两种规范模式来看,以具体规定"法理载体"的方式对兜底性法源进行规定更符合我国现状。从我国台湾地区适用法理的实践来看,台湾地区"民法"第1条是以直接规定法理的方式对兜底性法源进行规定,该条规定:"民事,法律所未规定者,依习惯;无习惯者,依法理",其在我国台湾地区司法实务中十分常见,但法院对法理常常过度使用或者不必要的使用,在以法理作为补充法律漏洞,类推适用的依据时,论述语句的使用不太精准,类推适用的过程也不清晰。存在此类问题的主要原因在于,学者对法理有不同的理解。在我国台湾地区,针对法理的理解因人而异,主要有以下四种观点:第一种观点,强调法理是自法律根本精神而生的法律原理或原则;第二种观点,指出法理是事物的原理原则,是一种自然法;第三种观点,指出法理是事物的当然之理;第四种观点,指出法理是一种综合内容,包括前三者。那么,到底该以何种观点去理解法理?吴从周教授认为,这些观点都是正确的,只是侧重点有所不同。①

在探寻我国台湾地区"民法"为何作此设置时,我们发现其仿自《瑞士民法典》第1条,为此,我国台湾地区"民法"第1条的研究,离不开《瑞士民法典》。二者在关于兜底性法源的规定上有很大区别,《瑞士民法典》第1条并未提及法理,以规定"法理载体"的方式规定兜底性法源,而我国台湾地区"民法"第1条直接将法理规定为兜底性法源。②二者有区别的原因在于,我国台湾地区"民法"重在强调依据法理,而瑞士民法重在强调法官所制定的法规本身,重在将抽象的法律原则转化为具体的规则,这里的法律原则与我们的法律原则有所区分。另外,《瑞士民法典》第1条第3项指出,在没有法律也没有习惯的规定下,应依据学说及传统。即法官有义务在补充法律时遵守学说与传统,而法官也只有在这样的范围内被承认为立法者,以便法官能够以稳健的方式续造法律。但是在我国台湾地区"民法"中,法官没有遵守学说与传统的法定义务,弹性运用权力相对较大。这也使得法理的适用存在滥用、误用的情形。③

可见,由于法理是一个抽象概念,需要法官进行解释。一方面,对于法理的解释本身有争议,各种观点侧重的角度有所不同。另一方面,由法官们自由解释法理,会导致法官的裁判弹性过大,使得裁判难以统一。因而,直接以法理作为兜底性法源而规定,在成文法国家似乎并不是一个最佳的选择。反之,以"法理载体"的方式,像瑞士民法那样将兜底性法源进行明确的规定会更有优势。当然,也有学者提出折中的建议,用概括性模式结合具体规定模式进行规定。④ 实际上,若采用折中方式,将两种方式进行结合,还是会使"法理"的适用过于弹性化。若将

---

① 吴从周:《论民法第一条之"法理"——最高法院相关民事判决判例综合整理分析》,载《东吴大学法律学报》2004年第15卷第2期。
② 李敏:《民法法源论》,法律出版社2020年版,第193~194页。
③ 吴从周:《论民法第一条之"法理"——最高法院相关民事判决判例综合整理分析》,载《东吴大学法律学报》2004年第15卷第2期。
④ 易军:《论作为民法法源的"法理"》,载《现代法学》2022年第1期。

"法理载体"的内涵外延解释明确、适当后,采用具体规定的模式会更适合我国的国情。

第三节　兜底性法源规范的设计

一、兜底性法源的类型化

在我国,对法理还未有共识性的概念,为了更好地运用法理,应从法理的语义进行明确。法理是一个统合概念,具有十分丰富的内涵,代表着法之道理,是法之所以可以具有普遍约束力及强制力的事实。同时,法理也包含着法之原理,是形成一国法律或其中某一部门法律的基本精神和学理。学理和学说是在推进法理学研究过程中,由各位法学家对其研究内容的总结。此外,法理还可以表述为法之条理、法之公理、法之原则、法之美德、法之价值等,是人们对法的认知,是人们对法的尊重和服从的基础,由人们普遍实践而来,包含着法的价值、中华优秀传统文化。其中,法律原则是法理的普遍形态,它指导着司法机关在处理疑难案件中,平衡着各方利益,寻找出合适的解决方案。[1] 从我国的实际情况出发,《民法典》第4条至第9条规定了民法的基本原则,尽管关于民法基本原则能否直接作为裁判规定,民法学者形成了两种不同观点,但通说认为,民法的基本原则不具备构成要件和法律效果,难以成为直接裁判案件的依据。因而,在司法实践中,一般不直接援引民法基本原则作为民事裁判的依据。但是,这并不意味着司法实践中没有援引原则的需要。既然法律原则在法院裁判案件中起着指导作用,那么在民事案件中也是一样,针对一些疑难、复杂的民事案件,无法用具体的规则进行裁判时,平等、诚信等民法的基本原则作为法官裁判的基准,可以使法官的自由裁判权不过于被放大,且裁判结果经得起检

---

[1]　张文显:《法理:法理学的中心主题和法学的共同关注》,载《清华法学》2017年第4期。

验,能获得公众、当事人的信服。

既然选择以"法理载体"的方式作为兜底性法源,那么需要对"法理载体"进行明示。从比较法的经验来看,以具体规定兜底性法源的典型国家是瑞士,瑞士民法所规定的"法理载体"包括两个方面:一是法官在与制定法体系内相一致的自创规则,即制定法中的法理;二是公认的学说和惯例,即制定法外的法理。但我国《民法典》与《瑞士民法典》有所不同,在我国法语境下,《民法典》规定了民法的基本原则,法官依据民法基本原则演绎出来的规则,即瑞士民法中所提及的"依据自己作为立法者所提出的规则裁判"。但问题在于,瑞士民法中所规定的这一内容,放在我国法语境中,除了民法基本原则之外,是否还有其他内容值得探讨?法理是一种原理,其存在的法律样态,可以从法理与实证法的关系去探讨。第一,法理存在于法律的明文规定中,即这些原则被规定于宪法或法律中,法官要受到其拘束;第二,法理存在于法律基础中,法律原则是宪法或法律的规范基础,是立法的旨意;第三,法理存在于法律之上,既不以具体的规定于宪法或法律中,也不能由宪法或法律推导出,而是处于法律之上,即正义或法理念等自然法观点。为此,可将法理的存在样态总结为平等原则、立法旨意、法理念、事理。[1]

从我国具体实际出发,首先,就存在于法律明文规定中的法理而言,《民法典》第 4 条至第 9 条明文规定了民法的基本原则,法官裁判案件当然受到其拘束,这是存在于法律明文中的法理。其次,就存在于法律基础中的法理而言,能否从《民法典》中再推导出民法基本原则和一般原则之外的立法旨意?答案当然是肯定的,将兜底性法源仪表述为"民法基本原则"是不合理的,因为"法理"肯定不限于民法的基本原则。除此之外,一是民法及其他法律的基本原理,例如不当得利、代物清偿等,以及存在于《民法典》基本原则之外内容中的一般民法原则。这些可以"学说"的形式存在。二是社会主义核心价值观是重要的司法价值观,《民法典》第 1 条明确规定"弘扬社会主义核心

---

[1] 黄茂荣:《法学方法与现代民法》(第七版),厦门大学出版社 2024 年版,第 56 页。

价值观",这也是民法裁判中,作为法理的兜底性法源的重要体现。①三是中华优秀传统文化的运用,中华优秀传统文化在今天民事裁判中依然具有重要的时代价值,例如《民法典》第83条的见义勇为,第1043条的优良家风、家庭文明等都是中华优秀传统文化在民法典中的体现。在司法实践中,法院在裁判民事案件时也常常提及中华优秀传统文化。② 最后,就存在于法律之上的法理而言,除了上述的正义或法理念等自然法观等,还包括外国法。

二、法律明文规定中的法理

法律明文规定中的法理主要指民法的基本原则。关于民法基本原则是否能在司法实践中直接被援引,一直以来对此问题颇有争议,并形成不同的观点。第一种观点认为,民法基本原则是抽象的法律原则,不能直接作为裁判的依据。③ 第二种观点认为,只要案件可明确民事行为违反了民法基本原则,法院就可依据民法基本原则的相关法条进行裁判,属于适用法律正确,不是判决不当的表现。④ 第三种观点则认为,民法基本原则可以在民事裁判无直接法律规定可供援引的情况下,提供替代性的判断依据。只是并不是所有的民法基本原则都可援引,仅诚实信用原则、法不禁止即可为原则、自己责任原则、公序良俗原则等可以成为被援引的基本原则。⑤ 在司法实践中,也确有直接援引民法基本原则进行裁判的案件。例如,在莒县酒厂诉文登酒厂案件中,被告文登酒厂的不正当竞争行为显然违反了《民法通则》第4条、第5条、第7条规定的基本原则。⑥ 在秦某诉北京某大学侵害健康权案中,法院依照《民法通则》第4条规定的基本

---

① 易军:《论作为民法法源的"法理"》,载《现代法学》2022年第1期。
② 广东省梅州市中级人民法院(2022)粤14民终573号判决书。
③ 赵秀梅:《民法基本原则司法适用问题研究》,载《法律适用》2014年第11期。
④ 杨金琪:《对一起不正当竞争案引起的思考》,载《人民司法》1991年第8期。
⑤ 赵万一:《民法基本原则:民法总则中如何准确表达?》,载《中国政法大学学报》2016年第6期。
⑥ 《最高人民法院公报》1990年第3期。

原则进行裁判。① 当然,也有学者批评在山东莒县酒厂诉文登酒厂案中,直接适用民法基本原则裁判案件是因当时立法并不完善。但在秦某诉北京某大学案中,一审法院在有具体法律规定的情形下,仍然直接适用民法基本原则裁判,属于适用法律错误。②

实际上,援引民法基本原则裁判案件并无不妥,只是在有明确的具体民法规则时,不得援引民法基本原则。根据《民法典》第 10 条的规定,在穷尽法律规定(法律规则)后,且无习惯法可适用时,可以援引民法基本原则进行裁判。为了进一步加强和规范人民法院裁判文书的释法说理工作,进一步明确习惯的适用,《最高人民法院关于加强和规范裁判文书释法说理的指导意见》(以下简称《释法说理指导意见》)指出:"民事案件没有明确的法律规定作为裁判直接依据的,法官应当首先寻找最相类似的法律规定作出裁判;如果没有最相类似的法律规定,法官可以依据习惯、法律原则、立法目的等作出裁判,并合理运用法律方法对裁判依据进行充分论证和说理。"但是,法院援引民法基本原则裁判案件必须遵循基本的准则,而不是随意适用民法基本原则。一般来讲,民法基本原则作为法理成为兜底性法源的方式有两种:一种是有法律漏洞,即没有法律及习惯法规定时,法官在找法的过程中,已经穷尽了既有的规则,仍然不能找到合适的规则进行裁判,此时可以通过对基本原则的阐释论证,将其具体化为个案的裁判依据,支持和证立其裁判结论。例如,在李玉晶与孙钦福居间合同纠纷一案中,法官在判定原被告双方签订的《转让协议》是否有效时,就运用到公序良俗原则。法院认为,公序良俗作为一个弹性条款,不仅是规范法律行为的准则,更配合着各种具体的法律规则对民事活动起调控作用。就该案而言,属于"遇有损害国家利益、社会公共利益和道德秩序的行为,而又缺乏相应的禁止性法律规定"的,法官就此可直接适用公序良俗原则判定该行为无效,并以此判定原、被告双方签订的《转让协议》应属无效。③ 又如,就公平原则的判定

---

① 北京市海淀区人民法院(2011)海民初字 4582 号判决书。
② 杨金琪:《对一起不正当竞争案引起的思考》,载《人民司法》1991 年第 8 期。
③ 上海市闵行区人民法院(2017)沪 0112 民初 25506 号民事判决书。

而言,有法官通过法理判定保证人对后期债务承担保证数额较大的责任是否违背公平原则。法院认为,从法理的角度,保证人在作出提供保证的意思表示时,即应预期到了对相应数额的债务承担保证责任的法理后果,无论该债务形成于其提供保证之前还是之后,均不会影响保证人对权利义务后果的预期,不违反公平原则。① 另一种是,有适用于案件的具体规则,但是如果适用该规则,会导致案件裁判出现严重不公平的情形,此时法官可以履行其适用立法机关创制的规范解决纠纷的基本职责,用民法基本原则进行裁判,保证案件的公正性以及使得公众及当事人信服,保障法律的权威性。②

三、法律基础中的法理

法律基础中的法理,是从《民法典》中再推导出民法基本原则和一般原则之外的立法旨意,包括三类:一是民法及其他法律的基本原理,可以统称为"学说";二是社会主义核心价值观;三是中华优秀传统文化。

(一)学说

民法及其他法律的基本原理作为法律基础中法理的一种,其在《民法典》中未得到明确条文规定的,可以"学说"的方式参与到民事裁判中。

法律的基本原则是法律的一般原则,正如拉伦茨所提到的法伦理性原则一样,其具有实质的正义内涵,天然具有说服力,足以让裁判正当化,指示裁判的方向。一般来说法律的基本原则分为两种表现形式:一种是具有宪法位阶,由法律所明文规定,像"诚信原则"之类的基本原则。另一种是借助示范性的事件,以法院或者学说的方式展现,因其内在的说服力,迟早会被当时的法意识所普遍承认。③ 这些一般性法律原则可以是明确规定的,也可以是隐含成为法秩序

---

① 滨州市中级人民法院(2019)鲁16民终197号民事判决书。
② 于莹:《民法基本原则与商法漏洞填补》,载《中国法学》2019年第4期。
③ [德]卡尔·拉伦茨:《法学方法论》,陈爱娥译,商务印书馆2003年版,第229、293页。

的基础,包括成文的法律原则,以及不成文的普通法层次的法律原则。这些一般性法律原则在《奥地利通用民法典》第7条中表述为"自然的法律原则",在《意大利民法典》总则部分第12条第2款表述为"国家法律体系中一般法律原则",在《联合国国际货物销售公约》第7条第2款表述为"按照本公约所依据的一般原则"。①

我国《民法典》第4条至第9条明文规定了民法的基本原则,属于上述所提到的以成文的方式规定的法律原则。除此之外,上述另一种借助示范性的事件,被法院或者学说的方式展现出来的内容,在我国《民法典》中还展现为除了民法基本原则之外的一般性民法原理,并在民法典各编中有所体现,例如侵权法中的过错原则,合同法中的信赖原则、契约严守原则以及对此作出限制的情事变更原则、财团自由原则,物权法中的特定性原则和公示原则等。② 这些一般性法原则若未被法律所明文规定,可以成为"学说"的内容。

"学说"在司法实践中的适用是有例证的,在法律没有明确规定,也无先例可遵循的时候,就案件该作何裁判,法官往往会对案件所涉及的法学理论进行深入分析。那么,学说是如何在司法中进行适用的? 通过检索发现,司法实践中,通过学说进行裁判的案件有三类适用方法:一是法律没有相关规定,直接引用相关学说进行裁判。《最高人民法院公报》2012年第6期刊载的成都某法院判决的一个案件,就引用了关于代物清偿的法理作为裁判的依据。在2014年的民提字71号案民事判决中,最高人民法院引用民法关于虚伪表示无效不得对抗善意第三人的法理作为裁判依据。③ 二是法律只作出部分规定,另一部分需要法理进行漏洞补允。例如,《工伤保险条例》明确规定了应从工伤保险基金支付的具体事项,但对于超出工伤保险基金范围的费用并未进行明确。此时法官需要结合工伤保险立法目的和相关法理综合判断。在类似案件中,有法官指出,从工伤保险立法目的来看,其在于保障工伤职工,并促进工伤预防与职业康复,以及分

---

① [奥]恩斯特·A.克莱默:《法律方法论》,周万里译,法律出版社2019年版,第227页。
② 易军:《论作为民法法源的"法理"》,载《现代法学》2022年第1期。
③ 梁慧星:《读条文学民法》,人民法院出版社2017年版,第22页。

散用人单位的工伤风险。由此看来,让用人单位承担超出工伤保险报销范围的医疗费,既能促进对工伤职工的救治,促进用人单位重视生产安全、搞好工伤预防,也是契合享受利益者承担风险的原则。①三是通过学说阐释案件争议焦点。举例示之,就案件中对追索权与求偿权是否可以同时并存的问题,裁判法官从大陆法系的通说进行阐释,指出有追索权的保理业务所包含的债权转让合同的法律性质并非纯正的债权让与,而是具有担保债务履行功能的间接给付契约。②

(二)社会主义核心价值观

党的十八大提出,倡导富强、民主、文明、和谐,倡导自由、平等、公正、法治,倡导爱国、敬业、诚信、友善,积极培育和践行社会主义核心价值观。社会主义核心价值观是社会主义核心价值体系的内核,体现社会主义核心价值体系的根本性质和基本特征,反映社会主义核心价值体系的丰富内涵和实践要求,是社会主义核心价值体系的高度凝练和集中表达。习近平总书记指出:"民法典在中国特色社会主义法律体系中具有重要地位,是一部固根本、稳预期、利长远的基础性法律。"③《民法典》第1条规定:"为了保护民事主体的合法权益,调整民事关系,维护社会和经济秩序,适应中国特色社会主义发展要求,弘扬社会主义核心价值观,根据宪法,制定本法。"我国《民法典》将"弘扬社会主义核心价值观"作为立法宗旨,树立了《民法典》的鲜明价值导向。在第1条的指导下,民法典各编将社会主义核心价值观作为精神内核。④

社会主义核心价值观是《民法典》内在体系集中体现,具有开放

---

① 苏州市中级人民法院(2014)苏中民终字第03483号民事判决书。
② 最高人民法院(2017)最高法民再164号民事判决书。
③ 习近平:《充分认识颁布实施民法典重大意义 依法更好保障人民合法权益》,载《求是》2020年第12期。
④ 郭锋:《中国民法典的价值理念及其规范表达》,载《法律适用》2020年第13期。

性的特征,其作用与"法理"相同。① 社会主义核心价值观对《民法典》的条文解释和漏洞填补发挥重要作用。一方面,在社会主义核心价值观体现在民法典各条文内容中时,其对该条文的解释起到增强说理的作用;另一方面,在没有相关法律规定且无相关习惯法所适用时,可认定为"法律漏洞","适应中国特色社会主义发展要求,弘扬社会主义核心价值"可以起到填补法律漏洞的作用。② 社会主义核心价值观在我国《民法典》中得到了充分的体现,其中,民法典中"平等、自愿、公平、诚信"的基本原则分别对应社会主义核心价值观的平等、自由、公正、诚信。③ 二十四字的社会主义核心价值观贯穿于整个民法典,例如,《民法典》第8条规定:"民事主体从事民事活动,不得违反法律,不得违背公序良俗。"第185条规定:"侵害英雄烈士等的姓名、肖像、名誉、荣誉,损害社会公共利益的,应当承担民事责任。"第1043条第1款规定:"家庭应当树立优良家风,弘扬家庭美德,重视家庭文明建设。"这些条文规定都是社会主义核心价值观的体现。2021年1月19日,最高人民法院印发《关于深入推进社会主义核心价值观融入裁判文书释法说理的指导意见》的通知,该指导意见指出,深入推进社会主义核心价值观融入裁判文书释法说理,进一步增强司法裁判的公信力和权威性,努力实现富强、民主、文明、和谐的价值目标,努力追求自由、平等、公正、法治的价值取向,努力践行爱国、敬业、诚信、友善的价值准则。自《民法典》施行以来,法院在民事审判中进一步体现社会主义核心价值观。④ 法院在民事案件的裁判中,通过社会核心价值观进行说理。⑤ 例如,有法院指出"继承和发扬中华优秀传统文化和传统美德,将社会主义核心价值观融入日常

---

① 黄茂荣:《民法总则基本规定概论》,载《法治研究》2018年第1期。
② 方新军:《社会主义核心价值观融入〈民法典〉解释的意义和方法》,载《苏州大学学报》2022年第1期。
③ 刘士国:《关于创新中国民法理论若干问题》,载《法治研究》2023年第5期。
④ 张新宝、曹权之:《民法典实施一周年观察》,载《中国政法大学学报》2022年第3期。
⑤ 云南省高级人民法院(2023)云民终501号民事判决书;江苏省高级人民法院(2022)苏民终791号民事判决书;等等。

生活和行为之中,讲道德、尊道德、守道德,追求高尚的道德理想,不仅是新时代公民道德本身的要求,而且也是相关法律规范的应有之义,成为人民法院在处理相关民事案件时必须充分考虑的重要因素之一"①。

由此可见,社会主义核心价值观也是解释法律、补充法律漏洞的重要内容,其可作为"法理"的一部分成为兜底性法源。那么,社会主义核心价值观如何适用?由于社会主义核心价值观是一个开放的不确定性概念,即其内涵不确定,而外延又是开放的,在没有法律及习惯法可适用时,法官根据个案的实际情况适用社会主义核心价值观。关于社会主义核心价值观的内涵、外延,可在将来由法学理论界和实务界协力研究,共同攻关。②

(三)中华优秀传统文化

党的二十大报告提出"坚持和发展马克思主义,必须同中华优秀传统文化相结合"。这是我们党对马克思主义中国化时代化历史经验的深刻总结,是对中华文明发展规律的深刻把握。习近平在中央政治局第二十次集体学习时强调,民法典系统整合了新中国 70 多年来长期实践形成的民事法律规范,汲取了中华民族 5000 多年优秀法律文化,借鉴了人类法治文明建设有益成果,是一部体现我国社会主义性质、符合人民利益和愿望、顺应时代发展要求的民法典,是一部体现对生命健康、财产安全、交易便利、生活幸福、人格尊严等各方面权利平等保护的民法典,是一部具有鲜明中国特色、实践特色、时代特色的民法典。

中华优秀传统文化有根有源,中华文明具有讲仁爱、重民本、守诚信、崇正义、尚和合、求大同的精神特质,这些独一无二的理念、智慧、气度、神韵,也在民法典中得以具体体现。例如,《民法典》第 16 条关于胎儿利益保护、第 33 条关于老年人的保护,体现了中华优秀

---

① 北京市高级人民法院(2022)京民再 94 号民事判决书。
② 钟瑞栋:《〈民法典〉对"体制中立"民法传统的承继与超越——兼论"社会主义核心价值观"的规范内涵及立法技术》,载《苏州大学学报》2022 年第 1 期。

传统文化中的"尊老爱幼";《民法典》第 183 条的见义勇为条款、第 184 条自愿紧急救助免责条款、第 185 条英雄烈士条款等也是中华优秀传统文化的体现。尤其是在婚姻家庭编、继承编的内容中,无不体现了优良家风,家庭文明的中华优秀传统文化。在司法实践中,法院也常将中华优秀传统文化作为裁判说理的内容,例如在广东省梅州市中级人民法院的一判决书中提到,"中华民族历来重视家庭,正所谓'天下之本在国,国之本在家',家和万事兴。'百善孝为先''尊老爱幼'是中华民族的优良传统"[1]。在江苏省泰兴市人民法院的某一判决书中提到"倡导和构建和睦的邻里关系,既是中华民族优良传统的传承,又是构建文明、和谐社会的现实需求"[2]。

中华优秀传统文化除了作为民事裁判中的说理依据之外,在民事案件的裁判中,没有法律规定及习惯法可适用时,法官可将其以"法理"的形式作为兜底性法源进行援引而适用。

四、法律之上的法理

除了存在于法律明文规定中的法理和存在于法律基础中的法理之外,还有存在于法律之上的法理,包括法理念和外国法内容。

（一）法理念

法官创制的法官法灵感当然可以来自法律之上的社会科学论证,包括法律经济学、心理学等社会科学论证,这些都不是可以从法教义学中得到的内容,而是处于法律之上。例如,"间接受害人损失"能否得到赔偿的问题,单纯地运用法教义学的违法性理论无法解释此问题,而通过法律之上的考量,综合运用经济学理论,并平衡现行法基本价值才可得出正确解决方案。当然,不是所有的法律都是基于经济效率的考量,只是在部分情况下才可做此考虑。除了经济学论证外,也有心理学、艺术学等内容,例如关于监护、抚养等问题时,就需要心理学的考量,艺术学内容可以帮助法官判断广告语是否构

---

[1] 广东省梅州市中级人民法院(2022)粤 14 民终 573 号判决书。
[2] 江苏省泰兴市人民法院(2015)泰曲民初字第 0566 号判决书。

成欺诈等。① 社会科学论证是运用法律之外的其他社会科学学科的内容,来解决民事案件,这些内容尽管处于其他学科体系中,但也确是民事法律中所须提及的内容。而且这些内容,有部分已上升为法律,例如经济效率等就在商法中有所体现。那么,针对没有上升为法律的社会科学论证内容,可以成为法律之上的法理,作为兜底性法源,适用于既无法律规定,也无习惯法可适用,且无法从法律中推导出的观念及内容的民事案件裁判中。

那么,这些科学论证作为法律之外的法理如何运用到民事裁判中?拉伦茨提出超越法律计划之外的法的续造,包括法律交易上的需要从事之法的续造,例如担保让与制度就非法律本身规定,而是存在于交易中由司法裁判进行的创作。除此之外,还有对事物本质的法的续造,即立法者根据事物的不同进行不同的处理,例如在民事责任中,针对儿童、成长中的青少年、成年人就应作不同的处理。也就是说,超越法律之法的续造是有界限的,在于单凭单纯的法律解释,乃至法律内的法的续造都无法得出答案时,才可作超越法律之法的续造。② 而且,这种超越法之外的法的续造,必须由法官根据具体的交易或者事物本质进行综合判断,且须考虑现行法的价值,以及正义等法理念是否可被实现。

(二)外国法

世界各国是一个整体,人类共同生活在国际社会大家庭中,人类行为遵循的模式是共同的③,每个民族、每个国家的前途命运都紧紧联系在一起。当今世界,各国相互联系、相互依存的程度空前加深,人类生活在同一个地球村里,生活在历史和现实交汇的同一个时空

---

① [奥]恩斯特·A.克莱默:《法律方法论》,周万里译,法律出版社2019年版,第235~242页。

② [德]卡尔·拉伦茨:《法学方法论》,陈爱娥译,商务印书馆2003年版,第287、290、298页。

③ 杜涛:《德国国际私法:理论、方法和立法的变迁》,法律出版社2006年版,第156页。

里,越来越成为你中有我、我中有你的命运共同体。① 而法理是所有事物在民法中的表现,从这个意义而言,各个国家民事类的立法、学说、判例等中隐含的内容,是从这个整体中事物的本质演绎出来的。同时,由于各国家的发展不一,比较发达国家的立法或判例比较先进,而本国又未对相关问题进行规定时,可以借鉴相关国家的立法或者判例。这也是适用法理的体现,即适用的是从世界这个整体中事物本质在民法中的表现。但是其他国家规则的背后有着深刻的文化意涵和社会认同等社会心理支撑的因素,因此外国法的适用并不是简单的摘抄,而是要综合考量该类法律在国家内部的背后的含义,并结合本国现实环境,考虑国家之间文化是否有冲突。这是异域文化的借鉴过程,批判地嫁接与吸收的过程。②

在瑞士,如若遇到本国法没有规定的问题,联邦法院的判决将广泛运用法官法,而法官法的灵感就是来自比较法。联邦法院的"国际化"可谓是典范,但是下级法院也会常常援引外国法,以及外国的法官法和理论进行裁判。通过援引外国法的方式,将这些本国法没有规定的内容,逐渐融入本国法律制度中。联邦法院甚至认为,在诸如传统的跨境法律交往中,如果没有运用比较法,就不能客观地进行法律发现和填补漏洞。③ 在我国台湾地区"最高法院"曾就有以外国立法例作为法理而适用的例证,"最高法"1970 年台上字第 1005 号判决"因上诉人之增加设施,所借用房屋之价值显然增加,在我'民法'使用借贷一节内,虽无请求偿还或返还其价值之明文,然依据外国立法例,既不乏得依无因管理或不当得利之法则,请求偿还或返还之规定,则本于诚实信用之原则,似非不可将外国立法例视为法理而适用"④。

---

① 《坚持推动构建人类命运共同体 努力建设一个更加美好的世界》,载《人民日报》2018 年 10 月 31 日 06 版。
② 李安、王家国:《法律移植的社会文化心理认同》,载《法制与社会发展》2018 年第 1 期。
③ [奥]恩斯特·A.克莱默:《法律方法论》,周万里译,法律出版社 2019 年版,第 232~234 页。
④ 王泽鉴:《民法总则》,北京大学出版社 2009 年版,第 67 页。

在我国司法实践中,适用外国法的典型是2017年上海市第二中级人民法院裁判的一个金融借款合同纠纷。案件事实系当事人双方签订《最高额抵押合同》,并登记设立最高额抵押权,之后又签订《补充协议》将债务人进行变更。那么,在最高额抵押中关于债务人变更的问题,我国原《担保法》并未作出规定,最后法院转向比较法中寻找依据。[①] 为此,当裁判民事案件没有法律规定及习惯法适用,且也无法从法律中推导出相关观念时,可以借鉴外国法进行裁判。此时,外国法以作为法律之外的法理,成为兜底性法源,适用于民事裁判中。

---

① 上海市第二中级人民法院(2017)沪02民终2890号民事判决书。

第六章

民法典第十条参照性法源的适用

第一节　国家政策影响民事裁判的方式

国家政策体现了党和国家的阶段性政治意志,具有灵活性的特征,这种优势使得其在审判中可以被自由运用,在司法中实现"政治—法律"的联通,弥补法律的漏洞。① 但是国家政策难以在裁判中直接作为裁判依据,可通过制定司法解释的方式,将国家政策转化为法律,或者通过法官在裁判文书中释法说理的方式进入民事裁判。

一、国家政策民法法源地位的源流

中国传统社会中没有民法,在自然经济占统治地位的时代,推行重农抑商政策限制了商品经济的发展,礼和宗法族规替代着民法。② 有学者将国家政策在我国民事裁判中的地位总结为三个阶段。③

第一个阶段,1949年至1986年,国家政策在民事裁判中处于主导地位。1949年初,中共中央发布《关于废除国民党的六法全书与确定解放区的司法原则的指示》(以下简称《废除六法全书的指示》)指出,司

---

① 李红勃:《通过政策的司法治理》,载《中国法学》2020年第3期。
② 怀效锋:《中国古代民法未能法典化的原因》,载《现代法学》1995年第1期。
③ 齐恩平:《国家政策的民法法源论》,载《天津师范大学学报(社会科学版)》2018年第2期。

法裁判不能再以国民党的六法全书为依据,而应该以新的法律作依据,在新的法律还没有系统地发布以前,应以共产党的政策以及人民政府与人民解放军已发布的各种纲领、法律、条例、决议作依据。① 可见,六法全书的废除标志着我国确立了国家政策的民法法源地位。其后,1949年颁布《中国人民政治协商会议共同纲领》《中华人民共和国中央人民政府组织法》,1950年颁布《婚姻法》《中华人民共和国土地改革法》等一系列法律。但是由于这些规定过于原则化,且当时立法坚持"宜粗不宜细"的原则,因此1963年8月28日,最高人民法院发布《关于贯彻执行民事政策几个问题的意见》指出,处理婚姻家庭纠纷,必须根据党的政策和婚姻法的规定;1979年2月2日,最高人民法院发布《关于贯彻执行民事政策法律的意见》要求,人民法院审理婚姻家庭案件,必须根据党的婚姻家庭政策,坚持婚姻法的基本原则。可见,当时由于立法不够完善,且内容大多是原则性规定,因此,党和政策是处理民事案件的根据。1982年6月3日,发表在《解放军报》上的一篇题为《四项基本原则是我国立国之本》的文章指出:"政策是法律的灵魂,法律是政策的条文化、具体化。"②1985年1月1日,中共中央、国务院颁布的《关于进一步活跃农村经济的十项政策》指出,合作经济组织的章程由群众自己制定,只要不违背国家的政策、法令,任何人都不得干涉。与原有政策相抵触的,原政策停止执行。由此可见,在各个文件中,"政策"一词的表述往往在法律"法令"之前。在处于法律制度大量空缺的时期,人们普遍认为法律是实现国家政策的工具。甚至,由于法律的规定过于原则性,国家政策往往比法律规定更为细致,因而民事纠纷的处理更大程度上依赖于国家政策,而不是法律规定。

第二个阶段,1986年至2011年,国家政策只是作为填补法律漏洞的依托。1986年《民法通则》正式规定国家政策是民法法源。虽然《民法通则》的施行填补了我国此前大量的民事立法空白,但是,由于当时我国正值重大经济体制改革阶段,在改革中遇到的众多复杂问题,民事纠纷仍然是通过具有灵活性、多变性的国家政策得以解决。例如,随着

---

① 彭中礼:《中国法律语境中的国家政策概念》,载《法学研究》2023年第6期。
② 河山、肖水:《民事立法札记》,法律出版社1998年版,第5页。

技术市场的开放,技术作为一种特殊的商品进入了人们的生活之中。但是,人们对技术这种新事物的认识还远远不够。尽管《技术合同法》《技术合同法实施条例》《关于技术转让的暂行规定》《技术合同管理暂行规定》等法律法规相继颁布,但在技术市场发展、技术合同管理、技术成果权属等改革中这些法律法规仍存在诸多问题。因而,国家科委在制定相应规章的同时多次发布政策,以法律、法规和规章为技术市场的基本准则,政策为实施法律、法规的补充和指南。① 可见,在这一阶段中,民事纠纷的裁判依据不再像之前一样完全依赖于国家政策,而是转向依赖于法律,国家政策只作为填补法律漏洞的依托。而且,人们普遍认为法律是实现国家政策工具的观念也开始逐渐改变,各类文件中"政策"的表达不再用于法律之前,而是"法律、法规"表述在前,"政策"表述在后。例如,1993年6月12日,中共中央纪委、监察部颁布的《关于严格遵守党纪政纪,保证党中央、国务院有关经济工作的各项政策和措施贯彻落实的通知》指出:"行政监察机关监督检查国家法律、法规和政策以及决定、命令的贯彻执行情况,是纪检监察机关责无旁贷的重要职责。"

第三个阶段,2011年至今,国家政策的民法法源地位遭受质疑。2011年3月10日,十一届全国人大四次会议第二次全体会议指出,中国特色社会主义法律体系已经形成。在这一阶段中,国家法律体系逐步完善,处理民事纠纷基本可以做到"有法可依",国家政策的适用场合逐渐减少。为此,国家政策的民法法源地位开始遭受质疑。在立法例上,《民法典》第10条不再将政策作为法源予以规定。从《民法典》的编纂过程来看,针对是否还应遵循《民法通则》的规定将政策也作为民事裁判的依据,学界曾展开激烈的讨论。其中,大多数学者都认为,《民法典》不应再将政策作为民法的法源予以规定。主要理由如下:一是《民法通则》将政策作为民法法源的原因在于,在当时的历史背景下,我国的法律并不完备,政策和法律的界限也不清楚。但民法典编纂旨在制

---

① 国家技术科学技术委员会(已变更):《国家科学技术委员会政策法规司负责人阐述技术市场有关法律、法规和政策界限》(1988年12月1日)。

定一部完备的民法,因此,再将政策作为法律的渊源之一并不恰当。①二是政策与法律存在本质区别,政策并不具有国家强制性与规范性。在中国走上法治之路的当下,政策在未经过立法程序转换为法律时,无法成为民事裁判的依据。② 三是从《民法通则》第 6 条的司法适用情况来看,法官在适用国家政策时,缺少配套的规范,说理也存在困难,国家政策不具有作为民法法源形式的正当性,国家政策直接介入民事司法的方式并不合理,其仅可作为辅助资料,发挥裁判说理参考的功能。③

但是,也有许多学者指出,《民法典》第 10 条未将政策作为民法法源是不合理的。原因在于,首先,《民法典》未将政策作为民法法源,有违"确保政策和法律一起有效实施"。其次,《民法通则》规定民事活动应遵守政策,符合中国国情。我们不应完全遵照《法国民法典》《德国民法典》《瑞士民法典》《日本民法典》等域外立法中的规定。④ 最后,虽然《民法典》否定了国家政策可直接作为裁判的依据,但是在其他法律中,仍有规定国家政策可以作为行为规范。例如,《农村土地承包经营纠纷调解仲裁法》第 44 条第 1 款规定:"仲裁庭应该根据认定的事实和法律以及国家政策作出裁决并制作裁决书。"⑤并且,国家政策在未来仍然会影响民法的诸多领域。在物权法领域,判断征收、征用行为是否符合"公共利益"的前提,必然需要参照政策。换言之,尽管《民法典》不再将"国家政策"作为民法的正式渊源,但是"国家政策"在未来仍对民事关系起着规范的作用。应当承认,"将民事政策界定为民法非正式法源能促进和规范民事审判中法官自由裁量权的适用,缩短民法由静态的法

---

① 杨立新:《民法总则精要 10 讲》,中国法制出版社 2018 年版,第 59~61 页。
② 梁慧星:《读条文学民法》,人民法院出版社 2017 年版,第 22~23 页。
③ 张红:《论国家政策作为民法法源》,载《中国社会科学》2015 年第 12 期;李敏:《民法上国家政策之反思——兼论〈民法通则〉第 6 条之存废》,载《法律科学》2015 年第 3 期。
④ 张文显:《中国民法典的历史方位和时代精神》,载《经贸法律评论》2018 年第 1 期。
⑤ 刘作翔:《"法源"的误用——关于法律渊源的理性思考》,载《法律科学》2019 年第 3 期。

转变为'活法'的历史进程"。①

从国家政策影响民事裁判的三个发展阶段来看,其经历了从肯定到填补,再到争议的历程。《民法典》第 10 条已不再将国家政策作为法源予以规定,但是当今许多学者对此持不同的意见。那么,在《民法典》第 10 条背景下,国家政策的地位到底应作何解释,要得到此问题的答案,还需要进一步探究。接下来将梳理过去三个阶段中,国家政策是通过何种表现形式影响民事裁判的。

二、国家政策影响民事裁判的表现形式

通过对国务院出台的有关处理民事纠纷的政策进行梳理,国家政策在民事纠纷领域中的表现形式主要有三种:一是通过指导立法介入民事司法,二是通过法官解释介入民事司法,三是通过文件指示引导法律适用。

(一)通过指导立法介入民事司法

民事领域在出现法律已无法调整的新关系时,需要进行重新立法。因而,国家政策常常针对特定的民事领域直接作出针对性的立法指导。民法是调整商品经济关系的法律,随着社会的发展,影响商品经济关系的因素呈现出多样化,法律需要对这些影响因素进行规范与调整。而且,这种因素并不是在每一个时期都会出现,而是会经过一定的时间才能变化。为此,在某一时段内,国家政策会以指导立法的形式介入民事司法。

在改革开放初期,党的政策在经过立法机关、立法程序制定为法律规范,法院裁判案件则根据最高人民法院行使司法解释权,将党的各项民事政策制定为具有某种规范性的司法解释规则。例如,为了适应改革开放形势,加快引进外资,国家制定了一系列的政策,并将这些政策作为原《中外合作经营企业法》《中外合资经营企业法》等立法的指导。

---

① 齐恩平:《"民事政策"的困境与反思》,载《中国法学》2009 年第 2 期;石佳友:《民法典的法律渊源体系——以〈民法总则〉第 10 条为例》,载《中国人民大学学报》2017 年第 4 期。

另外,国有土地使用权出让的政策,通过《城镇国有土地使用权出让和转让暂行条例》予以贯彻实施。① 其后,尽管法律制度在不断完善,但是随着改革的深入、经济的快速发展,法律的规定无法应对新的现实,国家政策对立法的指导仍然起着重要的作用。例如,针对1986年《企业破产法》及1991年企业破产法相关司法解释不能有效应对实践中的企业破产案件,最高人民法院为此发布了相关防止借破产之机逃废债务为主要内容的司法解释性通知和意见。2003年,为了解决人民法院在审理与企业改制相关民事纠纷案件中的法律适用问题,规范人民法院对与企业改制相关民事纠纷案件的审理,贯彻企业改制的公共政策,发布了《关于审理与企业改制相关的民事纠纷案件若干问题的规定》。② 这些政策都是基于社会发展的变化,应对新技术、新问题而颁布的。而国家政策作为民法法源的一个重要原因是立法的不足,随着我国民事立法的不断完善,法律的稳定性与社会多变性的矛盾依然存在,当法律无法顺应社会的发展时,需要国家政策予以补充,并指导立法。因而,最高人民法院首先将国家政策转化为司法政策,再通过司法解释将政策内化到司法裁判之中。例如,2005年,针对互联网对商品经济关系的影响,颁布《国务院办公厅关于加快电子商务发展的若干意见》;2010年,针对民间投资的增加,颁布《国务院关于鼓励和引导民间投资健康发展的若干意见》;2016年,最高人民法院印发《关于依法审理和执行民事商事案件保障民间投资健康发展的通知》;2020年,最高人民法院印发《关于审理涉电子商务平台知识产权民事案件的指导意见》的通知;等等。

在这些司法解释诞生之时,国家基本没有相关的法律法规。因此,当纠纷发生时,最高人民法院通过解释国家政策作为裁判的依据,从而弥补法律的空白或漏洞。从此意义而言,司法解释的颁布是为了落实政策。当然,司法解释的废止也会源于政策的消失或者变更。例如,最高人民法院于2008年12月废止的《关于公民对宅基地只有使用权没

---

① 梁慧星:《政策是法律的依据和内容,法律是政策的规范化——"政策"与"法源"关系辨》,载《北京日报》2017年2月20日第014版。
② 雷新勇:《公共政策的司法分析》,南京师范大学2007年博士学位论文。

有所有权的批复》即反映出此种观点。在土地改革结束至《物权法》颁布期间,我国并无相关法律法规对宅基地的权属问题进行规定。而1962年颁布的《农村人民公社工作条例修正草案》指出,公民只有使用权而没有所有权。为此,最高人民法院在"批复"中认定公民对宅基地只有使用权没有所有权的做法是为了落实党的政策。其后,随着法律制度的不断完善,"公民只有使用权而没有所有权"从国家政策已经上升为法律,原来司法解释的具体内容被新的法律或司法解释所吸收。①由此可见,国家政策可通过指导立法介入民事司法。

(二)通过法官解释调整民事关系

国家政策在处理民事纠纷中的表现形式除了对民事立法作出指导外,还包括通过法官解释直接调整民事关系。但是,其直接调整民事关系的前提是法律尚未施行,即在该领域没有明确的法律规定时,国家政策才能对该领域的具体民事关系进行调整。

在中华人民共和国成立初期,法律体系并不完善,国家政策往往成为解释法律或者直接裁判的依据。《废除六法全书的指示》明确指出,在新的法律还没有系统地发布以前,国家政策可以作为人民司法工作的依据。例如,1981年4月17日颁布《国务院关于制止农村建房侵占耕地的紧急通知》,针对农村建房和兴办社队企业乱占滥用耕地的严重现象,重申了农村社队的土地都归集体所有。1987年1月25日,国务院办公厅转发《关于加强土地统一管理的会议纪要》,其中关于征收非农业用地使用费和非农业建设占用耕地垦付费问题,处理的基本原则是,征收来的资金一部分用于耕地垦复,一部分用于大江大河的治理。上述政策在2007年《物权法》实施之前,在司法实践中具有重要的意义。另外,直接调整民事关系的政策大多体现在对公司的各项规范中。改革开放以来,创业成为经济发展的主要动力。其中,各大企业的发展必须受到一定的规范,但是《公司法》在1993年才予以制定,《合伙企业法》在1997年才予以制定。在此之前,《国务院关于光大实业公司成立

---

① 宋亚辉:《公共政策如何进入裁判过程——以最高人民法院的司法解释为例》,载《法商研究》2009年第6期。

董事会的批复》《国务院关于进一步清理和整顿公司的通知》等政策对公司、合伙企业的规制,起着十分重要的作用。以司法实践为例,关于"涉外贴牌生产案件"在 2009 年前后的裁判结果可谓南辕北辙。在 2009 年前,法院普遍严格依照《商标法》第 52 条第 1 项的规定,适用商标侵权的"相同或近似使用"标准,认定涉外贴牌生产行为构成商标侵权。这样的做法无法达到良好的"社会效果",于是,2009 年后,法院以经济形势的变化为契机,借助多种司法技术改变裁判思路,从而使司法审判服务于中国经济发展的大局。这是法官通过经济政策解释法律,直接调整民事案件的典型例证。①

(三)通过文件指示引导法律适用

国家政策直接调整民事关系,还体现在通过文件指示引导法律适用。司法机关有时会出台相应的措施或意见,作出一些具体规定,以引导司法作用的发挥,并且要求各级法院统一遵照执行。法律的适用除了新法优于旧法、特别法优于一般法的适用规则之外,在新法未施行前存在的一些问题需要政策作出指导。例如,1995 年 7 月 3 日发布的《国务院关于原有有限责任公司和股份有限公司依照〈中华人民共和国公司法〉进行规范的通知》指出,《公司法》施行前,依照《有限责任公司规范意见》《股份有限公司规范意见》登记成立的有限责任公司和股份有限公司,在一些方面还不具备《公司法》的条件,根据《公司法》的相关规定对原有有限责任公司和股份有限公司进行规范,为《公司法》的适用进行指导。可见,任何群体必须经常作出适用于群体中所有人的决定。一个国家由政府所作出的适用于公民的决定,即政策。政策的作出是作为政府或政党等政治管理主体对政治生活的重大问题制定和选择行动方案的过程,是对政治生活的方向、目标、原则、方法和步骤进行抉择的过程。②

从这些国家政策的颁布时间来看,几乎都是在法制不完善的时期,

---

① 宋亚辉:《经济政策对法院裁判思路的影响研究——以涉外贴牌生产案件为素材》,载《法制与社会发展》2013 年第 5 期。

② 孔德元、孟军、韩升等:《政治社会学》,高等教育出版社 2011 年版,第 154 页。

没有相关法律对相应的民事关系进行调整,才需要政策进行调整。而且,在对政策民法法源地位源流进行探究时发现,在法律规范体系比较完善的时期,政策直接调整民事关系的实例则开始逐渐减少。在《民法典》施行的背景下,研究国家政策在民事裁判中的地位究竟是什么,还需要对国家政策进入民事裁判的意义进行探讨。

三、国家政策在民事裁判中的说理功能

(一)民法语境下的国家政策概念

当我们提到"国家政策"一词时,必然会联系到"党的政策""公共政策""司法政策""立法政策"等,它们和国家政策的关系应是怎样的?

从对"政策"这一词的政治学概念来看,制度理论认为公共政策与政府制度之间的关系是非常紧密的,政府制度是公共政策的母体,它在公共政策的整个生命周期都发生着决定性的影响。也就是说,不同的政府制度会导致不同的政策输出,公共政策是政府制度的产物。① 当然,也有学者认为传统的政治学进路、法教义学进路对法律语境下的政策的概念阐释,无法完整揭示司法政策概念的意义本质。从法律意义上来探寻政策概念,需要关注国家政策、司法政策、民事政策、刑事政策之间的联系与区别,国家政策、司法政策都是政策的类型,国家政策可以包括经济、政治、文化、社会、生态等各个领域的政策,而司法政策通常只在特定的与司法工作有关的场域适用。司法政策是司法场域的政策,民事政策与刑事政策分别是民事与刑事场域的政策。② 党的政策、国家政策都是当代中国社会中客观存在的规范类型,在各自的不同场域中发挥着功能和作用,党内法规体系及其政策体系来自执政党组织,国家政策体系来自国家政权机关。

在不同的历史时期,不同的场合下,国家政策的概念有所不同。在1986年,有学者认为从词义来看,政有治的意思,策是谋的意思,政策即指行为的准则和谋略。那么,国家政策一词,根据我国实际情况,可

---

① 谢明:《公共政策导论》,中国人民大学出版社2020年第5版,第1页。
② 刘顺峰:《司法政策概念论》,载《济南大学学报(社会科学版)》2023年第5期。

解释为社会主义中国的国家机关和中国共产党的领导机关,根据马克思列宁主义和毛泽东思想,结合中国和国际社会的实际情况,为建设、管理整个国家和处理国内外事务而确定的方针、路线、原则、制度和其他对策的总称,是有关建设、管理国家和处理国内外事务的一切行为的行为准则。① 在新时代的今天,有学者认为,国家政策是有关国家事务成文化的规范类型,包括国家总政策和国家具体政策,前者是在一个时期内有关国家改革和发展的宏观性的规划和战略性的决策,后者是包括立法政策、行政政策、司法政策的总和概念。② 虽然,在不同的时代,不同的学者对国家政策的概念解析有所不同,但相同的是,他们都认为国家政策是由国家机关所制定的政策,而无论实践中所表达的司法政策、立法政策等,都是在不同的场域内发挥作用的政策。

探寻民法语境下的国家政策概念,我们可以看到,"政策"一词在我国民事法律体系中是非常重要的概念,涉及经济政策、技术政策、产业政策、税收政策、残疾人就业优惠政策、价格政策、就业政策、财政政策、社会保险政策、教育政策等。③ 其中,经济政策涉及面比较广,包括金融、房地产、环保、企业改制等。金融政策又分为股权分置改革、不良金融债权转让等;房地产政策包括限购、利率等;企业改制政策包括企业国有产权转让政策等。④ 由此,我们可以看到涉及"政策"的文件众多,数量庞大,类别十分细琐。《民法通则》第 6 条规定,"应当遵守国家政策",将国家政策作为法源予以规定。但是《民法典》第 10 条删除了"国家政策",形成法律、习惯的二分法源。最高人民法院民法典贯彻实施工作领导小组对做此修改的原因进行了解释,同时也说明了,国家政策只是不宜被作为直接的民法渊源。但是,其在调整民事关系和民事司法裁判中仍然发挥着重要的作用。在司法裁判中,国家政策可以通过

---

① 蔡守秋:《国家政策与国家法律、党的政策的关系》,转引自彭中礼:《中国法律语境中的国家政策概念》,载《法学研究》2023 年第 6 期。

② 刘作翔:《当代中国的规范体系:理论与制度结构》,载《中国社会科学》2019 年第 7 期。

③ 刘作翔:《"法源"的误用——关于法律渊源的理性思考》,载《法律科学》2019 年第 3 期。

④ 潘军锋:《论经济政策的司法融入——以政策在民事审判中的介入机制为研究路径》,载《法制与社会发展》2012 年第 1 期。

民法中引致条款发挥作用,和裁判说理的依据。①

以"政策"为关键词在北大法宝"裁判结果"栏搜索民事案例,共计搜索到13812件民事案件。其中,合同纠纷涉及的政策有拆迁安置补偿政策②、贷款政策③、其他金融政策等。④ 物权纠纷中涉及的政策有房改政策、土地延包政策、安置补偿政策等。⑤ 婚姻家庭、继承纠纷,大多是在继承纠纷、离婚纠纷中对房产的分割,涉及安置补偿、拆迁政策、土地政策等。⑥ 侵权责任纠纷也涉及土地承包政策、拆迁政策等。⑦ 与公司、证券、保险、票据有关的民事纠纷主要涉及各项金融政策。劳动争议纠纷中主要涉及公司自制的政策,例如销售政策、信息安全政策、绩效政策、提成政策、纪律管理政策等。⑧ 可见,司法实践中也有许多这样的例证,国家政策在民事裁判中是具有积极意义的。

---

① 最高人民法院民法典贯彻实施工作领导小组编著:《中华人民共和国民法典总则编理解与适用》,人民法院出版社2020年版,第87~88页。

② 杭州市萧山区人民法院(2017)浙0109民初20295号民事判决书;杭州市萧山区人民法院(2018)浙0109民初1220号民事判决书;杭州市萧山区人民法院(2018)浙0109民初14621号民事判决书;杭州市中级人民法院(2018)浙01民终6731号民事判决书;等等。

③ 深圳市中级人民法院(2017)粤03民终5080号民事判决书;北京市第二中级人民法院(2018)京02民终9361号民事判决书。

④ 邯郸市中级人民法院(2019)冀04民终6008号民事判决书。

⑤ 杭州市下城区人民法院(2019)浙0103民初4849号民事判决书;承德市中级人民法院(2018)冀08民终1806号民事判决书;青岛市中级人民法院(2018)鲁02民终7487号民事判决书;佛山市中级人民法院(2016)粤06民终9348号民事判决书;等等。

⑥ 杭州市中级人民法院(2019)浙01民终3331号民事判决书;绍兴市中级人民法院(2018)浙06民终4078号民事判决书;常州市钟楼区人民法院(2014)钟民初字第892号民事判决书;北京市第二中级人民法院(2016)京02民终7973号民事判决书;上海市青浦区人民法院(2013)青民一(民)初字第1144号民事判决书;等等。

⑦ 广州市中级人民法院(2017)粤01民终4499号民事判决书;日照市中级人民法院(2019)鲁11民终2273号民事判决书;鄂尔多斯市中级人民法院(2015)鄂民终字第1459号民事判决书;临沂市中级人民法院2019鲁13民终1012号民事判决书;等等。

⑧ 广州市中级人民法院(2015)穗中法民一终字第1457号民事判决书;上海市静安区人民法院(2016)沪0108民初1780号民事判决书;上海市浦东新区人民法院(2013)浦民一(民)初字第11816号民事判决书;长沙市中级人民法院2017湘01民终680号民事判决书;徐州市中级人民法院(2018)苏03民终593号民事判决书;等等。

(二)国家政策影响民事裁判的积极意义

在社会高度分工合作、高度分化整合的社会政治经济条件下,政策作为一种由国家推动和保障实现的行为规范已与法律相互融合乃至密不可分,无论是从规范性、普遍性,还是从效力性来看,政策都比习惯地位更高、更为重要。而且,成文法的局限性使得政策对于法律的适用具有补充、梳理、纠错、协调和主导的功能。另外,在我国,中国共产党作为执政党,其政策法规在一定情形下、相当程度上也具有法的渊源功能。在法治的问责制条件下,政策能够被合理"规训"并发挥其对法治的构建作用。① 就民事领域而言,一方面,国家政策可以弥补民事法律的滞后性;另一方面,国家政策可与民事法律一起共同实现利益衡平,创造良好的社会效果。

国家政策可以弥补民事法律的滞后性,在民事法律尚未对新事物作出规定时,对民事裁判起着引导的作用。法律始终不是一个自给自足的运行系统,整个社会主义法律体系并不是一成不变的,而是动态、开放和发展的,法律的规范体系也是在不断完善。② 可见,法律并不是万能的,总是存在着一定的缺陷。法律必须与社会不断地相协调,在有些社会领域,法律不宜介入。因而,除了法律之外,其他社会规范如政策、道德、惯例等都发挥着重要的作用。③ 国家政策具有规范性、权威性和灵活性,对经济社会发展具有重要意义,深刻影响着法治建设进程。④ 其可以在尚未有相关法律规范予以调整的新事物、新领域内,作出权威、明确、有效的指引。为此,法律与国家政策形成的合力可以有效控制社会;又或者,为了有效地通过法律控制社会,必须使法律与其他社会控制规范相互配合。这一点在经济结构调整中显得尤其明显。"每一时代的社会经济结构形成现实基础,每一历史时期由法律设施和政治设施以及宗教的、哲学的和其他观点所构成的全部上层建筑,归根

---

① 史际春、胡丽文:《政策作为法的渊源及其法治价值》,载《兰州大学学报(社会科学版)》2018 年第 4 期。
② 刘颖:《论民法中的国家政策》,载《华东政法大学学报》2014 年第 6 期。
③ 付子堂:《法律功能论》,中国政法大学出版社 1999 年版,第 116~118 页。
④ 彭中礼:《中国法律语境中的国家政策概念》,载《法学研究》2023 年第 6 期。

到底都是由这个基础来说明的。"① 可见,法律伴随着经济发展的需要而产生,在经济发展到一定阶段而使社会发生大分裂的时候,作为一种特殊的社会规范的法律应运而生。同时,法律保障经济基础的形成以及巩固,建立和维护着对掌握国家政权的社会集团有益的经济关系和经济秩序。也就是说,法律伴随着经济发展而产生,同时也调整控制着经济。② 民法作为调整商品经济的基本法,是反映和调整商品经济关系的法律上层建筑③,其本身就是随着商品经济的发展而发展起来的法律部门④。但是,随着社会快速发展,经济结构随之转型,法律发展滞后,旧的法律框架无法回应经济领域的新情况时,就需要国家政策对经济进行调整。⑤ 因此,在民事裁判中,国家政策与民事法律规范效果具有一致性,在民法没有对新情况、新事物作出调整时,国家政策对民事案件的裁判具有引导作用。⑥

此外,由于国家政策遵循国家强制理念,而民法秉持私法自治,国家政策限制着民事法律对私人利益调控的边界,以实现利益衡平,与法律共同创造良好的社会效果。一方面,法律应该以社会为基础,表现为社会共同的、由一定物质方式所产生的社会共同的利益和需要。⑦ 国家与法产生的根源,都在于它们在人与人之间发生了不可调和的利益冲突关系而无力摆脱时起着调控作用。即当利益产生冲突时,法律可以予以调和、规范。而国家政策遵循国家治理理念,是国家宏观调控的具体表现。为此,国家政策与法律都对利益起着调控作用,它们在利益调控这一规范效果上是一致的。同时,民法是私法,其立法旨意在于从理性经济人假设出发,追求形式理性,具有自治性。而国家扮演公共利

---

① 《马克思恩格斯选集》(第 3 卷),人民出版社 2012 年版,第 66 页。
② 付子堂:《法律功能论》,中国政法大学出版社 1999 年版,第 138 页。
③ 王卫国:《论民法与商品经济》,载《法学研究》1987 年第 3 期。
④ 金平:《社会主义商品经济与民法调整》,载《政法论坛》1987 年第 5 期。
⑤ 潘军锋:《论经济政策的司法融入——以政策在民事审判中的介入机制为研究路径》,载《法制与社会发展》2012 年第 1 期。
⑥ 刘颖:《论民法中的国家政策》,载《华东政法大学学报》2014 年第 6 期。
⑦ 《马克思恩格斯全集》(第 6 卷),人民出版社 2012 年版,第 292 页。

益的界定者和市场秩序的维护者,国家政策是维护公共利益的重要工具。① 另一方面,国家政策进入民事裁判的原因在于立法供给不足,具体表现为立法粗疏、立法滞后等。法律是一种社会系统,通过对社会进行控制,使社会具有确定性,解决经济、政治、文化、科技、道德以及宗教等方面的社会问题。② 因而,法律的效果旨在引导人们获得恰当的德行,而德行使得人们成为向善的事物,即成为绝对意义上的善人。③ 从此意义上讲,法律的目标在于对"良善"社会效果的追求。但法律并不是万能的,是有局限性的,在有些领域法律不宜介入或者无力介入时,国家政策作为一个经验事实进入裁判可以有效地与法律一同创造良好的社会效果。④

(三)国家政策影响民事裁判的限度

政策指引着法学,法律过程是决策过程的一部分,而决策过程又是社会过程这一整体的一部分。⑤ 任何一项复杂的立法纲领的证明都要求考虑到政策和原则,司法裁判中,如果遇到疑难案件,没有明确的规则可适用,此时法官要作出一个适当的判决,就可以依据政策。⑥ "国家政策"在应然层面上具有规范性是没有疑问的,并且在我国的司法实践中对社会制度的构建具有不可忽视的意义。但在目前《民法典》第10条否定政策的民法法源地位的前提下,将国家政策作为直接法源仍缺失正当性。要发挥国家政策在民事裁判中的积极意义,可以间接地将政策纳入民法典体系之中,以调和政策与法律之间的矛盾。⑦ 关于具体的做法,有学者建议,通过"创制政策—发现政策—释明政策"的路

---

① 潘军锋:《论经济政策的司法融入——以政策在民事审判中的介入机制为研究路径》,载《法制与社会发展》2012年第1期。
② 付子堂:《法律功能论》,中国政法大学出版社1999年版,第114~115页。
③ [意]阿奎那:《论法律》,杨天江译,商务印书馆2016年版,第33页。
④ 付子堂:《法律功能论》,中国政法大学出版社1999年版,第116页。
⑤ [美]哈罗德·拉斯韦尔、迈尔斯·麦克道格尔:《自由社会之法学理论》(上),王贵国译,法律出版社2013年版,第285页。
⑥ [美]罗纳德·德沃金:《认真对待权利》,信春鹰、吴玉章译,中国大百科全书出版社2002年版,第117~121页。
⑦ 许中缘:《政治性、民族性、体系性与中国民法典》,载《法学家》2018年第6期。

径使得政策能够进入裁判,通过公共政策或公序良俗的立法指导原则、法律解释原则、法律适用原则地位,在潜移默化中动态地实现其法源地位的法典化。① 在《民法典》第10条的背景下,基于国家政策进入民事裁判的积极意义,结合当下的现实情况,国家政策可通过制定司法解释或者作为裁判说理的理由等方式进入民事裁判,发挥其灵活性、及时性等优势。

1. 通过制定司法解释进入民事裁判

政策是法律的依据和内容,法律是政策的规范化。各项政策,只有经过国家立法机关,通过立法程序,制定为国家法律予以颁布后,才具有法律的规范性和强制性,才能作为法院裁判案件的依据。现行各项法律,实质上都是党的各项政策的法律化。② 例如,2016年11月4日,中共中央、国务院发布《关于完善产权保护制度依法保护产权的意见》,其中对住宅建设用地使用权到期的问题提出"住宅建设用地等土地使用权到期后续期"的意见,此意见是对《物权法》第149条第1款的修定。此种"安排"具有法律的形式,并且取得法律的地位,具有安定性和稳定性,成为法律规范,解决现实生活中的问题。③ 又如,在金融领域内,国家政策具有不可替代的作用。在金融危机爆发时,为了应对金融危机,我国司法机关出台了一系列司法文件,以针对、处理关于破产、不良金融债权转让、涉农、涉知识产权、执行、劳动争议、房地产等纠纷。④

那么,国家政策如何在民事裁判中发挥作用?法律由国家强制力保障实施,具有国家强制性。而且经过立法机关,通过立法程序,并颁布施行的法律,才具有规范性。此时,有了明确的适用范围、构成要件和法律效果,才是法院裁判案件的依据。但政策则不具有规范性和国家强制性,其是党和政府为解决问题的指导性意见或者规范,无法直接

---

① 王洪平:《论"国家政策"之法源地位的民法典选择》,载《烟台大学学报(哲学社会科学版)》2016年第4期。

② 梁慧星:《政策是法律的依据和内容,法律是政策的规范化——"政策"与"法源"关系辨》,载《北京日报》2017年2月20日第014版。

③ 杨立新:《民法总则精要10讲》,中国法制出版社2018年版,第60~61页。

④ 宋亚辉:《公共政策如何进入裁判过程——以最高人民法院的司法解释为例》,载《法商研究》2009年第6期。

成为法院裁判的依据。因而,国家政策只有经过立法程序转化后,才可进入民事裁判中。我们可以看到,党的十八大以来,中国特色社会主义法律体系完善取得显著进展。我国《民法典》作为新中国第一部以典命名的法律,是改革开放40多年民事立法的集大成者,具有基础性、典范性的特点,既反映了时代精神,又体现了时代特征,还解决了现实问题。① 作为一部固根本、稳预期、利长远的基础性法律,许多过去未有的规定,在民法典中都得以充分体现。此时,国家政策要经过立法程序转化,可以司法解释的方式进行转化。这种路径在我国法律并不完备的时期,就有例证。在当时若要将政策作为裁判案件的依据,也必须由最高人民法院通过司法解释权,将党的各项民事政策转化为司法解释规则。② 因此,国家政策影响民事裁判的方式,可以通过制定司法解释的方式实现。

2.通过法官释法说理进入民事裁判

国家政策除了以司法解释的方式进入民事裁判之外,也可以法官释法说理的方式进入民事裁判。有学者认为,在我国过去的一段时间内,司法实践对国家政策的适用已经形成习惯,若现在"去政策化",不再适用国家政策,将国家政策完全区隔于司法实务之外,或有脱离实际之嫌。而且,国家政策在针对一些历史遗留或者转型时期的临时性问题等仍有重要的指引作用。其可以作为辅助资料,在民事裁判中发挥裁判说理参考的功能。③ 从社会分析的角度出发,若将国家立法看作一种政治活动,那么"对法律依据进行解释,可以给法律注入更多血肉,使其更具有生命力,让其更富适用性和实效性,解决诸多新的问题,这也可被称为十分重要的政治功能"④。据此,有学者提出了政策解释,即以政策为导向或纳入政策考量的法律解释。因国家政策目的在于管

---

① 王利明:《彰显时代性:中国民法典的鲜明特色》,载《东方法学》2020年第4期。
② 梁慧星:《读条文学民法》,人民法院出版社2017年版,第22~23页。
③ 李敏:《民法上国家政策之反思——兼论〈民法通则〉第6条之存废》,载《法律科学》2015年第3期。
④ 沈岿:《司法解释的"民主化"和最高法院的政治功能》,载《中国社会科学》2008年第1期。

理国家事务,进行宏观调控,符合公共政策和社会公平正义观的要求,因此运用国家政策对民事裁判进行释法说理,符合社会发展的趋势和方向,而且能为广大社会公众所认同。① 因而,国家政策可以作为法律之外的规则进入民事裁判中,但鉴于其并未被《民法典》第 10 条明确为民法法源,可通过法官释法说理的方式,在裁判文书中的"法院认为"部分对国家政策进行阐释较为合理。

第二节　指导性案例影响民事裁判的方式

遵循先例应该成为一种规则,遵循先例可以使法官在前人铺设的进程的坚实基础之上,为自己的进程添砖加瓦,否则法官的劳动就会大大增加。② 而且法院判决若常常变化,也会使得其权威性受到影响。我国没有明文规定判例制度,但在司法实践中,指导性案例对法院的裁判起着重要的影响,由于指导性案例无法直接被引用,其应以参照适用的方式进入民事裁判。

一、指导性案例的法律定位

谈及先例的遵循,可能更多地把目光投向了英美法系。英美法系国家将判例作为其法律渊源之一,通过创制先例或判例以进行法官释法和法官造法。判例法推理是法官解释法律甚至创设法律的一个过程。即在个案裁决的过程中,法官通过解释制定法而形成释法的先例,或通过创制普通法与衡平法规则而形成造法的先例。据此,英美法系国家的判例分为两种:一种是普通法与衡平法的判例,法官通过对法律规范进行解释,从而得以适用普通法与衡平法规则,并从此在先例中创设了普通法与衡平法的规则,这被称为先例创制的规则或原则;另一种

---

① 王洪平:《论"国家政策"之法源地位的民法典选择》,载《烟台大学学报(哲学社会科学版)》2016 年第 4 期。

② [美]本杰明·卡多佐:《司法过程的性质》,商务印书馆 2017 年版,第 84 页。

是法官通过对制定法进行解释,形成释法先例。①

但是,罗马法也并非一贯主张法律只能通过立法或者君主的权威创制,在西塞罗时期,先例也是法律渊源之一。当时,法学家可以根据敕令的授权,规定判定相同结果的那些案件的根据具有法的强制力。只是,当时这个先例的约束力必须经过君主的创制,才可指导其他案件。如果法律明显有缺漏,而下一个法官又不能仰仗前人的判决,正如《法国民法典》第5条所规定的"不得遵循先例的方式进行判决"。而《法国民法典》颁布不到50年时间,法国法学家们开始承认第5条的规定是失败的。实际上,遵循先例糅合了保障法律的确定性和进化力的双重功能。② 遵循先例原则目的在于保证法律面前人人平等,以及法律的稳定性和延续性。其与成文法至上在思想有异曲同工之意,因为遵循先例也是要求司法判决根据过去的司法经验中归纳出来的原则进行裁判,裁判的基础在于理性,而不是君主或者统治者专断的意志。③

无论是英美法系还是大陆法系国家,遵循先例似乎都具有十分重要的意义。在我国,遵循先例原则体现在案例指导制度中。2005年10月26日,最高人民法院发布《人民法院第二个五年改革纲要(2004—2008)》,该纲要提出了建立案例指导制度,这是最高人民法院第一次正式提出案例指导制度。④ 在当时,提出建立和完善案例指导制度的背景在于:第一,这些年同案不同判的情况较多,破坏了法制统一。同时,随着案件数量的增长,司法力量和资源还不足以应付这种局面。第二,建立案例指导制度可以防止法官的自由裁量权的滥用,限制法官的权力;与此同时,在同类案件的裁判上,之后的法官也会受到一定的约束,类案同判在司法改革过程中越发地被强调。第三,通过案例指导制度,

---

① 王洪:《论判例法推理》,载《政法论丛》2018年第3期。
② [美]罗科斯·庞德:《普通法的精神》,唐前宏、廖湘文等译,法律出版社2001年版,第124、127、128页。
③ 张芝梅:《美国的法律实用主义》,法律出版社2008年版,第5页。
④ 《人民法院第二个五年改革纲要(2004—2008)》第13项:建立和完善案例指导制度,重视指导性案例在统一法律适用标准、指导下级法院审判工作、丰富和发展法学理论等方面的作用。最高人民法院制定关于案例指导制度的规范性文件,规定指导性案例的编选标准、编选程序、发布方式、指导规则等。

能够使司法裁判的效力发挥出更多的效用,即充分发挥具有指导意义裁判案件的影响力。①

众所周知,根据《立法法》的规定,只有国家权力机关和国务院有立法权,司法机关不能"造法",其仅享有审判权、检察权、法律解释权。那么,案例指导制度是司法机关"释法"还是"造法"引起了学界的讨论。②法官造法是在法律存在漏洞的前提下,通过类推适用、目的性扩张或目的性限缩等方式去填补法律漏洞。③"造法"的首要特征是现行法没有规定,重新创造一种"法"出来。而案例指导制度的前提是依法,是在严格遵从现有法律体制基础下,以制定法为主,借鉴判例法的一些有益经验,采取一种能够体现中国特色的,并顺应世界两大法系逐渐融合发展大趋势的制度变革举措,其仍然属于一种法律适用活动。④ 因而,人民法院的指导性案例,是解释法律的一种形式,起着明确、细化法律,甚至弥补法律模糊、疏漏的作用,在性质上仍是法律解释。据此,指导性案例目的在于总结法律经验法则,是法官释法,而不是法官造法。⑤

与此观点不一致的是,有学者认为,案例指导制度并非只是法律解释,其也具有司法造法的性质。尽管最高司法机关运用充分的法律依据、理论、历史基础论证来证明案例指导制度是法律解释,但不能否认的是,指导性案例对相同或者相似案例的司法机关和当事人具有拘束力。因为随着最高人民法院对"统一法律适用加强类案检索"的强调,在指导性案例发布后,要求司法机关处理同类案件时"应当参照""可参照执行"的规定,使得通过筛选机制而成为指导性案例,适用于指导性案例本身的裁判规范事实上可以拘束此后同类案件的司法机关和当事

---

① 刘作翔:《我国为什么要实行案例指导制度》,载《法律适用》2006 年第 8 期。
② 刘克毅:《法律解释抑或司法造法?——论案例指导制度的法律定位》,载《法律科学》2016 年第 5 期。
③ 李敏:《论民事裁判中的法官造法》,载《中国社会科学院研究生院学报》2018 年第 1 期。
④ 刘作翔:《我国为什么要实行案例指导制度》,载《法律适用》2006 年第 8 期。
⑤ 胡云腾:《人民法院案例指导制度的构建》,载《法制日报》2011 年 1 月 5 日第 11 版。

人。此时,指导性案例类似于与法律相同的效力规范,具有法源地位。①从罗马法的经验来看,为了发展市民法,主动依赖于立法会存在缺陷,为此转向法的解释途径。但法的解释受到较大的约束,其需要依托于法律文本,无法自由发挥。在此背景下,罗马的裁判官开始发挥"造法"功能。据此来看,裁判官"造法"的历史原因在于,其法律体系的缺陷和立法不能及时回应现实的需求。而我们对于指导性案例制度或是司法解释,其实都是一种法官"造法"的体现,我们只需正确认识"造法"的积极影响,无须为了逃避"造法"而否认案例指导制度和司法解释的法官"造法"性质。②

关于案例指导制度到底是"造法"还是"释法",学界争论不一。根据最高人民法院印发《案例指导实施细则》的规定来看,首先,成为指导性案例的标准是非常高的,不仅要求法律效果和社会效果良好,还要求对审理类似案件具有普遍指导意义。也就是说,是在司法实践中,常见有争议或者是今后可能面临类似情况的案例。其次,指导性案例的筛选有严格的程序。而且针对案例指导制度的工作,还一直不断在发布相关的工作规则及发展意见,例如,2021年最高人民法院印发《关于推进案例指导工作高质量发展的若干意见》的通知。最后,指导性案例在民事裁判中的援引,是在裁判理由部分进行说明。而且当有新的法律法规或者新的指导性案例颁布时,原指导性案例不再具有指导作用。从这几个方面都可以看到,案例指导制度发挥的仅是"释法"的作用,且"释法"有严格的程序和标准,而不是由法官任意作出。

二、指导性案例在民事裁判中的参照适用功能

既然案例指导制度仅是"释法",那么其在民事裁判中发挥的是怎样的功能?案例指导制度能否成为像司法解释般对法院适用时有强制规范力?要解决前一个问题,必须先回答后面一个问题。

指导性案例与司法解释都是有中国特色的司法改革实践,具有鲜

---

① 刘克毅:《法律解释抑或司法造法?——论案例指导制度的法律定位》,载《法律科学》2016年第5期。
② 薛军:《民法典编纂与法官"造法":罗马法的经验与启示》,载《法学杂志》2015年第6期。

明的国情和时代特色。二者究竟有何区别?① 从二者的功能来看,司法解释的功能在于明晰法律的适用,统一司法的规定,旨在解决立法欠缺规范性和体系化,以及立法的"宜粗不宜细"而导致法律的可操作性不强等问题。② 案例指导制度在节约司法资源、提高司法效率、保障法制的统一、实现司法的公正等方面起着十分重要的作用。③ 从二者的立法根据来看,司法解释制度的根据是包括《立法法》在内的5部法律及规范性文件,而案例指导制度的根据是《案例指导规定》《案例指导实施细则》。④ 从二者在司法实践中的引用方式来看,司法解释可以直接引用,指导性案例只能作为释法说理时适用,即法官遇到类似案件时,在说理部分说明此种裁判思路已然运用于曾经指导性案例。同时,法官要说明为什么要用到指导性案例,那就是必须说明待判决的案例事实与指导性案例类似,裁判思路及社会效果也基本一致。这些内容都构成法官在判决案例时,运用指导性案例裁判思路的依据。可见,案例指导制度与司法解释虽都是作为解决司法实践中法律适用的问题,旨在统一司法裁判,但是二者聚焦点有所不同。司法解释聚焦在法律条文的解释,旨在如何适用法律;而指导性案例更多地聚焦在裁判思路,即哪类型的案例适用哪些法律,旨在适用何种法律。

指导性案例与司法解释有许多不同,指导性案例是否具有像司法解释的强制力?在我国,指导性案例是无法与立法相等同。但在司法实践中,其可以增加或改变法律规定的适用条件,形成了法律规范与司法规范相互支撑,增加裁判依据的权威力。其对法律的解释与适用规则对后续类似案件的裁判有着一定的强制性,形成了一种规范性的裁判规则。⑤ 另外,从《案例指导规定》第7条"应当参照"来看,"应当"带有强制性规范的含义,指其在法源层面上对法官具有规范约束力。但

---

① 侯欢:《司法解释与案例指导制度关系之辨》,载《北方法学》2019年第3期。
② 胡岩:《司法解释的前生后世》,载《政法论坛》2015年第3期。
③ 刘作翔:《我国为什么要实行案例指导制度》,载《法律适用》2006年第8期。
④ 侯欢:《司法解释与案例指导制度关系之辨》,载《北方法学》2019年第3期。
⑤ 武静:《裁判说理——适用指导性案例的理论与实践皈依》,载《河北法学》2017年第1期。

其后的"参照"一词,则表明其在法源分量层面只具有弱规范拘束力。①可见,指导性案例已具有一定的规范拘束力,但又因拘束力较低而只能作为"准法源"而存在。可见,指导性案例在民事裁判中,具有的仅是参照适用的功能。在此基础上,也有学者提出指导性案例可分为两种类型:一是解释型,二是漏洞补充型。因而,也仅有在对法律进行创造与补充的"补充漏洞型"指导性案例,方才具有"准法源"的地位,"解释型"指导性案例则不具有。②

---

① 雷磊:《指导性案例法源地位再反思》,载《中国法学》2015年第1期。
② 梁慧星:《读条文学民法》,人民法院出版社2017年版,第21页。

第七章

民法典第十条法源位阶的确定

在凯尔森看来,一个法律规范决定着创造另一个规范的方式,而且在一定范围内,前者决定着后者的内容。后者有效力的原因也在于其是按照前者决定的方式被创造的。调整另一个规范的创造的那个规范和另一个规范之间的关系,可以表现为高级和低级,前者是高级规范,后者是低级规范。法律秩序是一个包含着不同等级的诸规范的等级体系。[①] 这里不同的等级规范,也就是我们常说的位阶的问题。《民法典》第 10 条规定了"法律""习惯"的二元法源,另外,既然兜底性法源也十分重要;那么,"法律""习惯""兜底性法源"三者之间应呈怎样的位阶次序,是一个十分值得探讨的问题。

第一节 "法律"优先适用的一般与例外

《民法典》第 10 条规定了"法律""习惯"的二元位阶法源,从法条的规定来看,似乎可以直接得出"法律"优先于"习惯"适用的结论。但是,"法律"包括强制性法律规则和任意性法律规则,在我国民商合一的体例下,"习惯"包括民事习惯和商事习惯,是否它们之间都可以依照"法律"优先于"习惯"而适用?答案当然是否定的。

[①] [奥]凯尔森:《法与国家的一般理论》,沈宗灵译,商务印书馆 2017 年版,第 193 页。

一、"法律"优先适用的一般情形

(一)"法律"优先适用之论证

1."应当适用法律"的文义解释

法律解释必先从文义解释入手,文义解释是通过确定法律条文的词句意义去阐释法律,所作解释不能超过词句可能的文义,否则进入了"造法"而不是"释法"。① 《民法典》第10条中"应当适用法律"中的"应当"是法律条文中运用最多的助动词,意指一种义务。当法律被描述为立法者的命令,或者说法律秩序本身是国家的命令时,立法常常以"应""应当"去表达。② 可见,此处的"应当"含有命令式、强制性之意。另外,"国家或任何人类有组织的团体的法律,都是由法院,即该团体的司法机关为决定法律权利和义务所立下的那些规则所构成的"。格雷认为,司法判决之前不存在任何的法律,所有法律都是法院创造出来的。③ 在此意义上,即使是制定法对司法裁判的指引也是法官解释的结果。而在权威理由中,不同的法源由不同的制定机关规定,法源的权威性具有分量的差异。为此,处理法源之间规范冲突之路径,即法源适用位阶的方法,应该以该法源的权威性大小作为基准。④ 因而,"法律"的权威性大于"习惯","法律"优先于"习惯"是一般规则。那么,这个一般规则是针对谁而言的? 换言之,由谁来遵守一般规则?

法律规范中的法律义务并不仅仅强制规范不法行为人,法律义务对规范对象有强制性,要求规范对象按照其规定的内容作为或者不作为。此时,规范对象不能按照自我意愿进行选择。而《民法典》第10条是裁判指引,其规范对象是法官。那么,"应当适用法律"这一表述的基

---

① 梁慧星:《民法解释学》,法律出版社2017年第4版,第216页。
② [奥]凯尔森:《法与国家的一般理论》,沈宗灵译,商务印书馆2017年版,第71~72页。
③ [奥]凯尔森:《法与国家的一般理论》,沈宗灵译,商务印书馆2017年版,第227~228页。
④ 汪洋:《私法多元法源的观念、历史与中国实践——〈民法总则〉第10条的理论构造及司法适用》,载《中外法学》2018年第1期。

本要求便是:法官在裁判民事案件时,必须且优先适用法律。另外,从整个《民法典》第10条来看,"应当适用法律"与"可以适用习惯"相对,后者中的习惯指习惯法,前者中的法律是与习惯法相对应的概念。因而,在处理民事纠纷时,制定法优先于习惯法适用,即制定法优先适用是民事裁判中法律适用的首要原则。

2."法律义务"强制性的理论

从"法律义务"强制性理论也可得出"制定法"优先于"习惯"适用的结论。哈特认为,法律的义务规范并不仅仅适用于别人,也同样适用于制定这些法律的人,而现代国家立法权都属于全体选民或者立法机构。因而,法律的义务强制性并不是来自简单的主权者的强制命令。法律的强制性产生于人们普遍遵守的行为中,而这种普遍遵守的行为的普遍性形成于法律义务中。在正常的法律制度中,人们确信它们对于维护社会生活是必须的,当大家都知道且支持违法者受到惩罚时,这些规则被严厉的压力所支持。于是,遵守法律就是人们的义务。① 在大陆法系国家中,尽管制定法与习惯法均能设定法律义务,但哈特承认规则中的法律义务,更多的是制定法中的法律义务。并且,制定法设定的法律义务,人们遵守的期待性高于习惯法,因而制定法应优先于习惯法适用。

(二)"法律"内部位阶次序

法律冲突的规则主要有上位法优先于下位法适用、新法优先于旧法适用、特别法优先于一般法,由于新法和旧法的冲突适用规则很清晰,因而《民法典》第10条中"法律"适用的位阶次序问题就主要涉及上位法和下位法、特别法与一般法的冲突。

1.上位法优先于下位法适用

法律规则的秩序体系由不同层次的规则构成,尽管立法者已经在法律体系构建时尽量避免法律规则之间冲突,但不同法律规则之间不可能实现完全没有矛盾。因而在这些不同层次的规则之间,规则的适

---

① [英]哈特:《法律的概念》,张文显、郑成良等译,中国大百科全书出版社2003年版,第23、86页。

用是有先后次序的。理论上由于法律规则的制定机关层级不同,制定法内部有上位法与下位法之分,上位法优先于下位法适用。众所周知,在制定法内部上位法优先于下位法适用,但其背后的原因却少有人论及。又或者,人们在分析原因时也仅论及制定上位法与下位法机关之间的层级。实际上,此适用规则的背后有一定的理论基础。有学者专门对法学理论发展史上,各学者对法律规则的层次性论述作了详细梳理。①

在凯尔森关于法律规范的体系结构中,他认为法律秩序是一个规范体系,在这个体系内的各种规范并不对等,有高级规范和低级规范之分。这个法律体系中有一个最高的规范作为基础规范,为创造规范的终点,这一规范在整个法律秩序中处于最高的效力地位。② 法律适用过程中,高级规范必然优先于低级规范,即上位法优先于下位法。凯尔森关于法律规范体系结构的思想,不仅阐述了高级规范为什么要优先于低级规范适用,也为判断上位法与下位法提供了明确的方法,即通过比较制定机关的级别,判断规范的位阶。

哈特认为,法律之所以具有强制性并不是因为主权者的强制命令,而是来自人们的普遍确信,而这种普遍确信力形成于法律规则中规定的普遍行为模式。若再继续往前探索普遍行为模式的强制力来源,就是哈特在法律规则中所提出的第一规则和第二规则的概念。第一规则和第二规则的提出,旨在批评法律规则强制性来源于主权者命令的理论。法律制度具有复杂性,法律规则的强制性也并非只是简单地来源于主权者的命令,在对法律制度的复杂性进行适当处理时,当有被认为是第一规则时,这种规则强制要求人们去做或者不做某种行为,而第二规则依附于第一规则,这种被人们普遍遵守的规则,被称为"承认规则"。在哈特的承认规则中,他依照相对从属和优先的地位对其进行排列顺序。最高标准是指法的效力或法的渊源的一个标准是最高的,如果因引用这个标准,而导致其与其他规则相冲突,那么,引证后者得以

---

① 陈云生:《法律冲突解决的方法论研究》,山东大学 2017 年博士学位论文。
② [奥]凯尔森:《法与国家的一般理论》,沈宗灵译,商务印书馆 2017 年版,第 193～194 页。

确认的规则,因前者是最高的标准,而不被承认。① 哈特这种承认规则中的从属和优先地位,也印证了上位法优于下位法的规则。

奥斯丁认为,上位法与下位法之间有一种遗传关系存在,即下位法并不是凭空得以制定,而是来源于上位法的授权以及内容。这种遗传关系必然决定了在法律适用中上位法优先于下位法。在约瑟夫·拉兹看来,在一种法律体系内,不同种类和不同模式的法律之间的内部关系取决于两种因素。一是个别化原则,法律规范分为积极原则和消极原则,前者突出指导性,后者偏向于限制性,避免规范出现严重背离法律概念的情形。二是法律体系内容上的丰富性、完整性和多样性。②

"上位法优于下位法"是不同位阶的制定法之间冲突适用的基本规则。《立法法》第98条至第103条,建立了以宪法为最高位阶,依次以法律、行政法规、地方性法规、规章为顺位的效力位阶次序。在制定法内部的位阶适用次序中,上位法优先于下位法适用的规则十分清晰。不过问题在于,《立法法》第10条规定:"全国人民代表大会常务委员会制定和修改除应当由全国人民代表大会制定的法律以外的其他法律。"据此,我国学界一直将法律分为基本法律与非基本法律。其中,基本法律是调整和解决国家、社会和公民生活中具有重大意义的社会关系和问题的法律,例如刑法、民法、诉讼法等;非基本法律是调整和解决应当由基本法律调整和解决以外的,国家和社会、公民生活中的某一方面的社会关系和问题的法律,例如海商法、铁路法、审计法、商标法、环境保护法等。这种区分意味着对全国人民代表大会和全国人民代表大会常务委员会各自的国家立法权限进行了层次区分。③ 那么二者之间是否也需要遵循上位法优先于下位法适用的规则?从立法机关来看,全国人民代表大会常务委员会是全国人民代表大会的常设机关,从法律调

---

① [英]哈特:《法律的概念》,张文显、郑成良等译,中国大百科全书出版社2003年版,第82~83、106~107页。
② [英]约瑟夫·拉兹:《法律体系的概念》,吴玉章译,中国法制出版社2003年版,第30、227页。
③ 侯国跃:《侵权责任法律规范的冲突与协调——从〈侵权责任法〉适用的角度》,载《甘肃政法学院学报》2013年第3期。

整的范围来看,非基本法律是全国人民代表大会制定的法律以外的其他法律。二者不适用上位法优先于下位法的规则。

2.特别法优先于一般法适用

在《民法典》中心主义的立法指导思想下,有必要协调好《民法典》与以单行法形式出现的商事特别法律、民事特别法律等之间的关系。诚如,"民法典中心主义,就是要以民法典为中心来完善整个民事立法体系,缺乏法典这样的中心,则这个体系会呈现出杂乱无章的混乱局面。对于大量未纳入民法典的单行法,则必须注重协调其与民法典的关系"①。自《民法典》施行以来,涉及民法典分则编、其他不入编的民商事单行法的适用衔接。例如,《著作权法》《专利法》《保险法》《消费者权益保护法》等这些民商事特别法,既涉及民事法律关系,也涉及行政法律关系,还有一些涉及特殊民商事规则,这些法律很难也不宜纳入民法典。那么,这些均属同一位阶的法律,若产生冲突,适用规则应如何?

其一,关于《民法典》总则编与分编的适用,先适用分编,再适用总则编的顺序已经是共识。总则编以提取公因式的方式,就民法的一般性规则予以规定,《民法典》各分编则在总则编确立的基本制度框架下展开,形成和谐、一致的民事法律体系。据此,《民法典》总则编和《民法典》分编之间不是上位法和下位法的关系,而是抽象和具体的关系,应该本着先分编后总则编的法律适用顺序,《民法典》分编有具体规定时优先适用分编的规定,《民法典》总则编处于补充适用的地位。其二,关于《民法典》与其他民商事单行法的适用顺序,学界稍有争议。我国制定了诸多民商事单行法,对特定领域的民事法律关系作出规范。《民法典》施行后,《民法典》为一般法,其他民商事单行法为特定法。第一种观点认为,这些民商事单行法与《民法典》的适用次序,在解决民商事法律纠纷时,要优先适用民商事特别法,民商事特别法没有规定的,则补充适用民法的一般规定。② 例如,《消费者权益保护法》第43条规定,消费者在展销会、租赁柜台购买商品或者接受服务,其合法权益受到损

---

① 谢鸿飞:《民法典与特别民法关系的建构:体制中立与新民事自然法》,载《中国社会科学》2013年第2期。

② 李适时:《〈中华人民共和国民法总则〉释义》,法律出版社2017年版,第36页。

害的,展销会结束或者柜台租赁期满后,也可以向展销会的举办者、柜台的出租者要求赔偿。从该条的规定来看,其规定了展销会的举办者和柜台的出租者责任。从责任性质上来看,类似于侵权法上的补充责任。但是《民法典》中明文规定的补充责任,并没有此种责任。而且《民法典》中的补充责任,几乎都要求责任承担者有过错。那么,《消费者权益保护法》的此种规定属于民商事特别法的特别规定,优先于《民法典》适用。

但是,对于此种做法,也有学者提出异议。第二种观点认为在某些时候,民法并不能作为补充适用。例如,在处理民法与商法的适用关系时,依"特别法优先"的法律适用原则,忽略了商法未作特别规定时的两种情形,即"无须作出特别规定"和"应当作出特别规定而未作特别规定"两种情形。若对于前者,直接适用民法的一般规定;但对于后者,则构成商法的漏洞,应以法律漏洞填补的方法予以补充。① 实际上,虽然《民法典》采民商合一体例,但商事交易中许多情形无法直接通过《民法典》的内容予以规范,为此考虑到商事交易的特殊性,为了不造成对特定事项缺失规范的目的性和正当性,对于《民法典》与民商事单行法的适用次序,宜采用上述第二种观点。

另外,我们可以看到,司法解释在司法实践中具有非常重要的地位,对我国的法治建设产生广泛影响。而且,其效力位阶并没有在法律层面得到明确,理论和司法实践中对此问题也有不同观点。② 因此,我们常常看到,不同的司法解释之间有发生冲突的情形,对此能否根据特别法优于一般法规则来确定效力位阶?另外,部分司法解释"立法化"突破立法权,那么此时,司法解释与法律产生冲突时,如何确定司法解释在法律体系中的效力位阶?例如,原《合同法》第51条与最高人民法院法释〔2012〕8号第3条的规定不一致。③

首先,关于不同的司法解释发生冲突时的效力位阶问题,目前我国司法解释的体系庞大,且各司法解释的目的,以及所作出的内容均不

---

① 钱玉林:《商法漏洞的特别法属性及其填补规则》,载《中国社会科学》2018年第12期。
② 苗炎:《论司法解释的性质和效力位阶》,载《中外法学》2023年第2期。
③ 王成:《最高法院司法解释效力研究》,载《中外法学》2016年第1期。

同,有学者主张对司法解释进行类型化分析,包括造法性司法解释、填补性司法解释、文义性司法解释。针对这些不同类型的司法解释,有不同的位阶适用规则。① 特别法优先于一般法适用有两个前提条件:一是两者处于同一效力位阶,二是两者内容相冲突。另外,从特别法优先于一般法的法理依据来看,之所以有这样的适用规则,其原因在于:一方面,立法者既然在有了一般法的前提下,又规定了特别法,说明立法者发现一般法无法发挥规范功能,或是有特殊例外情形出现,或是适用原来的法律会使案件裁判结果不公正,于是又规定了特别法。另一方面,从客观实际出发,特别法规定是在考虑具体社会关系特殊需要的前提下制定的,反映了事物自身运动发展规律的特殊性,更符合客观实际情况,因而具有优先适用的效力。② 为此,当不同的司法解释出现冲突时,当然可适用特别法优于一般法的规则。

关于司法解释在法律体系中的效力位阶问题,学界有两种学说:一是效力低于法律说,二是效力等同于行政法规说。针对这些学说,有学者给出了一个折中的答案,即司法解释应限定为解释具体的法律条文,且应符合立法原意。那么,在此基础上,司法解释与其解释的具体法律条文具有同一效力。③ 当该条司法解释与其他法律相冲突,当然可适用特别法优于一般法的规则。也有学者从法律渊源理论的角度出发,指出我们不应教条地固守司法机关只能适用法律而决不能制定法律的僵化观念,最高司法机关可以拥有实质意义上的立法权性质的规范制定权。据此,司法解释应该具有法律体系中制定法的性质。因而,司法解释与行政法规具有同等效力,二者的规定不一致时,由全国人大常委会裁决。④

有学者对司法解释作出了三种分类,并对这三种类型的司法解释赋予了明确的概念。其中造法性司法解释是针对法律没有作出的规定

---

① 顾平宇、侯晓蕾:《类型化视域下司法解释效力位阶的思考》,载《长春理工大学学报(社会科学版)》2022 年第 2 期。

② 余文唐:《法律冲突:三大规则之法理研辨》,https://www.chinacourt.org/article/detail/2017/12/id/3104756.shtml,下载日期:2024 年 6 月 30 日。

③ 王成:《最高法院司法解释效力研究》,载《中外法学》2016 年第 1 期。

④ 苗炎:《论司法解释的性质和效力位阶》,载《中外法学》2023 年第 2 期。

进行"造法";填补性司法解释是当出现法律没有规定的情况时,通过类推适用其他部门法或基于合理推理作出规定;文义性司法解释是在司法活动中为使抽象的法律规定能够适应具体的司法活动而作出的规定。并指出,造法性司法解释的位阶等同于法律,填补性司法解释和文义性司法解释等同于行政法规的位阶。① 实际上,上述造法性司法解释与填补性司法解释都是在法律尚未作出规定时的解释,无论是否类推适用,实际上都有"造法"的性质,因而二者应属于同类型的司法解释,可以统称为"造法性"司法解释。据此,司法解释的分类,可分为"造法性"司法解释和文义性司法解释。

对于此两类司法解释的位阶问题,"造法性"司法解释因是对现行法律没有规定的内容作出的补充,其效力位阶应等同于法律。而文义性司法解释,因其针对具体条文所作出的解释,根据《立法法》第119条的规定,司法解释应当主要针对具体的法律条文,并符合立法的目的、原则和原意。《各级人民代表大会常务委员会监督法》第32条、第33条指出,司法解释不能与法律规定相冲突。而且,司法解释本意在于解释适用法律,对司法实践中遇到无法解决或者有争议的实际问题进行回应,因而其不可能与法律规定相冲突,完全可以与其解释的法律条文的位阶处于相同位阶次序。因而,司法解释应与其所解释的法律处于同一位阶,若发生冲突,可以适用特别法优于一般法的规则。

二、"法律"优先适用的例外情形

在民商合一的体制下,《民法典》第10条的习惯既包含民事习惯,也包含商事习惯,由于民法与商法的价值追求有一定区别,在对习惯进行识别时,两种习惯的识别标准有本质区别。同样地,在《民法典》第10条所提出的"习惯补充适用"的次序仅适用于民事习惯。针对商事习惯而言,允许其突破"习惯补充适用"的次序,即允许商事习惯优先于任意性法律规范而适用。

---

① 顾平宇、侯晓蕾:《类型化视域下司法解释效力位阶的思考》,载《长春理工大学学报(社会科学版)》2022年第2期。

(一)"法律"优先适用的例外之论证

1.商法体系必然存在漏洞

《民法典》施行以前,在民商事单行法中也有许多关于习惯的规定。例如,原《物权法》第85条关于相邻关系的处理,《物权法》第116条第2款关于法定孳息的规定。原《合同法》第22条、第26条、第61条、第92条、第125条、第136条、第293条、第368条等共计8个条文将"交易习惯"作为评价合同内容、权利的享有或者义务履行的依据。而在我国司法实务中,习惯作为法院裁判民事案件的依据,对习惯的民法法源地位的承认是相当谨慎的。例如,早在1951年,最高人民法院西南分院在《关于赘婿要求继承岳父母财产问题的批复》指出,"如有当地习惯,而不违反政策精神者,则可酌情处理"。[①] 正因如此,《民法典》施行以后,其第10条明确规定了习惯适用的条件,即只有在法律没有规定的情况下才可以适用习惯,适用习惯的首要前提就是没有法律的规定。[②]

法律优先于习惯而适用的原因在于,随着立法技术的进步与完善,法律趋于完备。同时,由于法律经过正式的立法程序,有着严格的制定程序,并获得国家认可,是国家意志的体现,成文法的规范性、正当性等不言而喻。但习惯则与之不同,其大多产生于人们日常生活中,有良习与陋习之分,习惯也未经过正式的国家筛选程序,因而法律优先于习惯适用,也有利于习惯的筛选。基于此,随着立法技术的成熟,我国目前成文法相对于过去更加完善,虽然成文法规定的内容不可能及于社会的方方面面,但也在尽力地囊括。因而,现今相对于完备的成文法,比习惯更为稳定、具体,其应该优先于习惯适用。

但是习惯补充法律适用并不是完全绝对的,也有例外情形。一直以来,就商事领域是否严格遵循"法律优先适用"原则,仍存有一定争议,争议的焦点在于商法体系必然是有漏洞存在的。一方面,有学者

[①] 邹海林:《民法总则》,法律出版社2018年版,第524页。
[②] 石宏:《〈中华人民共和国民法总则〉条文说明、立法理由及相关规定》,北京大学出版社2017年版,第24页;张鸣起主编:《民法总则专题讲义》,法律出版社2019年版,第65页;张荣顺主编:《中华人民共和国民法总则解读》,中国法制出版社2017年版,第33页。

直接指出,原《公司法》第20条规定,公司股东滥用公司法人独立地位和股东有限责任,逃避债务,严重损害公司债权人利益时,才可适用公司人格否认制度。非股东的关联公司人格混同并不在此条涵摄的范围之内,不能适用人格否认制度,这显然严重损害了债权人的利益。因此,其后最高人民法院公布的指导性案例15号对《公司法》第20条作出了扩张性解释,填补了《公司法》第20条的漏洞。① 不过,这一规定在2023年公司法修订中得以修正。现《公司法》第21条至第23条新增了横向法人人格否认制度。尽管已做修正,但是从这一过程中我们可以看出,商法体系确有漏洞存在,也确有需要填补漏洞的规则存在。

另一方面,从我国历史来看,1928年《中华民国民法总则编立法原则草案》第1条规定:"民法所未规定者依习惯,无习惯或虽有习惯而法官认为不良者依法理。"第2条规定:"民法各条应分别为两大类:(1)必须遵守之强制条文;(2)可遵守可不遵守之任意条文。凡任意条文所规定之事项,如当事人另有契约,或能证明另有习惯者,得不依条文,而依契约或习惯;但法官认为不良之习惯,不适用之。"另外,从比较法例来看,日本和韩国在填补公司法漏洞时,都有商事习惯优先于民法适用的立法。从我国现行立法来看,《民法典》第510条规定:"合同生效后,当事人就质量、价款或者报酬、履行地点等内容没有约定或者约定不明确的,可以协议补充;不能达成补充协议的,按照合同相关条款或者交易习惯确定。"其中,"不能达成补充协议的,按照合同相关条款或者交易习惯确定"的规定,也表明交易习惯优先于任意性规定适用。这些立法例都表明了,商法体系存在漏洞,需要漏洞填补规则。在司法实践中,也有商事习惯法优先于民法适用的例证。据此,无论是从理论上来看,还是从司法实践出发,商法体系并非完美。任何采取理性的法律都不可能完美,作为一般法的民法典有漏洞,作为特别法的商事单行法也会有法律漏洞。② 那么,既然商法存在漏洞,是优先适用商事习惯来填补

---

① 钱玉林:《商法漏洞的特别法属性及其填补规则》,载《中国社会科学》2018年第12期。

② 钱玉林:《商法漏洞的特别法属性及其填补规则》,载《中国社会科学》2018年第12期。

漏洞,还是优先适用民法进行填补?回答这个问题,应该考虑到商事习惯的独特性。

2.商事习惯的独特性

尽管,我国实行民商合一的立法体例,但是商法规则具有一定的独特性,使得《民法典》第10条中所规定的"习惯补充适用"存在一定的缺陷,严格按照"法律优先适用"会侵害商事习惯的独特性。

商事习惯的独特性可以从以下几个方面去看:一是从商事纠纷本身特点出发,在商事纠纷中,其商主体及商行为都具有一定的独特性。民事纠纷中的主体大多是自然人,与以营利为目的的商主体不同。此外,商主体从事的营业性活动也不同于一般的民事活动,同时商事规则也是独立于罗马法体系而由商事习惯发展而来的。为此,商事规则与民事法规范之间本就存在一定的矛盾,要求民事规范优先于商事习惯适用并不一定是最好的选择。二是从商事习惯的特征出发,在经济学的视角下,商事习惯被认为是商事主体通过渐进式反馈和调整性演化过程而形成,并且借助群体内部非正式惩罚规则最终获得约束力的一种交易规则。这表明,商事习惯本身就可以内化为建构商主体权利义务的规范依据。这种动态的发展明显区别于具有静态化特征的民事法律规范对同类交易行为结果的容忍程度。[1] 三是民事一般规范具有稳定性,而商事领域的发展十分迅速,各种新型商行为层出不穷,常常会出现超出法律行为框架及理论基础的情形,而商事习惯本身就是起源于商主体的各类商行为之中,其可以适应不断出现的新情况。[2] 因此,商事习惯的独特性,就使得在商法存在漏洞时,并不必然优先适用民法进行填补,而是可能会优先适用商事习惯进行填补。

(二)商事习惯优先于民法适用的情形

既然商法体系必然存在漏洞,那么需要漏洞填补规则进行填补,《民法典》可以完全承担填补商事漏洞这个任务吗?此时关于漏洞填

---

[1] 曹兴权、卢迎:《商事习惯司法适用特殊性问题的体系阐释与因应》,载《人民法院报》2018年11月14日第007版。

[2] 陈洪磊、林荣益:《商事习惯的适用与识别——基于115份裁判文书的整理分析》,载谢晖主编:《民间法》第23卷,厦门大学出版社2019年版,第370~371页。

补,我们必然会想到民法基本原则,民法基本原则是民法的精神所在,集中反映民法之社会与经济基础,贯穿于民事立法、司法、守法及民法学研究始终,是具有普遍适用效力和衡平作用的指导思想和基本准则,是高度抽象的民事行为规范和价值判断准则。① 也确有学者认为,当法官在商事裁判中,穷尽了所有的规则,仍然无法找到可适用的规则时,可以通过对基本原则的阐释论证,将其具体化为个案的裁判依据。但是,若遇到有适用于个案的具体规则,如果严格适用该规则导致严重的不公平时,则无法用民法基本原则进行填补。因此,民法基本原则不一定会考虑到商事法律关系中的价值追求,尤其是在商业创新领域中,民法基本原则并不一定会发挥有效的作用。② 为此,尽管民法的基本原则对商事领域具有重要的指导作用,从逻辑上用民法基本原则填补商法漏洞是没有问题的,但是商事法律关系具有多元性和复杂性的特征,而民法基本价值以公平为主要的人本主义理念与商法奉行的以效益为导向的物本主义思想明显相异。③ 例如,有学者对司法实践中法官根据公平原则审理商事案件进行了评析,在吉林省长春市中级人民法院审理的一个民间委托理财案件中,法官对当事人所约定的"保底条款"的效力进行审查,认为保底条款违背了民法的公平原则而无效。④ 但实际上,双方当事人签订有保底条款的合同,其目的就在于一方作出的保底条款的吸引,这是一种对市场行为符合理性经济人的投资选择。而法官根据民法上的公平原则否定双方基于自愿和利益的追求而签订的保底条款的效力,违背了资本市场的商事习惯。此种以民法社会中的公平取代商法中经济公平的裁判思维有碍商品经济的发展。⑤

从上述这些学者的观点,我们可以看到,他们几乎都认为,民法与商法所追求的价值并不完全相同,民法规范并不一定能完全承担填补

---

① 谭启平主编:《中国民法学》,法律出版社 2021 年第 3 版,第 44 页。
② 于莹:《民法基本原则与商法漏洞填补》,载《中国法学》2019 年第 4 期。
③ 赵万一、赵舒窈:《后民法典时代民商关系的立法反思》,载《湖北社会科学》2018 年第 10 期。
④ 吉林省长春市中级人民法院(2016)吉 01 民终 306 号民事判决书。
⑤ 许中缘、高振凯:《司法裁判文书中商事习惯的实证研究——以〈民法总则〉第 10 条中"商事习惯"的适用为视角》,载谢晖主编:《民间法》第 20 卷,厦门大学出版社 2017 年版,第 363 页。

商事漏洞的任务。因而,在商事领域中,《民法典》第10条构建了"商法—民法—习惯"的法源适用顺位规则,即在商事法律有漏洞的时候,运用民事法律规范予以填补,这样的法律适用规则就出现了缺陷。① 在商事领域中,允许商事习惯优先于民法一般规范适用,不仅可以顺应不断发展的商事领域,还体现了商事习惯法本质上仍属于商事特别法的范畴,符合对商法漏洞的填补不能失去商事特别法法意的要求。相反,"轻易放过有针对性的商事习惯,反而将普遍性的民法规范'僭越'地适用于商事纠纷,这样的做法并不妥当"②。需要注意的是,"法律优先适用"的例外情形仅限于商事习惯,且严格遵循当法律没有规定时,即制定法出现漏洞时,才可以适用商事习惯。与民事习惯的"习惯补充适用"规则的不同点在于,这里的制定法出现漏洞指两个方面:一是无法在商事单行法中找到具体规定进行裁判;二是《民法典》及其他民事法律规范的强制性规定没有对此作出限制。

另外,2016年,全国人民代表大会常务委员会法制工作委员会主任在会上作关于民法总则草案的说明时,就提到"编纂民法典的任务是,对现行民事法律规范进行系统、全面整合,编纂一部内容协调一致、结构严谨科学的法典"③。可见,我国民法典编纂,从一开始就贯彻了体系化科学化的技术路线。在法典编纂过程中,我们也为消除碎片化思维、自设前提自圆其说的现象作出了极大努力,也取得了很好效果。民法典在立法思想和立法技术方面实现了一系列突破,达到了现代化国家保障人民权利和市场运行发展的要求。④ 因此,在适用中,我们要严格依照民法典的规范进行适用。而且,由于习惯产生于人们的生活中,习惯法的价值与人们生活的价值取向高度一致,有时适用商事习惯也许会获得更好的法律效果和社会效果,此时,商事习惯优先于制定法

---

① 钱玉林:《民法总则与公司法的适用关系论》,载《法学研究》2018年第3期。
② 张谷:《从民商关系角度谈〈民法总则〉的理解与适用》,载《中国应用法学》2017年第4期。
③ 《让民法典成为民族精神、时代精神的立法表达——访全国人大常委会法工委主任李适时》,http://www.npc.gov.cn/zgrdw/npc/zgrdzz/2016-08/03/content_1994729.htm,下载日期:2024年6月21日。
④ 孙宪忠:《庆祝民法典颁布四周年》,http://iolaw.cssn.cn/zxzp/202406/t20240618_5759488.shtml,下载日期:2024年6月21日。

适用具有一定的正当性。不过,制定法条文分为强行性规范和任意性规范,强行性规范要求当事人不可对其进行排除适用,这是私法权利运行的基础和私法得以自治的保障。那么,强行性规范属于一种国家管制,商事习惯纵使具有一定的独特性,也不得优先于强行性规范而适用。于是,"习惯补充适用"的例外情形仅限于在商事习惯与任意性法律规则发生冲突时,允许商事习惯优先于制定法适用。

第二节　法理兜底适用

法律秩序是有"间隙"的,可能会出现某一案件无任何一般规范适用的情形。① 此种情形下,法理作为兜底性法源适用方可解决。但法理的适用十分严格,必须是在确无法律及习惯可适用时,方可适用法理。

一、民法基本原则的适用

一直以来,就民法的基本原则可否在民事裁判中直接援引的问题,学界讨论已久。许多学者指出,基本原则具有高度抽象性,因而适用起来会导致与"禁止向一般条款逃逸"相冲突。因而,在基本原则司法适用时,往往需要运用一些技术手段。对此,有学者认为,基本原则的内涵外延不确定,导致法官在适用过程中无法严格按照三段论的方式进行推理,因而需要进行类型化和价值补充的适用。其中,价值补充法适用这一种方式,实际上就是通过法理对该原则背后的价值理念对个案进行价值判断,并以此作出裁判。② 而且,《释法说理指导意见》也明确了,在民事案件裁判中,没有明确的或者最相类似的法律规定,法官可

---

① [奥]凯尔森:《法与国家的一般理论》,沈宗灵译,商务印书馆 2017 年版,第 223 页。
② 李双元、杨德群:《论公序良俗原则的司法适用》,载《法商研究》2014 年第 3 期。

以依据法律原则作出裁判,并合理运用法律方法对裁判依据进行充分论证和说理。对此,基本原则作为价值补充可为法官直接适用,成为运用法理的一种方式。只是,民法基本原则与习惯的适用顺序到底谁先谁后,还有一定的争议。

对法律原则与习惯谁优先适用的问题,主要争议点在于,在用作裁判依据时,二者谁更明确具体。对此,有学者认为,《民法典》第10条中所说的法律是指具体的法律规则,而不包括法律原则。亦即只有在不存在具体的法律规则时,法官才考虑适用习惯法。因为习惯的成立要件与法律效果,比法律原则更为具体,适用时更为便捷,可防止裁判向"一般条款逃逸"。[①] 但是,也有相反观点认为,尽管法律原则较为抽象,但许多法律规则都是从法律原则中延展而来的,因而习惯与法律原则相互间的冲突,必然导致习惯与一些法律规则相冲突,那么此时若要求习惯优先于法律原则而适用,明显欠缺合理性。在司法实践中对此问题也有不同观点。例如,有法院认为,法律原则应优先于习惯适用,在淄博市高新技术产业开发区人民法院所审的一案中,原告为被告投入资金近2000万元,如果长期得不到清偿,势必影响到原告的正常生产经营,双方关于付款部分的交易习惯违背了民事法律中所规定的公平、等价有偿等基本原则。因此,应视为双方对付款期限没有约定,也就是付款的履行期限不明确,应根据《合同法》中有关履行期限不明确的法律规定来执行,而不应再按照双方的交易习惯来执行。[②]

实际上,民法基本原则作为民法的立法旨意,是法律背后的精神和理念的体现,具有高度概括性。民法基本原则进入民事裁判是以法理作为兜底性法源的方式,为此,按照《民法典》第10条的规定,只有在既无具体的法律规则,也无习惯可适用时,法官才可适用法律原则。当然,可能会有观点指出,若运用习惯进行裁判的结果明显不利于公平、正义,还是习惯优先于基本原则适用吗?实际上,这种观点是无法成立的。因为《民法典》第10条明确规定,习惯的适用不能违背公序良俗,

---

① 王利明:《论习惯作为民法渊源》,载《法学杂志》2016年第11期;王利明:《〈中华人民共和国民法总则〉详解》(上册),中国法制出版社2017年版,第56~57页。

② 淄博市高新技术产业开发区人民法院(2016)鲁0391民初230号民事判决书。

因而若习惯的适用会明显导致裁判结果不公时,该习惯可能会因违反公序良俗而无法成为被适用的习惯。无法被适用的习惯,当然就没有其和基本原则谁先适用谁后适用的问题。

二、学说与外国法的适用

法律与事实二分,面对复杂的社会生活,也有法律、习惯以及民法基本原则都无法解决的问题,这为学说与外国法进行漏洞填补提供了必要性条件。为此,除了民法基本原则外,兜底性法源还有其他内容。其中,学说和外国法都是兜底性法源的表现形式。从司法实践中适用学说、外国法的案例来看,其对学说与外国法的适用,实际上是漏洞填补的体现。一方面,成文法具有局限性;另一方面,习惯的适用也并非可以完全填补成文法的漏洞。

尽管,部分学者并不赞同法官在司法裁判中适用学说[1],但我们必须在法律的空隙界限之内进行法官造法,即法官作为立法者去解决个案问题[2]。若在个案中,既无法律规定,也无习惯可适用,甚至无法用民法基本原则予以裁判时,需要法官运用学说有根据理性和正义对法律进行宣告的义务,这是法官的职能。正如《瑞士民法典》第1条第2款和第3款所规定的"法官自创规则"一样,其很好地诠释了法官在工作中应为自己确立职能,将自己立为立法者的位置,参酌公认的学说解决实际问题。[3] 关于学说的司法适用,在最高人民法院2014年公报案例"邓记与湖南弘丰房地产公司商品房买卖合同纠纷案"中,从法理上对虚假意思表示的合同对内对外产生的不同法律效果就是对法理学说的运用。当然,学说作为法理成为兜底性法源,也必须是在无民法规则、原则,且也无可适用的习惯时,方才可适用,形成"规则—习惯—原则—学说"的找法顺序。

关于外国法的适用,在司法实践中曾有案例。由于我国并未对最

---

[1] 郭燕:《法的续造—法官的权力——从考察成文法局限性的角度出发》,载陈金钊、谢晖主编:《法律方法》第5卷,山东人民出版社2006年版,第305页。

[2] [美]本杰明·N.卡多佐:《司法过程的性质》,苏力译,商务印书馆2017年版,第103页。

[3] 李敏:《民法法源论》,法律出版社2020年版,第183页。

高额抵押设立后,变更债务人的物权效力进行规定,法院在遇到需要判定变更债务人的物权效力时,指出无论是 1995 年颁布的《担保法》第 59 条,还是 2007 年颁布的《物权法》第 203 条,均强调"连续发生",即要求双方之间的一种不断沿袭的交易状态,如果变更了债务人,则新的债务与以前的债务无法认定为"连续发生"。为此,关于此类问题无法在我国法中找到依据,而《日本民法典》第 298 条之 4 规定:"被担保债权范围的变更:(1)原本确定前,可以变更最高额抵押权担保的债权的范围,变更债务人亦同。(2)前款无变更,无须经后顺位的抵押权人或其他第三人承诺。(3)关于第一款的变更,未于原本确定前进行登记者,其变更视为未变更。"《德国民法典》第 1181 条规定:"(1)抵押权为之而存在的债权,可以被其他债权代替。为进行该项变更,债权人和所有人必须达成合意,且必须登记于土地登记簿……(2)应取代原债权的债权不属于原抵押权人的,原抵押权人的同意是必要的;该项同意,必须向土地登记处或因之而受利益的人表示……"可见,这些国家对最高额抵押制度债务人的变更都设置了变更登记制度,不经变更登记,无法行使优先受偿权,这是为了保护后顺位抵押权人的利益,或者是抵押人之普通债权人的利益。而且,我国台湾地区"民法"第 881 条之 3 规定:"原债权确定前,抵押权人与抵押人得约定变更第 881 条之 3 第 2 项所定债权之范围或其债务人。前项变更无须得后次序抵押权人或其他利害关系人同意。"为此,尽管无法从《物权法》《担保法》中找到对最高额抵押制度中变更债务人的物权法效力进行规定,但可从比较法的经验出发,确定变更债务人未经变更登记的,不发生物权变动效力。[①]

学说的适用是法官从法律中演绎出其存在的精神,同样地,外国法的适用也是法官从比较法中演绎出相应的裁判精神。此两种演绎方式都是法官在适用法理的体现。司法适用的过程是复杂的,尤其是在疑难案件中,法官针对某一案件事实,无法在成文法、习惯法、法的基本原则中找到可适用的依据时,可根据自身的主观认知、价值倾向、道德立场等作出裁判[②],在上述外国法适用的案件中可以看到,法官首先提出

---

① 上海市第二中级人民法院(2017)沪 02 民终 2890 号民事判决书。
② 谢晖:《论司法方法的复杂适用》,载《法律科学》2012 年第 6 期。

了目前《物权法》《担保法》中没有相关的规定,其后对外国法及我国台湾地区"民法"作出的相关规定进行罗列,并将其背后蕴含的法律精神进行阐释,最后得出案件的裁判结果。具体而言,外国法的适用必须遵循以下两个方面:一是方式及结果必须符合当下的宪法秩序,二是必须经过法官充分的论证与说理。①

---

① 金振豹:《论我国私法领域的司法续造——司法在我国私法秩序中地位与作用的重新界定》,中国政法大学 2011 年博士学位论文。

结　论

《民法典》第 10 条作为民法法源条款,是民事裁判的指引,在民法的适用中起着非常重要的作用,正确解释与适用《民法典》第 10 条显得十分重要。

明确《民法典》第 10 条的基本定位和具体功能,是探究《民法典》第 10 条的重要前提。法律渊源可以从法的创制和法的适用两个层面去理解,从《民法典》第 10 条的立法目的来看,我们应以民法的适用为中心去理解民法法源。同时,我国作为成文法国家,成文法的滞后性及缺漏性亦不可避免。为了兼顾民法适用结果的确定性与正当性,在适用时应以形式主义和实用主义相结合为进路。即既要明确规定法源的类型与位阶,也要为法官在个案中进行法的续造提供正当条件。《民法典》第 10 条中"处理民事纠纷"表明其主要发挥裁判规范的功能,但此条亦传达着一定的立法者的价值取向,即争议发生时司法裁判规则的一致性和明确性,这种一致性和明确性同时也影响着人们的行为。故,《民法典》第 10 条兼具行为规范和裁判规范的属性。另外,民法法源的类型具有多样性:一方面,民法法源条款既要对多样性的法源进行明确规定,又要对法源的适用次序进行说明,即民法法源条款应具有将法源进行整合的体系化功能;另一方面,制定法不可能面面俱到,民法法源条款应在法律没有规定时为法官裁判民事案件提供依据,即法源条款应具有填补法律漏洞的功能。尽管《民法典》第 10 条的基本定位和具体功能已明确,但是其在指引民事法官的裁判中还存在诸多困境。在司法实践中,除了法律、习惯外,法理也常常被援引作为民事裁判的依据,国家政策、指导案例也影响着法官的裁判。另外,民法规范大多数为任意性规范,任意性规范与习惯在司法裁判中的适用次序并非完全依照"法律优先",尤其是在商事裁判中,若"任意性法律规则"优于商事习惯适用,结果并不能完全实现商事裁判的价值追求。

为了有效地解决这些困境,有必要对《民法典》第 10 条法源的理论进行阐释。《民法典》第 10 条是民法法源观念在成文法中的表达。通说认为,我国《民法典》第 10 条的规定深受《瑞士民法典》第 1 条的影响,明确规定了法律、习惯的民法法源地位及适用次序。在理解我国民法法源时,应从民法的属性出发。民法制度并不是简单的立法活动的产物,民法法源也不可被完全归结于法院的审判活动,法官裁判民事案件并不仅仅是解释法律,更重于为法律填补漏洞。在填补漏洞过程中,需要法官进行大量的推理论证。在此基础上,对《民法典》第 10 条中的"法律"进行解释时,须注意其与一般意义上的法律有所区别,该条中的"法律"可以直接作为民事裁判中的依据。据此,民事裁判中可以直接作为裁判的依据必须既可以直接被援引,又具有正当的法律产生标准。根据以上两个标准,宪法因为不能直接在民事裁判中被援引,所以不能被解释为《民法典》第 10 条中的"法律"。另外,由于地方性法规、自治条例和单行条例适用范围有限,也不能直接解释为《民法典》第 10 条中的"法律"。而《民法典》第 10 条中的"法律"的外延包括狭义的法律、行政法规、规章、司法解释、国际条约等。

从法律与习惯的关系来看,二者矛盾且既存。《民法典》第 10 条中的习惯虽不是法律,但又具有"法"的要素,因此其应为习惯法,而非事实习惯。为了有效对习惯进行识别,应做类型化分析,将其分为民事习惯与商事习惯。其中,民事习惯的识别标准为普遍知晓、内容确定,商事习惯的识别标准为反复实践、当事人内心确信。二者识别标准最大的差异在于,商事习惯可仅在两个主体之间形成,民事习惯则不大可能在此种情形下产生。另外,习惯的适用必须满足两个原则:一是并非存在涉案习惯就必须适用,法官必须根据案件的具体情况决定;二是习惯的适用不得违背公序良俗。此外,判断习惯是否违背公序良俗有两种路径:一是若有其他法律明文规定某一行为属于违反公序良俗时,直接适用该规定;二是在没有具体的条文明确某一行为属于违反公序良俗时,需要对违反公序良俗的行为进行类型化区分。关于习惯的适用程序,一是法官和当事人均可主张适用习惯,但法官不得主动适用当事人间的习惯;二是习惯既可作为裁判的依据,也可作为调解的依据;三是当事人主动提出适用习惯时,一般按照"谁主张,谁举证"的方式进行举证责任分配,法官提出适用习惯须充分进行价值性论述,详细阐述习惯法作为裁判法律依据的理由。

《民法典》第 10 条仅规定了法律、习惯两种法源。一方面,这两种法源并不足以应对所有司法裁判,法官裁判民事案件时仍须面对法律、习惯均未作出规定的情形;另一方面,无论是其他国家立法例,还是我国的司法实践都证成了规定法理作为兜底性法源的必要性。从比较法视野来看,兜底性法源的规范模式分为两种:一种是概括规定法理兜底适用,不明确法理的内涵与外延,由法官进行解释;另一种则是具体规定法理兜底适用,以规定"法理载体"的方式兜底适用,这种模式以《瑞士民法典》为典型,其规定了两种"法理载体",即法官在制定法精神内演绎出的规则和法官在制定法外通过综合衡量各方利益进行司法造法的规则。通过借鉴比较法的有益经验,以及我国已将作为民法核心理念的基本原则进行法条化的现实,我国应选择具体规定的模式规定兜底性法源。另外,兜底性法源规范应设置为三个层面,即法律明文规定中的法理、法律基础中的法理、法律之上的法理。其中,法律明文规定中的法理指的是民法的基本原则;法律基础中的法理包括学说、社会主义核心价值观、中华优秀传统文化;法律之上的法理包括法理念和外国法。

在民事裁判中,裁判结果的确定性来自法官寻找依据的范围是否明确,而裁判结果的正当性则取决于法官是否平衡了案件中的各方利益。前者是法官裁判的援引依据,包括法律、习惯、法理。后者是法官裁判的推理依据,在我国司法实践中主要体现在国家政策与指导性案例中。《民法典》第 10 条删除了《民法通则》第 6 条所规定的国家政策,这表明国家政策已不能在民事裁判中被直接引用。但国家政策可以应对立法供给不足,解决社会发展过程中的"新"问题;另外,国家政策与民法规范共同对社会利益进行调控与控制,能够促使社会各项事业的法治化,实现国家政治生活、经济生活、社会生活的规范化。为此,国家政策进入民事裁判具有积极意义,其虽不可直接作为民事裁判的依据,但可通过制定司法解释或法官释法说理的方式进入民事裁判。关于指导性案例,我国没有明文规定判例制度,但在司法实践中指导性案例对法院的裁判起着重要的影响。指导性案例虽不能在民事裁判中被直接引用,但也可以通过参照适用的方式进入民事裁判。

《民法典》第10条的法源位阶次序还须进一步明确:一方面,"法律优先适用"的位阶并不清晰;另一方面,因兜底性法源的确立,法律、习惯二阶的法源结构存在缺漏。为此,《民法典》第10条中法律适用的一般原则是"法律优先适用",法律内部严格遵循上位法优先于下位法、特别法优先于一般法适用。法律适用的例外情形是"商事习惯优先适用",在商事裁判中,当民法任意性法律规则与商事习惯相冲突时,允许习惯优先于任意性规则适用。最后,在既无法律规定,也无可适用的习惯时,应兜底适用法理。在确无法律、习惯可适用时,法官可以适用法律明文规定中的法理,通过法律解释的方法适用民法基本原则。若仍无法解决问题时,则可允许法官通过法的续造,依次适用法律基础中的法理和法律之上的法理。

参考文献

一、中文类参考文献

（一）著作类

1.[德]弗里德里希·卡尔·冯·萨维尼：《当代罗马法体系1》，朱虎译，中国人民大学出版社2023年版。

2.[美]布莱恩·Z.塔玛纳哈：《法律多元主义阐释——历史、理论与影响》，赵英男译，商务印书馆2023年版。

3.郭明瑞：《民法总则通义》，商务印书馆2022年版。

4.梁慧星：《民法总论》，法律出版社2021年第6版。

5.谭启平主编：《中国民法学》，法律出版社2021年版第3版。

6.张新宝：《〈中华人民共和国民法典·总则〉释义》，中国人民大学出版社2020年版。

7.最高人民法院民法典贯彻实施工作领导小组编著：《中华人民共和国民法典总则编理解与适用》，人民法院出版社2020年版。

8.李敏：《民法法源论》，法律出版社2020年版。

9.姚辉：《民法学方法论研究》，中国人民大学出版社2020年版。

10.费孝通：《乡土中国》，上海人民出版社2019年版。

11.徐国栋：《民法总论》，高等教育出版社2019年第2版。

12.张鸣起主编：《民法总则专题讲义》，法律出版社2019年版。

13.[美]罗科斯·庞德：《通过法律的社会控制》，沈宗灵译，商务印书馆2019年版。

14.邹海林：《民法总则》，法律出版社2018年版。

15.杨立新：《民法总则精要10讲》，中国法制出版社2018年版。

16.胡戎恩：《中国地方立法研究》，法律出版社2018年版。

17.王利明：《法律解释学导论：以民法为视角》，法律出版社2017年版。

18.王泽鉴：《民法总则》，北京大学出版社2017年版。

19.杨立新：《中国民法总则研究》(上卷)，中国人民大学出版社2017年版。

20.梁慧星：《读条文学民法》，人民法院出版社2017年版。

21.王利明:《法律解释学导论:以民法为视角》,法律出版社2017年版。

22.赵国滨:《民法总则适用要略》,中国法制出版社2017年版。

23.梁慧星:《民法解释学》,法律出版社2017年第4版。

24.陈华彬:《民法总则》,中国政法大学出版社2017年版。

25.中国审判理论研究会民商事专业委员会编:《〈民法总则〉条文理解与司法适用》,法律出版社2017年版。

26.王利明:《中华人民共和国民法总则详解》(上册),中国法制出版社2017年版。

27.李适时主编:《中华人民共和国民法总则释义》,法律出版社2017年版。

28.张荣顺主编:《中华人民共和国民法总则解读》,中国法制出版社2017年版。

29.石宏:《〈中华人民共和国民法总则〉条文说明、立法理由及相关规定》,北京大学出版社2017年版。

30.孔祥俊:《法官如何裁判》,中国法制出版社2017年版。

31.[美]E.博登海默:《法理学:法律哲学与法律方法》,邓正来译,中国政法大学出版社2017年版。

32.[美]约翰·杜威:《经验与自然》,傅统先译,商务印书馆2017年版。

33.[奥]凯尔森:《法与国家的一般理论》,沈宗灵译,商务印书馆2017年版。

34.公丕祥:《法理学》,复旦大学出版社2016年第3版。

35.李双元、温世扬:《比较民法学》,武汉大学出版社2016年版。

36.谢振民:《中华民国立法史》(上下册),河南人民出版社2016年版。

37.周永坤:《法理学——全球视野》,法律出版社2016年第4版。

38.朱庆育:《民法总论》,北京大学出版社2016年第2版。

39.[美]罗伯特·C.埃里克森:《无需法律的秩序》,苏力译,中国政法大学出版社2016年版。

40.张志铭:《法律解释学》,中国人民大学出版社2015年版。

41.[瑞]贝蒂娜·许莉蔓——高朴、耶尔格·施密特:《瑞士民法:基本原则与人法》,纪海龙译,中国政法大学出版社2015年第2版。

42.周枏:《罗马法原论》(上册),商务印书馆2014年版。

43.赵旭东:《法律与文化》,北京大学出版社2011年版。

44.彭中礼:《法律渊源论》,方志出版社2014年版。

45.林端:《韦伯论中国传统法律:韦伯比较社会学的批判》,中国政法大学出版社2014年版。

46.[德]托马斯·莱塞尔:《法社会学基本问题》,王亚飞译,法律出版社2014年版。

47.喻中:《论授权规则》,法律出版社2013年版第2版。

48.杜文忠:《法律与法俗——对法的民俗学解释》,中国人民大学出版社2013年版。

49.梁治平:《寻求自然秩序中的和谐》,商务印书馆2013年版。

50.[德]伯恩·魏德士:《法理学》,丁晓春、吴越译,法律出版社2013年版。

51.[德]古斯塔夫·拉德布鲁赫:《法哲学》,王朴译,法律出版社2013年版。

52.[德]迪特尔·梅迪库斯:《德国民法总论》,邵建东译,法律出版社2013年版。

53.[美]哈罗德·拉斯韦尔、迈尔斯·麦克道格尔:《自由社会之法学理论》(上),王贵国译,法律出版社2013年版。

54.[德]尼克拉斯·卢曼:《法社会学》,上海人民出版社2013年版。

55.刘华初:《实用主义的基础—杜威经验自然主义研究》,人民出版社2012年版。

56.[美]格雷:《法律的性质与渊源》,马驰译,中国政法大学出版社2012年版。

57.曾宪义、马小红:《中国传统法律文化研究》(第1卷),中国人民大学出版社2011年版。

58.韦志明:《习惯权利论》,中国政法大学出版社2011年版。

59.孔德元、孟军、韩升等:《政治社会学》,高等教育出版社2011年版。

60.陈金钊:《法理学》,北京大学出版社2010年版。

61.瞿同祖:《中国法律与中国社会》,商务印书馆2010年版。

62.马俊驹、余延满:《民法原论》,法律出版社2010年版。

63.[美]罗伯特·S.萨默斯:《美国实用工具主义法学》,柯华庆译,中国法制出版社2010年版。

64.[美]詹姆斯:《实用主义》,孟宪承译,华东师范大学出版社2010年版。

65.[加拿大]罗杰·塞勒:《法律制度与法律渊源》,项焱译,武汉大学出版社2010年版。

66.尹田:《法国现代合同法:契约自由与社会公正的冲突与平衡》,法律出版社2009年第2版。

67.金观涛、刘青峰:《观念史研究》,法律出版社2009年版。

68.周旺生:《立法学》,法律出版社2009年第2版。

69.[奥]欧根·埃利希著:《法社会学原理》,舒国滢译,中国大百科全书出版社2009年版。

70.张芝梅:《美国的法律实用主义》,法律出版社2008年版。

71.赵万一主编:《公序良俗问题的民法解读》,法律出版社2007年版。

72.黄茂荣:《法学方法与现代民法》(第七版),厦门大学出版社2024年版。

73.[美]罗科斯·庞德:《法理学》(第3卷),廖德宇译,法律出版社2007年版。

74.秦国荣:《市民社会与法的内在逻辑——马克思的思想及其时代意义》,社会科学文献出版社2006年版。

75.刘得宽:《法学入门》,中国政法大学出版社2006年版。

76.［美］安德雷·马默:《法律与解释》,张卓明、徐宗立等译,法律出版社2006年版。

77.王伯琦:《近代法律思潮与中国固有文化》,清华大学出版社2005年版。

78.苏永钦:《私法自治中的经济理性》,中国人民大学出版社2004年版。

79.［法］雅克·盖斯旦、吉勒·古博:《法国民法总论》,陈鹏、张丽娟等译,法律出版社2004年版。

80.［德］考夫曼:《法律哲学》,刘幸义等译,法律出版社2004年版。

81.易继明:《私法精神与制度选择——大陆法系私法古典模式的历史含义》,中国政法大学出版社2003年版。

82.［德］哈贝马斯:《在事实与规范之间》,童世骏译,三联书店2003年版。

83.［英］哈特:《法律的概念》,张文显、郑成良等译,中国大百科全书出版社2003年版。

84.［美］理查德·罗蒂:《后形而上学希望——新实用主义社会、政治和法律哲学》,张国清译,上海译文出版社2003年版。

85.［德］卡尔·拉伦茨:《法学方法论》,陈爱娥译,商务印书馆2003年版。

86.［英］约瑟夫·拉兹:《法律体系的概念》,吴玉章译,中国法制出版社2003年版。

87.［美］罗纳德·德沃金:《认真对待权利》,信春鹰、吴玉章译,中国大百科全书出版社2002年版。

88.［古罗马］西塞罗:《国家篇 法律篇》,沈叔平、苏力译,商务印书馆2002年版。

89.［美］理查德·A.波斯纳:《法理学问题》,苏力译,中国政法大学出版社2002年版。

90.［美］罗科斯·庞德:《法律史解释》,邓正来译,中国法制出版社2002年版。

91.［美］本杰明·N.卡多佐:《法律的成长:法律科学的悖论》,董炯、彭冰译,中国法制出版社2002年版。

92.徐秀义、韩大元:《现代宪法学基本原理》,中国人民公安大学出版社2001年版。

93.［美］罗科斯·庞德:《普通法的精神》,唐前宏、廖湘文等译,法律出版社2001年版。

94.史尚宽:《民法总论》,中国政法大学出版社2000年版。

95.［英］弗里德里希·冯·哈耶克:《法律、立法与自由》(第1卷),邓正来译,中国大百科全书出版社2000年版。

96.付子堂:《法律功能论》,中国政法大学出版社1999年版。

97.梁治平:《法律解释问题》,法律出版社1999年版。

98.杨仁寿:《法学方法论》,中国政法大学出版社1999年版。

99.张晋藩:《清代民法综论》,中国政法大学出版社1998年版。

100.梅仲协:《民法要义》,中国政法大学出版社1998年版。

101.[德]罗曼·赫尔佐克:《古代的国家——起源和统治形式》,赵蓉恒译,北京大学出版社 1998 年版。

102.[德]拉德布鲁赫:《法学导论》,米健等译,中国大百科全书出版社 1997 年版。

103.刘全德:《西方法律思想史》,中国政法大学出版社 1996 年版。

104.张文显:《二十世纪西方法哲学思潮研究》,法律出版社 1996 年版。

105.沈达明、梁仁洁:《德意志法上的法律行为》,对外贸易教育出版社 1992 年版。

106.王路:《亚里士多德的逻辑学说》,中国社会科学出版社 1991 年版。

107.[美]汉密尔顿、杰伊、麦迪逊:《联邦党人文集》,程逢如、在汉、舒逊译,商务印书馆 1989 年版。

(二)论文类

1.王利明:《略论交易习惯的功能和适用——以〈合同编司法解释〉第 2 条为中心》,载《南大法学》2024 年第 2 期。

2.冯晶:《从"制度"到"人":纠纷主体交互视角下的全过程诉源治理研究》,载《中国法律评论》2024 年第 3 期。

3.刘风景:《司法解释性质文件的扩权现象及治理机制》,载《法学》2024 年第 4 期。

4.苗炎:《论司法解释的性质和效力位阶》,载《中外法学》2023 年第 2 期。

5.郭叶、孙妹:《最高人民法院指导性案例 2022 年度司法应用报告》,载《中国应用法学》2023 年第 4 期。

6.刘士国:《关于创新中国民法理论若干问题》,载《法治研究》2023 年第 5 期。

7.彭中礼:《中国法律语境中的国家政策概念》,载《法学研究》2023 年第 6 期。

8.吴光荣:《违反强制性规定的合同效力——以〈民法典合同编通则解释〉的相关规定为中心》,载《法律适用》2023 年第 12 期。

9.方新军:《社会主义核心价值观融入〈民法典〉解释的意义和方法》,载《苏州大学学报》2022 年第 1 期。

10.钟瑞栋:《〈民法典〉对"体制中立"民法传统的承继与超越——兼论"社会主义核心价值观"的规范内涵及立法技术》,载《苏州大学学报》2022 年第 1 期。

11.易军:《论作为民法法源的"法理"》,载《现代法学》2022 年第 1 期。

12.崔建远:《民事合同与商事合同之辨》,载《政法论坛》2022 年第 1 期。

13.顾平宇、侯晓蕾:《类型化视域下司法解释效力位阶的思考》,载《长春理工大学学报(社会科学版)》2022 年第 2 期。

14.张生:《〈中华民国民法〉"第一条"的源流与功能》,载《政法论坛》2022 年第 3 期。

15.张新宝、曹权之:《民法典实施一周年观察》,载《中国政法大学学报》2022 年第 3 期。

16. 杨立新：《论法理作为民事审判之补充法源——以如何创造伟大判决》，载《中国法律评论》2022年第4期。

17. 李红勃：《通过政策的司法治理》，载《中国法学》2020年第3期。

18. 聂友伦：《司法解释性质文件的法源地位、规范效果与法治调控》，载《法制与社会发展》2020年第4期。

19. 王利明：《彰显时代性：中国民法典的鲜明特色》，载《东方法学》2020年第4期。

20. 郭锋：《中国民法典的价值理念及其规范表达》，载《法律适用》2020年第13期。

21. 王云清：《立法背景资料在法律解释中的功能与地位——英美的司法实践及其对中国的镜鉴》，载《法学家》2019年第1期。

22. 张志坡：《民法法源与法学方法—〈民法总则〉第10条的法教义学分析》，载《法治研究》2019年第2期。

23. 刘叶深：《论习惯在实践推理中的角色》，载《浙江社会科学》2019年第2期。

24. 苗炎：《司法解释制度之法理反思与结构优化》，载《法制与社会发展》2019年第2期。

25. 杨铜铜：《论法律解释规则》，载《法律科学》2019年第3期。

26. 侯欢：《司法解释与案例指导制度关系之辨》，载《北方法学》2019年第3期。

27. 刘作翔：《"法源"的误用——关于法律渊源的理性思考》，载《法律科学》2019年第3期。

28. 杨群、施建辉：《〈民法总则〉"法理"法源规则缺失与实践重建》，载《南京大学学报（哲学·人文科学·社会科学）》2019年第3期。

29. 陈景辉：《回应"权利泛化"的挑战》，载《法商研究》2019年第3期。

30. 郭栋：《法理的概念：反思、证成及其意义》，载《中国法律评论》2019年第3期。

31. 宋保振：《法律解释的实践标准：以法律解释规则为中心》，载《扬州大学学报（人文社会科学版）》2019年第4期。

32. 于莹：《民法基本原则与商法漏洞填补》，载《中国法学》2019年第4期。

33. 雷磊：《习惯作为法源？　以〈民法总则〉第10条为出发点》，载《环球法律评论》2019年第4期。

34. 周林彬：《商业行规的类型化及法律适用》，载《浙江工商大学学报》2019年第5期。

35. 王洪：《逻辑能解法律论证之困吗？》，载《政法论坛》2019年第5期。

36. 王冠玺、卢志强：《我国民事交易习惯司法适用及司法解释的困境与重构》，载《社会科学战线》2019年第6期。

37. 陈金钊：《中国法理学及其贡献》，载《学习与探索》2019年第7期。

38. 刘作翔：《当代中国的规范体系：理论与制度结构》，载《中国社会科学》2019年第7期。

39.李宏勃:《从义务本位到权利本位:新中国70年民法文化的转型发展》,载《江汉论坛》2019年第9期。

40.林操场:《民事审判中习惯运用的程序规制》,载《人民司法》2019年第10期。

41.张琼文:《习惯法的严格概念与类型——兼与陈景辉教授商榷》,载《法学》2019年第11期。

42.鲍生慧:《家事审判中应正确适用习惯》,载《人民法治》2019年第14期。

43.黄茂荣:《民法总则基本规定概论》,载《法治研究》2018年第1期。

44.李安、王家国:《法律移植的社会文化心理认同》,载《法制与社会发展》2018年第1期。

45.王万旭:《论我国民法典编纂与商事立法的路径选择——基于比较法研究的域外经验》,载《长春理工大学学报(社会科学版)》2018年第1期。

46.孟强:《民法总则中习惯法源的概念厘清与适用原则》,载《广东社会科学》2018年第1期。

47.汪洋:《私法多元法源的观念、历史与中国实践—〈民法总则〉第10条的理论构造及司法适用》,载《中外法学》2018年第1期。

48.于飞:《民法总则法源条款的缺失与补充》,载《法学研究》2018年第1期。

49.茅少伟:《民法典的规则供给与规范配置——基于〈民法总则〉的观察与批判》,载《中外法学》2018年第1期。

50.陈景辉:《"习惯法"是法律吗?》,载《法学》2018年第1期。

51.谢晖:《"可以适用习惯"的法教义学解释》,载《现代法学》2018年第2期。

52.齐恩平:《国家政策的民法法源论》,载《天津师范大学学报(社会科学版)》2018年第2期。

53.魏琼、高杜鹃:《〈民法总则〉中的"行政法条款"解读——以公私法的规范配置为中心》,载《河南财经政法大学学报》2018年第2期。

54.钱玉林:《民法总则与公司法的适用关系论》,载《法学研究》2018年第3期。

55.蒋言:《民法典编纂背景下的法教义学:定位与进路》,载《烟台大学学报(哲学社会科学版)》2018年第4期。

56.赵万一、石娟:《后民法典时代司法解释对立法的因应及其制度完善》,载《现代法学》2018年第4期。

57.姚辉、焦清扬:《民法典时代司法解释的重新定位——以隐私权的规范为例证》,载《现代法学》2018年第5期。

58.高其才:《论人民法院对民事习惯法的适用》,载《政法论丛》2018年第5期。

59.许中缘:《政治性、民族性、体系性与中国民法典》,载《法学家》2018年第6期。

60.牛子晗:《法律移植与法律文化的关系》,载《中州学刊》2018年第7期。

61.范健:《民法典编纂背景下商事立法体系与商法通则立法研究》,载《中国法律评论》2017年第1期。

62.卢佩:《"法律适用"之逻辑结构分析》,载《当代法学》2017年第2期。

63.张民安:《〈民法总则〉第10条的成功与不足——我国民法渊源五分法理论的确立》,载《法治研究》2017年第3期。

64.孙华璞:《关于完善我国司法解释问题的思考》,载《中国应用法学》2017年第3期。

65.蔡晓荣:《中国近代民法法典化的理论论争——兼论对中国当下编纂民法典之启示》,载《政法论坛》2017年第3期。

66.彭真明:《论现代民商合一体例下民法典对商事规范的统摄》,载《社会科学》2017年第3期。

67.石佳友:《民法典的法律渊源体系——以〈民法总则〉第10条为例》,载《中国人民大学学报》2017年第4期。

68.张文显:《法理:法理学的中心主题和法学的共同关注》,载《清华法学》2017年第4期。

69.彭诚信:《论〈民法总则〉中习惯的司法适用》,载《法学论坛》2017年第4期。

70.刘作翔:《司法中弥补法律漏洞的途径及其方法》,载《法学》2017年第4期。

71.刘智慧:《习惯作为民法法源的类型化分析——以〈民法总则〉第10条的适用为中心》,载《新疆社会科学》2017年第4期。

72.邹海林:《指导性案例的规范性研究——以涉商事指导性案例为例》,载《清华法学》2017年第6期。

73.王成:《最高法院司法解释效力研究》,载《中外法学》2016年第1期。

74.耿林:《论法国民法典的演变与发展》,载《比较法研究》2016年第4期。

75.赵旭东:《民法典的编纂与商事立法》,载《中国法学》2016年第4期。

76.刘克毅:《法律解释抑或司法造法?——论案例指导制度的法律定位》,载《法律科学》2016年第5期。

77.刘凯湘:《剪不断,理还乱:民法典制定中民法与商法关系的再思考》,载《环球法律评论》2016年第6期。

78.赵万一:《民法基本原则:民法总则中如何准确表达?》,载《中国政法大学学报》2016年第6期。

79.谭启平、李琳:《民法的属性与民法渊源的司法定位》,载《河北法学》2016年第7期。

80.王利明:《论习惯作为民法渊源》,载《法学杂志》2016年第11期。

81.雷磊:《指导性案例法源地位再反思》,载《中国法学》2015年第1期。

82.李敏:《民法上国家政策之反思——兼论〈民法通则〉第6条之存废》,载《法律科学》2015年第3期。

83.李敏:《〈瑞士民法典〉"著名的"第一条—基于法思想、方法论和司法实务的研究》,载《比较法研究》2015年第4期。

84.薛军:《民法典编纂如何对待司法解释》,载《中国法律评论》2015年第4期。

85.薛军:《民法典编纂与法官"造法":罗马法的经验与启示》,载《法学杂志》2015年第6期。

86.张红:《论国家政策作为民法法源》,载《中国社会科学》2015年第12期。

87.汪太贤:《权利泛化与现代人的权利生存》,载《法学研究》2014年第1期。

88.陈金钊:《法学话语中的法律解释规则》,载《北方法学》2014年第1期。

89.高其才:《当代中国法律对习惯的认可》,载《政法论丛》2014年第1期。

90.李双元、杨德群:《论公序良俗原则的司法适用》,载《法商研究》2014年第3期。

91.田芳:《宪法调控民法的路径与意义——以中德相关案例为基础》,载《南京大学学报(哲学·人文科学·社会科学)》2014年第5期。

92.刘颖:《论民法中的国家政策—以〈民法通则〉第6条为中心》,载《华东政法大学学报》2014年第6期。

93.赵秀梅:《民法基本原则司法适用问题研究》,载《法律适用》2014年第11期。

94.李敏:《契约法源辩》,载《河北法学》2014年第12期。

95.潘军锋:《论经济政策的司法融入——以政策在民事审判中的介入机制为研究路径》,载《法制与社会发展》2012年第1期。

96.谢晖:《论司法方法的复杂适用》,载《法律科学》2012年第6期。

97.夏正林:《我国宪法适用体制的改善》,载《广东社会科学》2013年第2期。

98.谢鸿飞:《民法典与特别民法关系的建构:体制中立与新民事自然法》,载《中国社会科学》2013年第2期。

99.张志文:《实用主义视角下的司法官及启示—从法律发现说起》,载《北方法学》2013年第3期。

100.孙海波:《告别司法三段论?对法律推理中形式逻辑的批判与拯救》,载《法制与社会发展》2013年第4期。

101.吴春雷、张文婧《司法三段论的性质与认知结构之再认识》,载《河北法学》2013年第4期。

102.许德风:《法教义学的应用》,载《中外法学》2013年第5期。

103.盛泽虎:《司法三段论的困境与重构》,载《东南大学学报(哲学社会科学版)》2013年第S1期。

104.陈甦:《司法解释的建构理念分析——以商事司法解释为例》,载《法学研究》2012年第2期。

105.朱庆育:《司法自治与民法规范——凯尔森规范理论的修正性运用》,载《中外法学》2012年第3期。

106. 彭中礼：《法律渊源词义考》，载《法学研究》2012年第6期。
107. 于晓青：《法官的法理认同及裁判说理》，载《法学》2012年第8期。
108. 梁成意：《宪法与民法之关系：误解与正解》，载《法学评论》2011年第1期。
109. 陈华彬：《19、20世纪的德国民法学》，载《法治研究》2011年第6期。
110. 薛军：《"民法——宪法"关系的演变与民法的转型——以欧洲近现代民法的发展轨迹为中心》，载《中国法学》2010年第1期。
111. 曹义荪、高其才：《当代中国物权习惯法——广西金秀六巷瑶族"打茅标考察报告"》，载《政法论坛》2010年第1期。
112. 齐恩平：《"民事政策"的困境与反思》，载《中国法学》2009年第2期。
113. 张善斌：《也论民法的地位与功能——以民法与宪法的关系为视角》，载《法学评论》2009年第3期。
114. 占茂华：《论罗马公私法的划分》，载《学术界》2009年第3期。
115. 张红：《民事裁判中的宪法适用——从裁判法理、法释义学和法政策角度考证》，载《比较法研究》2009年第4期。
116. 李仕春：《案例指导制度的另一条思路——司法能动主义在中国的有限适用》，载《法学》2009年第6期。
117. 宋亚辉：《公共政策如何进入裁判过程——以最高人民法院的司法解释为例》，载《法商研究》2009年第6期。
118. 沈岿：《司法解释的"民主化"和最高法院的政治功能》，载《中国社会科学》2008年第1期。
119. 武小凤：《不可回避的存在——解读中国古代社会刑事和解》，载《政法论坛》2008年第3期。
120. 朱晓喆：《耶林的思想转型与现代民法社会化思潮的兴起》，载《浙江学刊》2008年第5期。
121. 童之伟：《宪法适用应依循宪法本身规定的路径》，载《中国法学》2008年第6期。
122. 徐庆坤：《重读美国法律现实主义》，载《比较法研究》2007年第4期。
123. 赵万一：《从民法与宪法关系的视角谈我国民法典制订的基本理念和制度架构》，载《中国法学》2006年第1期。
124. 陈道英、秦前红：《对宪法权利规范对第三人效力的再认识——以对宪法性质的分析为视角》，载《河南省政法管理干部学院学报》2006年第2期。
125. 童之伟：《〈物权法（草案）〉该如何通过宪法之门——评一封公开信引起的违宪与合宪之争》，载《法学》2006年第3期。
126. 夏正林整理：《"民法学与宪法学学术对话"纪要》，载《法学》2006年第6期。
127. 张千帆：《论宪法效力的界定及其对私法的影响》，载《比较法研究》2004年第2期。

128.桑本谦:《法律解释的困境》,载《法学研究》2004 年第 5 期。

129.袁明圣:《司法解释"立法化"现象探微》,载《法商研究》2003 年第 2 期。

130.徐振东:《宪法基本权利的民法效力》,载《法商研究》2002 年第 6 期。

131.苏永钦:《私法自治中的国家强制——从功能法的角度看民事规范的类型与立法释法方向》,载《中外法学》2001 年第 1 期。

132.朱晓喆:《在知与无知之间的宪法司法化》,载《华东政法学院学报》2001 年第 6 期。

133.[英]哈特:《实证主义和法律与道德的分离》,翟小波译,载《环球法律评论》2001 年夏季号。

134.陈界融:《论判决书内容中的法理分析》,载《法学》1998 年第 5 期。

135.杜万华:《关于公法和私法制度的理论思考》,载《法制与社会发展》1995 年第 1 期。

136.蔡守秋:《国家政策与国家法律、党的政策的关系》,载《武汉大学学报(社会科学版)》1986 年第 5 期。

137.王卫国:《论民法与商品经济》,载《法学研究》1987 年第 3 期。

138.金平:《社会主义商品经济与民法调整》,载《政法论坛》1987 年第 5 期。

139.雷新勇:《公共政策的司法分析》,南京师范大学 2007 年博士学位论文。

140.金振豹:《论我国私法领域的司法续造——司法在我国私法秩序中地位与作用的重新界定》,中国政法大学 2011 年博士学位论文。

141.彭中礼:《法律渊源论》,山东大学 2012 年博士学位论文。

142.李琳:《民法渊源研究——以法律适用为视角》,西南政法大学 2016 年博士学位论文。

143.陈云生:《法律冲突解决的方法论研究》,山东大学 2017 年博士学位论文。

二、外文参考文献

(一)著作类

1. G. F. Puchta, *Cursus Der Institutionen*, Nabu Press, 2010.

2. M. Reimann, R. Zimmermann, *The Oxford Handbook of Comparative Law*, Oxford University Press, 2006.

3. A. Watson, *Sources of Law, Legal Change and Ambiguity*, University of Pennsylvania Press, 1998.

4. D. J. Bederman, *Custom as a Source of Law*, Cambridge University Press, 2010.

(二)论文类

1. R. Dworkin, No Right Answer?, *New York University Law Review*, 1978, Vol.53, No.1.

2. A. R. Gluckand, L. S. Bressman, Statutory Interpretation Form the Inside——An Empirical Study of Congressional Drafting, Delegation and the Canons: PartI, *Stanford Law Review*, 2013, Vol.65, No.5.

3. C. M. Germain, Approaches to Statutory Interpretation and Legislative History in France, *Duke Journal of Comparative & International Law*, 2003, Vol.13, No.3.

4. A. Elena, Judicial Precedent, A Law Source, *Lex ET Scientia International Journal*, 2017, Vol.24, No.2.

5. S. Frederick, Precedent, *Stanford Law Review*, 1987, Vol.39, No.3.

6. H. Y. Levin, A Reliance Approach to Precedent, *Georgia Law Review*, 2013, Vol.47, No.4.

7. S. Michael, Precedent, Super-Precedent, *George Mason Law Review*, 2007, Vol.14, No.2.

8. K. W. Saunders, What Logic Can and Cannot Tell Us About Law Symbolic Logic for Legal Analysis, *Notre Dame Law Review*, 1998, Vol.73, No.3.